# 滨海市政道路设计实践

## 以青岛红岛经济区经二路为例

徐海博 / 主编

中国海洋大学出版社

·青岛·

**图书在版编目（CIP）数据**

滨海市政道路设计实践：以青岛红岛经济区经二路为例 / 徐海博主编. —青岛：中国海洋大学出版社，2020.9

ISBN 978-7-5670-2593-6

Ⅰ.①滨…　Ⅱ.①徐…　Ⅲ.①沿海—城市—市政工程—道路工程—建筑设计—研究　Ⅳ.①U415

中国版本图书馆CIP数据核字（2020）第191785号

| | | | |
|---|---|---|---|
| **出版发行** | 中国海洋大学出版社 | | |
| **社　　址** | 青岛市香港东路23号 | **邮政编码** | 266071 |
| **网　　址** | http://pub.ouc.edu.cn | | |
| **出 版 人** | 杨立敏 | | |
| **责任编辑** | 由元春 | **电　　话** | 15092283771 |
| **电子信箱** | 94260876@qq.com | | |
| **印　　制** | 日照报业印刷有限公司 | | |
| **版　　次** | 2021年4月第1版 | | |
| **印　　次** | 2021年4月第1次印刷 | | |
| **成品尺寸** | 185 mm × 260 mm | | |
| **印　　张** | 19.25 | | |
| **字　　数** | 351千 | | |
| **印　　数** | 1～1000 | | |
| **定　　价** | 58.00元 | | |
| **订购电话** | 0532-82032573（传真） | | |

发现印装质量问题，请致电0633-8221365，由印刷厂负责调换。

# 编委会

# 前　言

我国东部和南部大陆海岸线1.8万多千米，其间分布着众多的滨海城市。随着城市的拓展，城市与海洋不断接近和交融。滨海市政道路沿海岸布线，承担着城市防风暴潮安全、联络交通和打造滨海景观等众多功能。

2017年2月，交通运输部、国家旅游局等6部门联合出台的《关于促进交通运输与旅游融合发展的若干意见》提出，要加强旅游交通基础设施统筹规划、加快构建便捷高效的"快进"交通网络、建设满足旅游体验的"慢游"交通网络。

本书以青岛红岛经济区经二路为例，从以下几个方面详细介绍了滨海市政道路的设计要点。

## （一）防风暴潮设计

近年来，随着海岸带开发的迅猛发展，沿海人口密度、基础设施及海洋产业产值剧增，承灾体日趋庞大，海洋灾害所造成的损失呈急剧增长的趋势，给人民生命财产安全带来了极大的危害。本着注重防洪、防潮、减灾，以人为本的发展原则，防风暴潮的设计显得尤为重要，本书将在第二章展开详细的专题研究。

## （二）软土路基处理设计

滨海市政道路特殊的地理位置决定了其路段范围内多为滩涂、淤泥等含水量高的地质环境，因此需要进行特殊的路基处理设计。本书在第五章第四节中介绍了目前常用的软土地基处理方式的原理和优缺点。

## （三）跨海桥梁设计

滨海市政道路是城市与自然间重要的交互平台，为减少工程对自然生态的破坏，破解道路造成的割裂问题，跨越的方式无疑是最好的解决办法。合理布设的跨海桥梁不仅起着重要的衔接作用，也是体现人文美、打造景观节点的有效途径。

### （四）海洋生态湿地的保护设计

随着路网建设范围的扩大，道路已成为影响湿地的一个重要方面，因此在滨海道路的设计中需特别重视工程对湿地、珍稀动植物和水源涵养区的保护。本书在第四章中，对不同通过方式所产生的影响进行了分析和比较。

# 目 录

# 第1章

## 现状及发展

## 1.1 研究区域概况

### 1.1.1 地理区位 »

#### 1.1.1.1 红岛经济区西片区地理区位

青岛北岸城区（以下简称北岸城区）规划范围为南至海岸线、东至胶济线、西至胶州界，面积316.7 km²。北岸城区位于市域的地理几何中心，对全域的可达性最优，是青岛大都市的空间中枢，与即墨、胶州、平度、莱西等地联系紧密，市域范围内50%的村镇在北岸城区一小时经济圈内。

其中，红岛经济区位于北岸城区规划范围内，包含红岛、河套街道及高新区，面积约160 km²。红岛经济区作为环湾"三城联动"的城市中心区之一，与城阳、即墨、胶州形成职能分工明确、互为支持的相对独立的北部城市功能体系，在区域城市化过程中，发挥着更大的辐射带动作用。

红岛经济区西片区位于红岛经济区西端，现分为河套街道办事处、高新区西片区、出口加工区，距离胶东机场15 km。其南濒胶州湾，东与高新区西片区、红岛、上马相邻，北邻桃源河、大沽河，与李哥庄、临空经济区相望，西邻胶州少海新城，与胶州毗邻。2016年2月国务院批复的《青岛市城市总体规划》中确定河套片区（又名西片区）布局有体育会展、医疗卫生等综合服务设施，通过依托综合交通枢纽、中央商务区和红岛绿洲生态湿地公园建设，加快村庄整合改造，建设滨海宜居示范区。城市空间结构的重大转变，城市化与城市机动化进程的快速推进，城市功能定位的提升，对红岛经济区西片区的基础设施建设提出了更高的要求。

#### 1.1.1.2　经二路地理区位

红岛经济区经二路道路主体位于红岛经济区西片区南端，工程长约6.7 km，西起前海路，东端衔接红岛片区已建经二路，与胶州湾保护线相交，部分位于胶州湾保护线以内。

### 1.1.2　区域人口 ≫

红岛经济区西片区现共有4.2万人，15个村庄，其中村庄人口3.4万人，城镇人口0.8万人。15个村庄包括上疃、下疃、山角、罗家营、潮海西、潮海东、西河套、东河套、韩家庄、胡庆、孟家、赵家岭、大涧、小涧东、小涧西。未来现有村庄将完成改造，本着就近安置的原则，结合村民意向，西片区划分为六个组团进行统一安置。

### 1.1.3　地形地貌 ≫

红岛经济区西片区原为盐田及虾池，现状地块以回填为主，除了滨水的湿地保护区及东部、西部的生态走廊，片区内大部分区域适合城市发展。西片区属丘陵地貌，局部地形起伏平缓。其整体中央高四周低，平均海拔7.6 m，地形高程、高差变化集中在胶州湾高速以北，沿正阳西路和龙海路呈T型分布；最高点位于大涧村南部，海拔31 m；南部为吹填形成的盐田，高差较小，海拔在4 m左右。

红岛经济区西片区大部分区域地势平坦。其平均坡度2.8%，坡度8%以下适宜建设的用地占总用地的97.4%；南坡占39.3%，主要分布于胶州湾高速以南及上、下疃村庄驻地的周边区域。目前该片区周边区域及海湾区域景观视野通达，一览无余。

红岛经济区西片区内现有排水渠道及河道遵循现有天然地形，流域从北部的棘洪滩水库、大沽河一直流向环绕片区东西两侧的湿地区域。

## 1.2　土地利用现状与规划

### 1.2.1　区域现状土地利用 ≫

红岛经济区西片区规划范围63.47 km²，现以农林用地、盐田虾池、村庄用地和城市建设用地为主，其中：城市建设用地约14.9 km²，约占总用地面积的23%；村庄建设用地约4.5 km²，约占总用地的7%；其他建设用地约0.15 km²，约占总用地的0.23%；非建设用地约43.9 km²，约占总用地的69%。

表1.1　　　　　　　　　红岛经济区西片区现状用地汇总表

| 用地代码 | 用地名称 | 用地面积（ha） | 占总用地的比例（%） |
|---|---|---|---|
| R | 居住用地 | 109.6 | 1.73% |
| A | 公共管理与公共服务用地 | 51.2 | 0.81% |
| B | 商业服务设施用地 | 20.9 | 0.33% |
| M | 工业用地 | 431.3 | 6.80% |
| W | 仓储物流用地 | 4.9 | 0.08% |
| S | 道路与交通设施用地 | 200.3 | 3.16% |
| U | 公用设施用地 | 84.5 | 1.33% |
| G | 绿地与广场用地 | 31.5 | 0.50% |
| F | 城市发展备用地 | 551.9 | 8.70% |
| H14 | 村庄建设用地 | 447.9 | 7.06% |
| H3 | 其他建设用地 | 14.6 | 0.23% |
| H5 | 非建设用地 | 4393.6 | 69.28% |
| 合计 | 城乡用地 | 6342.2 | 100.00% |

### 1.2.2 土地利用规划 >>

红岛经济区西片区以"科技、生态、人文新城"为未来发展的指导思想，以高铁枢纽站启动为契机，整合陆路、陆空资源，计划建设成为推动青岛市国际化发展的全球科技创新网络上的重要节点、东北亚区域性商务服务中心、国家综合性高铁枢纽、山东半岛现代服务业中心、青岛滨海高铁创新城、北城之心。

其功能定位为以高铁枢纽配套的商业、商务、国际会议、展览、居住功能为主导功能，辅以新兴产业园区、科研机构、康体医疗、滨水游憩、体育设施等功能的生态宜居创新城。

红岛经济区西片区用地性质分为区域交通设施用地、城市建设用地和非建设用地三大类。

区域交通设施用地由铁路用地（H21）、道路用地（H22）两大类构成，用地面积359.2 ha，占总用地面积的5.7%。

城市建设用地由居住用地（R）、公共管理与公共服务设施用地（A）、商业服务业设施用地（B）、工业用地（M）、物流仓储用地（W）、道路与交通设施用地（S）、市政公共设施用地（U）、绿地与广场用地（G）八大类构成，总面积3 661 ha，占总用地面积的90.25%。

非建设用地由水域（E1）、农林用地（E2）、其他非建设用地（E9）三类构成，总用地面积2220.8 ha，占总用地面积的35%。

表1.2 红岛经济区西片区土地利用汇总表

| 用地代码 | 用地名称 | 用地面积（ha） | 占城市建设用地比例（%） |
|---|---|---|---|
| R | 居住用地 | 686.2 | 18.74% |
| -- | 混合用地 | 357.00 | 9.75% |
| A | 公共管理与公共服务用地 | 419.3 | 11.45% |
| B | 商业服务业设施用地 | 204.1 | 5.57% |
| M | 工业用地 | 340.4 | 9.30% |
| W | 物流仓储用地 | 9.9 | 0.27% |
| S | 道路与交通设施用地 | 839.9 | 22.94% |
| U | 市政公共设施用地 | 62.2 | 1.70% |
| G | 绿地与广场用地 | 742.0 | 20.27% |
| 合计 | 城市建设用地 | 3 661 | 100.00% |
| H2 | 区域交通设施用地 | 359.2 | – |
| H3 | 区域公共设施用地 | 101.2 | – |

（续表）

| 用地代码 | 用地名称 | | 用地面积（ha） | 占城市建设用地比例（%） |
|---|---|---|---|---|
| E | 非建设用地 | | 2 220.8 | – |
| | 其中 | 水域E1 | 817.2 | – |
| | | 农林用地E2 | 1391.0 | – |
| | | 发展备用地E92 | 12.6 | – |
| 合计 | 总用地 | | 6 342.2 | – |

经二路沿线用地主要为创新研发用地、CBD商务办公用地、健康服务用地、会议展览用地、市民建设用地以及湿地生态区。

青岛市民健康中心项目规划打造北部医疗中心，整体提升青岛北岸新城医疗资源水平。该项目位于高新区西片区，双积路以南、会展中心以西地块。一期工程总投资25.4亿元人民币，建筑面积约31.8万平方米，设置床位2 000张。其中，地上建筑面积约24.2万平方米、地下建筑面积约7.6万平方米。项目主要包括综合医疗用房、感染性专科用房、心理精神疾病专科用房、公共卫生医学隔离观察用房、备勤宿舍等设施设备及相关配套设施。该中心建成并投入使用后，将成为青岛市占地面积最大的公立医院，项目还涵盖了医学健康相关产品研发，是集"医、教、研、产"为一体的医疗中心。目前项目已开工建设。

青岛会展中心位于高新区火炬路以南、青威延长线以东、经二路以北区域，总占地面积约34 ha，会展中心总展览面积至少20万平方米，建设内容包括展馆区及部分配套会议接待和商服设施。

青岛市民健身中心项目作为山东省第24届运动会的主会场，位于高新区岙东路以西、双积路南侧，紧邻规划地铁8号线，规划面积1 950亩，首期建设拥有6万座位的体育场一座、拥有1.5万座位的体育馆一座等，总建筑面积21.8万平方米，同时建设室外训练场，配套建设室外综合管网、景观绿化等工程。该项目功能定位于具备承担国际体育单项赛事和国内综合性体育赛事的能力，集全民健身、大型赛事、大型公共活动、社会体育辅导、商业演艺以及配套商业于一体的国内一流大型综合体育设施，建成后力争成为能够举办国际单项赛事、国内综合赛事的竞赛中心；打造培养青岛市竞技体育人才的训练中心；建设成为青岛市体育教育、体育科研中心；成为青岛市全民健身和体育产业示范中心。

青岛市残疾人康复中心项目定位以康复医学为特色的三级甲等专科医院，位于高新区西片区，总建筑面积达10万平方米。该项目将康复功能作为规划的核心区域，医疗、住院、聋儿语训、科研培训以及陪护宿舍等功能围绕布局，新建康复医疗楼、聋儿语训楼和综合楼各一栋，拟设康复床位800张。该项目将建设成与我市残疾人康复事业发展相匹配的综合性康复服务中心，为残疾人（含残疾儿童）、老年人、意外伤害需要康复治疗的人等提供优质服务，服务区域可辐射整个胶东半岛地区。

### 1.2.3　区域交通现状与规划

#### 1.2.3.1　区域道路交通现状

##### 1.2.3.1.1　区域对外路网布局

西片区范围内现有胶州湾高速道路，东起青岛港八号码头，环绕胶州湾，途径市北、李沧、城阳、胶州等市区，止于西岸城区，是连接青岛主城区和黄岛区的重要陆路连接通道。胶州湾高速全长68 km，双向四车道，全线设8个收费站，其中在西片区范围内线路长11.94 km，双向四车道，道路红线宽22 m，设河套收费站1处。

胶州湾高速在西片区范围内共有三种敷设形式，分别为路堤、路堑和高架桥。其中，以路堤为主，路堑主要分布于河套立交西侧。

##### 1.2.3.1.2　区域内部路网布局

西片区范围内现有主要道路27条，主要分布于出口加工区和龙海路以西、胶州湾高速以北的工业区，其他多为村庄路。除村庄路外，其余道路网总里程约110.26 km，路网密度仅为1.12 km/km²。其中，等级较高、路况较好的道路，在后期路网规划中将予以保留或拓宽。

正阳西路：东接城阳正阳路，西接胶州香港路，是串联城阳、北岸城区、胶州的主要干路，双向四车道，最外侧为非机动车道，道路红线宽25 m。

双积道路：东接城阳仙山西路，西接胶州的尚德大道，被称为除胶州湾高速道路外串联东岸、北岸、西岸三城的又一条主要干路，双向六车道，最外侧为非机动车专用道，道路红线宽50 m。

龙海路：西片区内部主干路，南接前海路，北接小涧西，其中正阳西路以南是双向六车道，道路红线宽24 m，以北为双向四车道。

胶马路：又名S397，东接胶马路，西接海尔大道，是衔接上马与胶州的主通道，道路路况在西河套、韩家庄等村附近较差，双向两车道，道路红线宽 11 m。

汇海路：东接河东路，西接和源路，是衔接西片区与高新区中东片区的主干路，双向四车道，道路红线宽 18 m。

出口加工区内道路：除绣海路为双幅路外，其余道路均为单幅路，主要道路为双向四车道，含非机动车道，大部分道路为双向两车道。

### 1.2.3.1.3　现状路网运行情况分析

依据青岛市第三次居民出行调查，红岛经济区西片区所在城阳区常住人口出行率约为 2.33 人次/天，高于中心城区（2.18 人次/天），西片区因多为村庄人口，出行率较城阳区高，取 2.4 人次/天，出行总量约 94 万人次。

目前，红岛经济区西片区出行方式的特征为：慢行主导，个体交通发展迅速，公共交通发展滞后。慢行交通仍为其主导交通方式，占比达到 60%；个体交通发展迅猛，出行占比约 30%；公共交通发展滞后，占比仅为 10%，低于中心城区平均水平。地面公交仍然是其常规公交主体，现状无轨道交通。

西片区交通出行分布的特点：内部出行为主，约占 80%，对外出行主要与周边高新区、上马、红岛、胶州等区域联系。

### 1.2.3.2　综合交通规划

规划红岛经济区西片区道路网总长度约 338.2 km，其中高快速路 28.1 km，准快速路 27.9 km，主干路 43.5 km，次干路 106.7 km，支路 132 km，总体路网密度为 9.2 km/km$^2$，道路面积占城市建设用地面积的 21.7%。路网等级比例为：高快速路：准快速路：主干路：次干路：支路 = 0.77：0.76：1.19：2.92：3.61。

### 1.2.3.2.1　高快速路系统

规划形成高速道路+快速路的快速道路系统，主要引导过境客货运交通，从城市外围和中间设施带经过，尽量减少过境交通对城区交通的影响，缓解城区道路系统压力。原则上，快速路之间、快速路与高速道路之间为立体交叉，对两侧用地和周边建设进行控制。

（1）机场高速。胶州新机场对外疏解的一条快速通道，北部衔接胶东新机场，南端接胶州湾跨海大桥，在红岛经济区西片区与胶州湾高速设置互通立交，立交以北为双向八车道，以南为双向六车道。

（2）胶州湾高速道路环湾段。远期规划为城市快速路，双向八车道，道路红线宽 50 m，主要实现三城快速衔接。

（3）青威高速道路城区段。远期为城市快速路，道路红线宽50 m，满足即墨、威海等进出北岸城区需求。

### 1.2.3.2.2　干路网系统

主干路是城市中重要的交通干道，主要为相邻组团之间和为市中心区的中距离运输服务，是联系城市各组团及与城市对外交通枢纽联系的主要通道。主干路以交通功能为主，在城市道路网中起骨架作用。

从土地利用和交通系统互动关系的角度，规划城市主干路和快速路构成城市骨架道路。其规划应充分考虑公交客运走廊的走向。

本次规划共形成"五横七纵"的主干路网，主干路路网总长度70.4 km，路网密度1.95 km/km²。

五横：

（1）正阳路。城市准快速路，双向八车道，道路红线宽45 m，主要实现城阳、胶州与西片区的衔接。

（2）文海路。西片区北部组团与高新区中片区联系的主通道，向西与高新区中片区智力岛路相接，道路红线宽35 m，双向6车道，两幅路。

（3）田海路。西片区南部组团与红岛片区北部组团联系的主通道，道路红线宽35 m，双向6车道，两幅路。

（4）双积道路。城市准快速路，双向八车道，道路红线宽50 m，实现三城之间的衔接。

（5）经二路。位于西片区最南端，与红岛片区南部组团联系的主通道，同时承担滨海景观功能，道路红线宽40 m，双向6车道，两幅路，中间预留8 m快速公交建设道路。

七纵：

（1）规划六号线。河套上疃、下疃、山角与南部组团联系的区内主通道，道路红线宽35 m，双向6车道，两幅路。

（2）龙海路。西片区北部居住组团与南部出口加工区、滨海创新区联系的主通道之一，道路红线宽35 m，双向6车道，两幅路。

（3）安和路。城市准快速路，双向八车道，道路红线宽45 m，实现胶州与西片区的衔接。

（4）景和路。高铁红岛站交通疏解主要通道之一，同时承担西片区北部居住组团与南部商业商务组团的联系，道路红线宽35 m，双向6车道，两幅路，穿越红岛站部分为两个12 m框构涵，道路分幅通过。

（5）丰和路。高铁红岛站交通疏解的主要通道之一，同时承担西片区北部居住组团与南部商业商务组团的联系，道路红线宽35 m，双向6车道，两幅路，穿越红岛站部分为两个12 m框构涵，道路分幅通过。

（6）西六路。西片区南部市民健身中心、会展中心疏解主通道之一，道路红线宽35 m，双向6车道，两幅路。

（7）南一路。西片区南部市民健身中心对外疏解主通道之一，通过上、下匝道上、下胶州湾高速，实现与东岸城区的快速联系。道路红线宽35 m，双向6车道，两幅路。

### 1.2.3.2.3 次干路系统

与城市主干路一起构成城市的基本骨架，主要满足西片区内部组团之间的交通需求，承担西片区内部中短距离的交通服务，基本间隔350～500 m，按照满足双向四车道通行的标准规划断面，道路红线宽24 m，两侧绿化带各宽10 m。

### 1.2.3.2.4 支路网系统

支路是次干路和街坊内部道路的连接线，主要功能是实现交通到达、均衡交通量分布、主要支路满足布设公交线路条件、减少公交盲区、提高道路网整体效应。对支路网络提出的规划要求为：区域建筑平均容积率在2以上时，支路网密度宜为4.0 km/km$^2$以上；其他一般区域支路网密度宜为3.5～4.0 km/km$^2$。为增加支路网密度，以城市支路作为分界的地块分隔单元，宜控制在2～3 ha的范围内。

依据控制规范，红岛经济区西片区内用地划分为居住区、商业商务区、教育产业区、临空产业园区和市级重大项目聚集区。不同的用地功能，对支撑路网的结构、尺度要求不同。

（1）站前商务区：以商务办公、商办混合用地为主，支路网密度要求较高，宜不低于6.0 km/km$^2$以上，支路网间距宜控制在100～120 m。

（2）滨海创新服务区：商业、商办混合用地为主，支路网密度要求较高，宜在4.0 km/km$^2$以上，支路间距宜控制在150～200 m。

（3）产居功能区：以居住、工业用地为主，土地开发相对较低，支路网密度要求相对不高，以不低于3.0 km/km$^2$为宜，支路间距宜控制在200～300 m。

（4）教育功能区：以居住、教育用地为主，支路网要求适宜，宜在3.0 km/km$^2$以上，支路间距宜控制在200～300 m。

（5）居住区：以居住用地为主，同时规划社区级商业、办公区，支路网密度要求适宜，宜在2.5 km/km²以上，支路间距宜控制在300～400 m。

### 1.2.3.3　铁路系统规划

根据《山东省综合交通网中长期发展规划（2014—2030）》，"十三五"期间，山东省将以山东半岛城市群中心城市济南、青岛为核心，搭建"三横五纵"铁路主骨架网络，各综合运输通道均包括一条及以上快速客运铁路，各级地市全部开通快速客运铁路，实现半岛范围内两小时通达目标。

青连铁路是以城际客运为主，兼顾中长途旅客运输、客货并重的铁路干线，是我国"五纵五横"综合运输大通道的重要组成部分，铁路自青岛北站引出，终点为连云港，在红岛经济区段长约17.3 km，已于2018年底建成通车。

济青高铁是国家铁路网"八纵八横"布局中太青客运专线的组成部分，济青高铁西接京沪高速铁路、石济客运专线，东接青荣城际铁路、青连铁路，是山东半岛胶济铁路通道沿线地区对外交流的主通道，也是济南与胶东地区客运交流的快捷通道。新建济青高铁自济南东客站引出，线路全长307.99 km，全线有11个车站，分别为济南东站、章丘北战、邹平站、淄博北站、临淄北站、青州北站、潍坊北站、高密北站、胶州北站、机场站、红岛站。

济青高铁在青岛市内起自胶州北站，在胶州北站并站新建高速车场，出站后济青高铁与既有胶济客专贯通，利用胶济客专通道引入青岛站。在胶州北站胶济客专与济青高铁机场方向正线贯通，进入红岛站；济青高铁在青岛市内正线长约35.19 km，其中胶州段长约26.08 km，红岛经济区段长约9.11 km。已于2019年通车。

红岛经济区西片区位于青烟威荣城际铁路—青连快速铁路与济青高铁交汇处，红岛高铁枢纽站的落地将改变青岛市"尽端式"铁路客运站的地位，逐步转变为"枢纽型"铁路客运站。

铁路红岛站为青岛市规模最大的客运站，远景年规划旅客发送量在2 000万人次以上，地处青岛市域几何中心，周围均为客运铁路，对红岛站及西片区的发展而言有助于聚集人气。

红岛站近期承担济青高铁动车组（除青岛站办理动车组以外）始发终到作业以及青连、青荣、胶济、济青动车组以及青连普速车的通过作业；远期还承担所有青岛普速车始发作业。

#### 1.2.3.4 轨道交通规划

根据最新编制的《青岛市城市轨道交通线网规划调整》，红岛经济区西片区对外联系的轨道线有4条，包括轨道8号线及其支线、轨道10号线、轨道12号线。

其中：

轨道8号线：起点为五四广场，终点为胶东新机场，全长60.9 km，定位为机场快线，在红岛经济区西片区内设3处站点。目前已完成工程可行性研究评审，计划于2021年底通车。

轨道10号线：起点为河套站，终点为城阳的铁骑山路站，全长38.7 km，定位为市区线，在红岛经济区西片区内设3处站点。

轨道12号线：起点为朝阳村站，终点为黄岛的金沙滩站，全长56.7 km，定位为城际线，在红岛经济区西片区内设4处站点。

轨道8号线支线：起点为河套站，终点为胶州，全长18.5 km，定位为快线，在红岛经济区西片区内设1处站点。

### 1.2.4 区域管线现状及规划 ≫

#### 1.2.4.1 区域管线现状

西片区现以农林用地、盐田虾池、村庄用地和城市建设用地为主，现市政配套设施不完善。

##### 1.2.4.1.1 电力

（1）220 kV变电站：西片区内现建有1处220 kV上程站，该站位于西片区的西南侧，出口加工区西北侧。现状变电容量为2×240 MVA。目前该站主要承担向西片区、红岛片区及高新区供电。

（2）110 kV变电站：西片区内现建有1处110 kV程港站，该站位于出口加工区内，现状变电容量为2×63 MVA，变压等级为110 kV/35 kV（10 kV），目前主要承担向35 kV尚家变电站及河套其他区域供电。其110 kV电源来自220 kV上程站。

（3）35 kV变电站：西片区内现状建有35 kV变电站2处，分别为35 kV河套站和35 kV尚家站。其中河套站现状变电容量为2×20 MVA，目前主要向河套街道办附近区域供电，其35 kV电源来自110 kV马戈庄站。尚家站现状变电容量2×31.5 MVA，目前主要向出口加工区附近区域供电，其35 kV电源来自220 kV上程站。

现状电力线路基本为架空敷设，未形成完善的系统。

### 1.2.4.1.2 通信

西片区现设有邮政支局一处，位于河套街道办事处驻地。另外，现西片区设有OLT机房6处。

### 1.2.4.1.3 给水

现在敷设有两条棘洪滩至黄岛的原水输水干管，管径分别为DN1200、DN1600，斜穿整个西片区。

现在沿正阳路敷设有DN600给水管道，引自现状上马泵站。现在双积路敷设有DN300～DN600给水管道。现在出口加工区敷设有DN300～DN400给水管道。

### 1.2.4.1.4 燃气

（1）气源现状。西片区现有气源包括天然气、液化石油气。以管输天然气为主气源，液化石油气为辅助气源。

（2）设施现状。目前正阳路建有高中压调压柜3个，负责西片区内用户的天然气供气。

（3）管网现状。正阳路现在敷设有DN500、DN350次高压A（1.6 MPa）级燃气管道。

龙海路、文海路等现在道路敷设有DN300的中压A（0.4 MPa）燃气主管道。

### 1.2.4.1.5 供热

（1）热源现状。规划区域现建有一处小型临时供热锅炉房（河套热电），占地规模47.94亩，设置有2×10 t/h蒸汽锅炉，一用一备，对外供汽能力仅为10 t/h。其供热范围主要是河套街道环胶州湾高速道路南北两侧的工业园区，主要用于满足周边12家工业项目的生产用汽需求以及部分用户采暖需求。但现有位置与青连铁路、济青高铁规划线位冲突，远期规划予以拆除并重新选址。

其余区域现在主要是农村，尚未实现集中供热。部分建筑的供冷、供热需求，主要依靠分散的燃煤、燃气或燃油取暖和分体空调，热化率较低。

（2）热网现状。河套热电厂现有热源规模小，仅敷设有部分临时蒸汽管道及高温热水管道。现在热用户的热负荷较小，蒸汽管道管径为DN100～DN400，高温水管道管径为DN200～DN400，供热能力有限。远期，随着热电厂迁址以及用户负荷的增加，考虑对现状管道重新梳理布局。

### 1.2.4.1.6 雨水

西片区范围内雨水就近排放到河流、沟渠，现在雨水排放多以路边自然边沟为主，部分街道道路边建有盖板沟。

#### 1.2.4.1.7 污水

现有出口加工区污水处理厂位于安和路（原南海一路）南端，污水处理厂设计规模为$3.5 \times 10^4$ t/d。

现有前海二路泵站规模$2.7 \times 10^4$ t/d，占地面积0.31 ha。出口加工区大部分区域污水经前海二路泵站提升后排入出口加工区污水处理厂。

现有DN1000的污水主管道沿安和路敷设，自北向南排入现在的出口加工区污水厂。

现有前海二路泵站DN800的压力污水管道，自西向东排入现在的出口加工区污水厂。

污水处理厂DN700尾水管道自东向西排入大沽河，长度约5.5 km。

#### 1.2.4.1.8 综合评价

（1）现有给水管道管径偏小，部分管线年久失修，不成系统，无法满足西片区远期发展需求；排水、燃气管线部分可利用，其他需翻建；电力、通信线路多采用架空敷设，对规划地块形成切割；供热管线不完善，未形成系统，与远期规划供热方案不符。

（2）目前规划区管线体系不完善，管网建设缺少统一规划、管线建设缺口较大。

（3）规划区外围市政配套设施的支撑体系较为薄弱。

### 1.2.4.2 区域管线规划

#### 1.2.4.2.1 电力工程规划

（1）电源规划。

1）电压等级。根据《青岛市电力专项规划（2015—2020）》以及西片区负荷发展特性和密度的预测，西片区电网电压等级序列为220/110（35）/10/0.4 kV。其中，220 kV为送电主网架，110 kV（35 kV）为高压配电网，10 kV为中压配电网，0.4 kV为低压配电网。

2）变电站规划。

① 220 kV变电站规划。扩建220 kV上程站，现有上程站由2台240 MVA变压器进行供电。规划结合周边负荷的增加，扩建2台240 MVA变压器，使变电站的变电容量达到960 MVA。110 kV出线10~16回，主接线采用双母线接线；35 kV出线12~16回，主接线采用单母线分段接线。规划一处220 kV变电站，位于规划一号线和安和路交叉口北侧，规划安装4台240 MVA变压器，电压等级为220/110/35 kV；220 kV规划进线6回，110 kV出线10~16回，主接线采用双母线接线；35 kV出线12~16回，主接线采用单母线分段接线。② 110 kV变电站规划。规划保留现有的110 kV程港变电站，并对其扩容至$3 \times 63$ MVA；规划对现有的35 kV河套站和尚家站升压为110 kV，并扩容

为$3 \times 63$ MVA；规划新建110 kV变电站8座，变电容量均为$3 \times 63$ MVA。③ 35 kV变电站规划。规划建议大型公建变电容量大于$2 \times 10^4$ kW，宜设置35 kV专用变电站1座。

（2）变电设施规划。规划10 kV公用配电所采用户内式独立建筑或结合公共建筑建设，公用配电所根据负荷分布结合地块划分深入负荷中心，每个配电所有各自明确的供电区域。居住区各所内变压器单台装机容量不应大于1 000 kVA；大型公建内的变电所单台装机容量不应大于2 000 kVA；分布比较分散的零星负荷，采用箱式变电所，单台装机容量不应大于630 kVA。每座配电所占地$100 \sim 200$ m²，用地规模按最终规模控制，变压器台数设备安排根据产生的实际负荷情况分期安排，应尽量与其他建筑结合设置。各所内低压侧设功率因数自动补偿装置，补偿后的功率因数应大于0.95，以提高供电质量。

（3）线路敷设。

1）220 kV电力线路。规划区内220 kV高压送电网采用架空敷设，同塔多回垂直排列。

2）110 kV及以下电力线路。

110 kV电力线路布置原则：① 110 kV变电站电力母线尽可能地来自两个220 kV变电站，受地域影响不能满足的，来自一个220 kV的不同母线。② 110 kV变电站不同110 kV电缆进线应尽量采用不同的路由。规划110 kV电缆全部采用管沟敷设，10 kV及以下电缆采用排管敷设。

电缆敷设方式：① 管沟敷设。电力管沟尺寸为2.3 m（宽）×2.1 m，主要有正阳路、丰和路、双积路等。② 排管敷设。排管孔数为$12 \sim 18$孔。其中主干路规划为18孔，次干路规划为16孔，支路规划为$12 \sim 14$孔。电缆穿越机动车道时，采用混凝土电缆排管敷设方式或采用加套管、混凝土浇筑埋管等工程措施。

1.2.4.2.2 通信工程规划

（1）通信局所规划。

1）电信。规划新建二处通信综合局，内部综合了电信、移动、联通、邮政以及广电等各类通信服务设施，占地面积1公顷/座；规划OLT机房18处。

2）邮政。服务网点的分布要满足主要人口聚集区平均$1.5 \sim 2$ km的服务半径或服务人口为$1.5 \sim 3$万人的要求。邮筒（箱）的平均服务半径为$1 \sim 2$ km。

规划9处邮政支局，2处与综合局合建，4处与一站式社区服务中心合建，其余3处独立占地，占地面积1 000平方米/处。

3）有线电视。规划4处有线电视前端机房，2处与综合局合建，2处独立占地，占地3 000平方米/处。

4）移动基站。规划新建移动通信基站56处，均采用拉远站的方式建设，每处机房面积50 m$^2$。

（2）通信管道规划。

规划区内新建道路应进行综合通信管道建设，综合通信管道将承载各通信运营商的通信光缆、片区内接入光缆、各种弱电信号通信缆线。

规划片区内主干线路通信孔数一般为20孔，且主干管道应沿片区内主干道路实现成环敷设，次干线路通信孔数为18孔，支路通信孔数为12～16孔。

通信管线应符合地下化、隐蔽化建设思路。相关基站、监控设施建设依据片区整体景观设计要求，进行统一实施。

### 1.2.4.2.3　给水工程规划

（1）水源规划。

近期规划由西部供水处和仙家寨水厂供水，远期增加引黄水厂和北部水厂作为供水水源，辅之再生水和雨水综合利用等非常规水源，形成多水源供水，保障整个区域供水安全。

（2）给水设施规划。

规划设置给水加压泵站2处，北侧加压泵站位于正阳路和青威高速南延线交叉口处，规模为$4 \times 10^4$ m$^3$/d，占地面积为0.5 ha；南侧加压泵站位于双积路和青威高速南延线交叉口处，规模为$10 \times 10^4$ m$^3$/d，占地面积为2 ha。

（3）管网系统规划。

1）DN1200、DN1600原水输水管迁建方案。

迁建方案：迁建DN1200和DN1600两根输水主干管。规划沿桃源河南岸、大沽河东岸敷设，最终穿过胶州湾高速与现状输水管道连接。

2）为满足西片区用水需求，规划沿双积路布设DN1000给水管道，沿田海路、汇海路、丰和路等道路布设DN500～DN600给水干管，给水管道布置成环状，确保供水安全可靠。

### 1.2.4.2.4　再生水工程规划

规划采用集中与分散相结合的方式利用再生水，遵循以集中处理利用为主、分散式为辅的原则，依靠集中方式供水，并在有条件的公建内部建设污水再生回用系统。

（1）集中式污水再生利用。

1）再生水厂。规划新建再生水厂1座，近期规模为$7.5 \times 10^4$ m³/d（其中$4.3 \times 10^4$ m³/d用于道路、绿化、广场浇洒、公建及商业，其余补充景观水系），远期污水全部回用。

2）管网布局。由西片区再生水厂引出两条DN600的再生水主干管向西片区供给再生水，沿田海路、汇海路、丰和路等道路布设DN200～DN400再生水管道，满足西片区用水需求。为保证西片区再生水用水安全、可靠，再生水干管成环状布置。

（2）分散式污水再生利用。

根据西片区内建筑类型、用水特点，可在相对独立集中的小区内或大型建筑内部建设分散的再生水处理设施。

### 1.2.4.2.5　燃气工程规划

根据《红岛经济区西片区控制性详细规划》（专家评审稿），燃气量预测：

天然气总用气量为$5.31 \times 10^8$ nm³/a，其中居民用户占2.55%，公建用气量占1.53%，工业用气量占5.11%，燃气供热用气量占81.96%，燃气汽车用气量占4.09%，高峰小时用气量为$10.86 \times 10^4$ nm³/a。

规划以管输天然气作为西片区气源；LNG主要作为应急调峰气源。

规划在西北区北部建设燃气门站一座，内设高—次高—中压调压站，应急LNG储配站1座，占地2 ha；规划在安和路新建次高—中压调压站一座，占地0.5 ha。

### 1.2.4.2.6　供热工程规划

具体供热能源组织形式：市政供热+燃气三联供+燃气锅炉+污水源热泵+土壤源热泵+蓄能机组。

西片区北部区域以市政热源为主，南部区域合理划分供热分区设置区域分布式能源站，合理配置燃气三联供、燃气热水锅炉、污水源热泵、土壤源热泵以及谷电蓄能机组等共同为区域内建筑提供冷热供应。开发量较大或有特殊业态特点的公共建筑考虑采用分散式供热方式进行供热。工业建筑聚集地块，供热由企业内部自行解决。

根据西片区各区域能源组织形式特点以及热源布局要求，将西片区划分为18个供热分区。

### 1.2.4.2.7　雨水工程规划

雨水工程规划结合《红岛经济区及周边区域防洪排涝及防风暴潮规划》《红岛经济区西片区控制性详细规划》（初步方案）及竖向设计进行，将规划区域划分为5个汇水分区，为1#～5#雨水汇水分区，沿规划道路敷设雨水管道，收集的雨水就近排入河道、水系。

（1）1#雨水汇水分区。该体系范围北至规划一号线，南至正阳路，东至青威高速南延线，西至规划十六号线，汇水面积约3.8 km²。本区域总体地势为南高北低。该体系雨水主要经桃源河1#～6#支流排入桃源河。

（2）2#雨水汇水分区。该体系范围在规划十四号线与规划二号线北段围合区域。汇水面积约2.4 km²。该体系雨水收集后最终排入西侧大沽河。

（3）3#雨水汇水分区。该体系范围北至正阳路，南至规划青连铁路，西至规划十六号线，东至青威高速南延线，汇水面积约9.09 km²。该体系雨水经河套6#排水沟支流自北向南排入规划河套6#排水沟。

（4）4#雨水汇水分区。该体系范围北至锦海路，南至经二路西段，西至规划二号线南段，东至规划河套六#排水沟，汇水面积约13.71 km²。该体系雨水收集后经河套6#～10#排水沟及支流自北向南排入胶州湾。

（5）5#雨水汇水分区。该体系范围北至规划河套6#排水沟，南至经二路，东至南一路，汇水面积为8.13 km²。该体系雨水收集后主要经河套1#～5#排水沟及支流收集后自北向南排入胶州湾。

### 1.2.4.2.8 污水工程规划

（1）污水排放分区。本次污水工程规划结合《红岛经济区西片区控制性详细规划》及竖向规划，将西片区排放体系划分为4个污水排放分区，为1#～4#污水排放分区。

1）1#污水排放分区：该体系范围南至正阳路，北至规划一号线，西至规划十六号线，东至青威高速南延线，面积约3.8 km²。

2）2#污水排放分区：该体系范围为规划十四号线与规划二号线北段围合区域，面积约2.4 km²。

3）3#污水排放分区：该体系范围北至正阳路，南至规划6#排水沟、7#排水沟，西至规划十六号线规划2号线南段，东至青威高速南延线，面积约22.8 km²。

4）4#污水排放分区：该体系范围北至规划河套6#排水沟，南至经二路，东至南一路，面积约8.13 km²。

（2）污水设施规划。根据《红岛经济区西片区控制性详细规划》（专家评审稿），西片区污水最高日污水量约为11.42×10⁴ m³/d。

规划出口加工区污水处理厂为现有污水处理厂迁至西片区西南侧，经二路与龙海路交口处，收集西片区、红岛南部、高新区中片区（氼东路以西）污水，平均日污水收集量约为$13.5 \times 10^4$ m³/d，考虑一定富裕度（未预见水量），规划出口加工区污水处理厂远期处理规模为$15 \times 10^4$ m³/d，出水水质执行《城镇污水处理厂污染物排放标准》（GB18918—2002）一级A标准，规划占地17 ha。根据现在的地形及竖向规划，西片区范围内需规划10处污水泵站，分别为西片区1#～10#污水泵站，其中9#污水泵站位于经二路（兴和路南段与经二路交口）南侧地块内，规模为$11 \times 10^4$ m³/d，占地0.35 ha。规划区的污水经收集、提升后接入经二路DN1000～DN1800污水主干管，最终进入规划出口加工区污水处理厂进行处理。

表1.3 污水泵站一览表

| 名称 | 规模（$\times 10^4$ m³/d） | 占地（ha） | 位置 |
|---|---|---|---|
| 规划1#污水泵站 | 0.4 | 0.05 | 祥和路与规划一号线交口 |
| 规划2#污水泵站 | 0.9 | 0.2 | 规划一号线南侧、兴和路北段东侧 |
| 规划3#污水泵站 | 0.8 | 0.16 | 规划二号线北段与14号线二支路交口 |
| 规划4#污水泵站 | 0.62 | 0.1 | 龙海路与锦海路交口 |
| 规划5#污水泵站 | 4.8 | 0.3 | 田海路与安和路交口 |
| 规划6#污水泵站 | 1.1 | 0.15 | 丰和路与丰和路一支路交口 |
| 规划7#污水泵站 | 8.1 | 0.4 | 经二路西段与支十七号线交口 |
| 规划8#污水泵站 | 1.5 | 0.15 | 双积路与南一路交口 |
| 规划9#污水泵站 | 6.6 | 0.35 | 兴和路南段与经二路交口 |
| 规划10#污水泵站 | 2.6 | 0.3 | 青威高速延长线与经三路交口 |

（3）污水管网设计。

1#排放分区污水经现有及规划污水管道收集后自南向北排入规划1#、2#污水泵站，经提升后分别排入祥和路、景和路污水主管道，管径为DN600～DN800。

2#排放分区污水经现有及规划污水管道收集后排入规划3#污水泵站，经提升后排入规划6号线DN600污水主管道。

3#排放分区污水及1#、2#分区转输的污水经规划4#～7#污水泵站提升后排入规划出口加工区污水处理厂。污水主管道主要沿龙海路、安和路、规划河套6#排水沟北侧敷设，管径为 DN600～DN1200。

4#排放分区污水及红岛、高新区转输的污水经规划 8#～10#污水泵站提升后排入规划出口加工区污水处理厂。污水主管道主要沿安和路、经二路敷设，主管径为 DN600～DN1500。

### 1.2.4.2.9　管线综合规划

根据《高新区西片区规划综合管廊方案专题研究》（阶段性成果），综合考虑经济、城市功能、用地规划及开发强度、道路交通、市政设施及管线系统等因素，确定西片区综合管廊采用骨架联通式布局，即"四横四纵"的干线系统布局，结合支线管廊，最终形成完善的"网格状"综合管廊布局。

通过文海路综合管廊贯通东西向分布的大沽河生态生活区、站前中央商务区；通过田海路、双积路综合管廊在东西向将大沽河生态生活区、古岸线中央休憩区、城市功能区串联为整体。

通过龙海路、安和路、景和路及丰和路综合管廊将科研及产业园区、站前中央商务区、古岸线中央休憩区及滨水创新服务区串联为整体。

同时，通过河东路、文海路及双积道路综合管廊与高新区中片区已建综合管廊衔接，增强西片区与中、东片区的联系。

## 1.2.5　功能分析 >>

### 1.2.5.1　路网特征

从地理区位来看，红岛经济区经二路位于红岛经济区西片区南端，道路南侧为沿海湿地，路网特征呈现典型"尽端型"路网特点，其中以北部地块到发交通为主，东西过境交通为辅，衔接河套片区和红岛片区。其服务范围为经二路以北沿线地块，沿线相交道路均为 T 型路口。

### 1.2.5.2　功能定位

红岛经济区作为"三城"之一的北岸城区的重要组成，具有重要的战略地位。区域内工程建设应保护和恢复沿海原生态特征，尊重生态本底，将红岛经济区打造成为集滨海旅游、会议接待、休闲健身、商务办公等多种功能复合的活力、宜居、生态区，北岸城区商务、人文、生态新城建设发展的示范区域。工程实施后，将带动整个片区的开发，对落实"环湾保护、拥湾发展"战略具有重要意义。

根据上位规划，红岛经济区经二路主要功能为与红岛片区南部组团联系主通道，同时承担滨海景观功能，主要服务于道路北侧沿线公共设施、商业、居住用地，南侧紧邻胶州湾海岸线，区域优势明显。因此红岛经济区经二路主功能定位如下：

（1）串联多个市级公共服务项目的景观大道，联系城市景观与自然湿地的生态廊道。

（2）兼顾红岛经济区西片区防风暴潮体系的完善，具有城市防灾功能。

（3）连通红岛经济区东西片区的联络通道，促进片区经济发展的滨海主干道。

## 1.3　滨海环境的影响分析

### 1.3.1　海洋因素的作用 ▶▶

各类海洋环境因素，例如海水、海浪、潮汐等，长期作用于沿海道路及跨海桥梁上，其中有的成为道路桥梁的动力或静力荷载，有的引起道路桥梁材料的腐蚀，对沿海岸、岛屿道路桥梁的耐久性和安全性产生较大影响。

#### 1.3.1.1　海水

海水是海洋工程、海岸工程的主要海洋环境要素之一，无论是在施工中，还是在运营中，由海水对工程材料所引起的腐蚀是相当严重的。

目前人们在海水中已发现80余种化学元素，但各元素的含量差别很大。其主要的化学元素是氯、钠、镁、硫、钙、钾、嗅、碳、锯、硼、硅、氟等12种，占全部海水化学元素总量的99.8%～99.9%。溶解在海水中的元素绝大部分是以离子形式存在的，海水中化学元素的最大特点是上述12种元素的主要离子浓度之间的比例基本保持不变，即海水组成具有恒定性。但海水中主要盐类含量差别很大，其中氯化物含量最高，占77.7%，其次是硫酸盐，占10.9%。

海水中可溶物的总量称为盐度，盐度是每千克海水中所含全部盐类固体的克数，一般情况下，海水的平均盐度为35。海洋盐度的空间分布和时间变化，主要取决于影响海水盐度的自然环境因素和各种过程（如降水、蒸发等）。在低纬度地区，江水给水、海洋蒸发、海水的涡动、对流混合起主要作用，降水大于蒸发，使海水冲淡，导致盐度降低。在高纬度地区，除上述因素影响外，结冰和融冰也能影响盐度。在我国长江口附近，夏季长江流量增大，海水被冲淡，盐度降低到11.5左右。

另外，海水所溶解的氧和营养物（磷酸盐、硝酸盐、硅酸盐等盐离子）也是重要的海水特征。然而，这些成分不是固定不变的，随着海水从一个地方流动到另一个地方，生物过程会改变这些成分的浓度。

### 1.3.1.2 海冰

海冰是指直接由海水在海面上冻结而成的咸水冰，亦包括进入海洋中的大陆冰川（冰山或冰岛）、河冰及湖冰。海冰的密度为$0.85 \sim 0.94 \text{ g/cm}^3$，形状规则的海冰，水面以上的部分为总厚度的$1/10 \sim 1/7$，冰山露出水面的部分为总厚度的$1/4 \sim 1/3$。通常，海冰的抗压强度取决于其盐度、温度和冰龄。一般的，高盐度的海冰要比低盐度的抗压强度小；其抗压强度与其温度是成反比的，即温度愈低，其抗压强度愈大。另外，老冰比新冰的抗压强度要小。

我国海冰灾害主要发生在渤海、黄海北部和辽宁半岛沿岸海域，以及山东半岛部分海湾。据1971年冬位于我国渤海湾的新"海二井"平台（海洋二号钻井平台）上的观测结果计算出，一块$6 \text{ km}^2$、高度为$1.5 \text{ m}$的大冰块，在流速不太大的情况下，其推力可达$4\,000 \text{ t}$，足以推倒石油平台等海上工程建筑物，可见其危害的巨大。海冰在流动的过程中，如果碰到桥墩或桥台，会对其产生一定的撞击力，影响桥梁的安全性。所以，沿海地区的桥梁一般需要考虑海冰的影响。

### 1.3.1.3 海浪

海浪是最常见的海水运动形式。海水受到外力作用，水质点在其平衡位置附近做周期性振动。当水质点离开平衡位置后，恢复力（表面张力、重力等）就力图使其回到原来的平衡位置，但因惯性作用振动仍保持着，并通过其四周的水质点向外传播，这种过程就形成波浪。波浪的成因很多，但主要是风力作用，由风力作用产生的波浪称为风浪。风浪传播到无风的海区或风息后的余波称为涌浪。风浪到浅水区，受海水深度变化影响，出现折射，波面破碎和卷倒则称为近岸波。波浪运动只是波形向前传播，水质点只在其平衡位置附近振动，水团并未随波形前进。所以，波浪对海水不起输送作用，只起加强海水紊动混合的作用。但是，海浪对海上航行、海港和海岸工程、各种海洋作业有重要的影响。

### 1.3.1.4 海流

海流（或称洋流）是海洋中的水团在天文、水文、气象等因素或重力作用下沿某一定方向稳定地流动的现象，它是海水一种重要的运动形式。它同海底泥沙运动、鱼类洄游、天气变化和气候形成等都有密切关系。形成海流的动力条件很多，其中主要的是密度流和风海流。密度流是因海水温度、盐度和压力的分布不均而引起的海水流动；风海流是由风对水面摩擦而产生的海水水平流动。在盛行风带引起的海流叫漂流。

从水温来看，如果海流水温比其流经海区的水温高，称为暖流；比其流经海区的水温低，称为寒流。一般说来，从低纬流向高纬的海流属暖流；从高纬流向低纬的海流属寒流。暖流可以从低纬地区向高纬地区输送热量，对气候影响很大。

### 1.3.1.5 潮汐

海水受到月球和太阳引潮力的作用会产生规律性的上升、下降运动，这种海面的升降现象叫作海洋潮汐。海洋潮汐的周期大约为半天或一天，还具有半月、月、年等长周期的变化。由引潮力引起的潮汐称为引力潮。另外，太阳热辐射的周期性变化会引起气象的周期性变化，从而间接地引起海面的周期性升降运动，这叫作太阳辐射潮。太阳辐射潮通常比引力潮小得多，但是在海平面的年周期变化过程中太阳辐射潮起着主要作用。另外，风、气压等气象因子还能引起海面的增减水现象。

### 1.3.1.6 风暴潮

风暴潮是一种灾害性的自然现象，指由剧烈的大气扰动，如热带气旋（台风、飓风）、温带气旋（寒潮）等引起的海面异常升降现象。在众多的海洋灾害中，风暴潮灾害居于首位。全球沿海区域绝大多数较为严重或极其严重的海岸灾害都与风暴潮有关。同样，风暴潮灾害对沿海道路、桥梁的破坏也是十分严重的或具有毁灭性的。

### 1.3.1.7 海啸

海啸是由水下地震、火山爆发、水下塌陷和滑坡等大地活动造成的海面恶浪，并伴随有巨响，是一种具有强大破坏力的海浪，是地球上最强大的自然力。由地震引发海啸给人类带来的灾难时是十分巨大的，对沿海建筑工程物的毁灭也是不可修复性的或是极其严重性的。例如，日本的3·11地震海啸，它所带来的巨大灾难是不可估量的。

### 1.3.1.8 海洋气候

海洋气候是海洋上多年天气和大气活动的综合状况，受海洋影响显著的大陆边缘区的气候称为海洋性气候。海洋是地球气候的巨大调节器，海洋气候与大陆气候有显著不同，与之相比较，海洋气候全年气温变化和缓，夏、秋季较迟，春温低于秋温，冬暖夏凉，气温的年较差和日较差都小，最高和最低月平均气温的出现年月，均比陆地晚，蒸发较强，云、雾和降水较多，全年雨量的分配均匀。海陆分布和海流寒暖等环境因素影响着海洋热量平衡、水量平衡和大气环流，形成各海区气候的差异。

另外，海洋环境的大气中还弥漫着大量的饱含氯离子的水蒸气，工程建筑结构物长期处于这种不利环境条件中，安全性和耐久性会降低。大量工程实例表明，海洋环境下道路桥梁结构的破坏，主要是受海水中的氯盐引起的腐蚀破坏。海洋环境下钢筋混凝土结构的破坏以钢筋腐蚀为主，而混凝土材料的劣化又加剧了钢筋腐蚀破坏。沿海地区道路桥梁一旦出现因海水中的氯盐引起的腐蚀，其维修和加固是非常困难的，同时成本也高。

## 1.3.2　海岸带影响范围 >>

海洋和陆地相互交汇的界限，称为海岸线。海岸线也是平均大潮或高潮的痕迹线所形成的水陆分界线。

海岸带是海岸线向陆、海两侧扩展至一定宽度的带状区域，由彼此相互强烈作用的近岸海域和滨海陆地组成。海岸带包括沿岸陆地（long-shore-land）、潮间带（inter-tide zone）和水下岸坡（sub marine coastal slope）。沿岸陆地包括海蚀崖、海岸沙丘、潟湖洼地、港湾等；潮间带包括岩滩、海滩、潮滩等。

另外，世界各国为了便利管理，做出了具体的相关规定。我国《全国海岸带和海涂资源综合调查简明规程》（1986年）规定，海岸带内界一般在海岸线的陆侧10 km左右，外界在向海延伸至10～15 m等深线。这样，我国大部分的跨海桥梁和沿海道路都在海岸带范围内，主要受海岸带环境的影响。

## 1.3.3　海岸带环境对路与桥的影响 >>

位于海岸带范围内的道路及桥梁，长期处于台风、波浪、潮汐、风暴潮、海啸、海流、海冰、空气饱含氯离子等的海洋环境中，经受着各种海洋环境因素和海岸因素的共同作用。在海洋灾害发生的同时，也将引起海岸道路及桥梁的灾害。另外，海洋环境对钢材、混凝土等材料及结构物，存在长期的腐蚀作用，对于桥梁和道路的耐久性，具有决定性的作用。

### 1.3.3.1　海岸带环境特点

（1）海岸带是海洋、陆地和大气交汇的地带，三者间交汇作用十分复杂剧烈。太阳辐射的热能到达海面后形成海风，又驱使海面形成波浪和海流，转换为动能。一个中等级强度的台风从海洋吸收的能量相当于10多亿吨TNT当量。波浪到达海岸后出现海水效应，波长变短，波高显著增大，引起海岸地貌的急剧变化。同时，风暴潮会引起海堤或海岸滑坡、泥石流等自然灾害。

（2）与内陆地区相比，海岸带特有的水文影响因素，主要有海浪、潮汐、海流、台风以及风暴潮。海浪是海岸带演变的主要动力作用因素之一，也是海岸带道路和桥梁的主要荷载。地球由于受到月球或太阳的引力和因月球绕地球（或地球绕太阳）公转而产生离心合力，这种离心力一般称为引潮力。在引潮力的作用下，大洋中潮差只有0.5 m左右，而海岸带的潮差有2～15 m，甚至更高。潮位和潮流随时间在变化着，时时刻刻作用于海岸带。

（3）海岸带的地形或地貌变化速度快、周期短。一场大的风暴就可毁灭性的重塑水下岸坡的地貌。在河流的洪枯变化以及海蚀、海积作用下，海岸带也会很快地发生变化。总之，海岸带是地球活动和全球气候变化的敏感窗口，预计2100年海平面会比现在上升50～60 cm。另外，再加上沿海平原和三角洲地区地面有持续沉降的趋势，这样就会导致海岸带后退，海水入侵，在一定程度上也会加剧风暴潮与洪水的灾害影响。

### 1.3.3.2　海洋环境因素对跨海桥梁的作用

由于所在地区自然环境的特殊性与复杂性，沿海道路和跨海桥梁的上、下部结构经受自然环境的影响，与内陆地区相比较要复杂、严峻、恶劣的多。主要的海洋影响因素有海水、台风、波浪以及海冰等。

#### 1.3.3.2.1　海水

在正常使用年限下，沿海道路与桥梁都长期处于弥漫有大量盐离子的海洋大气中。尤其对于滨海桥梁或跨海大桥，其墩台、基础等下部结构长期浸泡在海水中，经受多种盐类特别是氯盐离子长期的作用十分明显。海水中的盐分会对各种工程材料或构件造成一定程度的腐蚀，这必将直接影响着沿海道路桥梁结构构件的耐久性。日本桥梁的腐蚀耐久性分区就是以离海岸线的距离为依据来划分的。

#### 1.3.3.2.2　台风

台风发生时常伴随着大风和暴雨或特大暴雨等强对流天气。据有关资料，内陆河流最大风压一般不超过0.7 kPa，而海洋风压可达1～3 kPa。当今已建桥梁中，日本门崎桥的最大风压竟达80 kPa。关于桥塔风压，位于长江潮汐河口段的江阴大桥为6.9 kPa，而土耳其跨海的伊兹米特桥桥塔风压达到14.7 kPa。由于桥面上的行驶车辆可能被台风吹翻，必要时桥上应设置风障（如杭州湾大桥）。

#### 1.3.3.2.3　波浪

我国渤海波浪高达9 m，南海莺歌海波浪高度可达19.5 m。台风引起的风暴潮在海岸带形成增水和巨浪，破坏力极强。

地震海啸对我国也有影响，因我国东部太平洋海岛链的存在，对我国东部沿海海啸危害较小，而南部沿海（如海南岛及南海岛屿）危害较大。

巨浪对桥梁墩台及上部结构具有极强的水平冲击力，同时，对于高程较低的引桥、非通航孔的桥面板等上部结构还施加巨大的向上的水流托浮力，造成桥面结构的破坏。

### 1.3.3.2.4 海冰

海冰作用压力和冰撞力是巨大的。近海冰厚可达1 m，并且强度较大，可达2.1 MPa，其净压力和流冰撞击力比河冰通常都大。如加拿大诺森伯兰桥的控制条件是冰块和风产生的水平荷载，其每个桥墩的水平力高达30 MN，为武汉长江大桥规定的船撞力（300 t约3 MN）的10倍。我国海冰区主要在黄海北部、渤海及辽东半岛周围海域。

### 1.3.3.2.5 海洋环境对墩台基础结构及其施工的特殊要求

海流因洋流、风向、地形、位置的影响，异常复杂，一般为双向流动，且流速沿水深垂线变化不规则，水深较河流大很多。如琼州海峡中部深水区平均水深达80 m，最深100 m以上。另外，由于海洋气候条件复杂多变，水深、浪高、风大、气候变化无规律可言。因此，跨海桥梁的深水基础连续施工周期是相对短暂的，是随气候条件而变更的。这就要求跨海桥梁基础形式外形简约，以可预制、能够整体设置为佳。在施工方面，要尽量避免长期暴露在恶劣气候条件下的高空作业和不稳定结构的作业。

# 第2章

<<< **防风暴潮研究**

风暴潮是一种严重的海洋灾害，对沿海地区人民的生命财产安全和经济发展有很大影响。但是作为一种自然现象，风暴潮有着自身的发生、发展和变化等客观规律。因此，必须在尊重和遵循其自然规律的前提下才能科学、有效地防御和减轻风暴潮灾害造成的损失。历史经验和教训以及近年来的风暴潮防灾减灾实践均已充分证明，以构筑各类防潮设施等为主的工程性防御和以监测、预（警）报以及应急处置等为主的非工程性防御是风暴潮防灾减灾的主要措施，只有工程性和非工程性防御措施并举，才能以最少的经济投入获取最大的防灾减灾效果和最佳的社会效益。

## 2.1 概　述

### 2.1.1　基本概念 》》

#### 2.1.1.1　风暴潮

风暴潮是指由于热带气旋、温带天气系统、海上飑线等风暴过境所伴随的强风和气压骤变而引起的局部海面振荡或非周期性异常升高（降低）现象。

#### 2.1.1.2　风暴潮灾害

风暴潮灾害是指风暴潮叠加在天文潮（由天体的引潮力作用而产生的海面周期性涨落）之上，而周期为数秒或十几秒的风浪、涌浪又叠加在前二者之上。由前二者结合（通常称为总潮位或风暴潮潮汐）引起的沿岸涨水会造成灾害，而前三者的结合引起的沿岸涨水能酿成巨大灾害。由前二者或前三者的结合引起的沿岸涨水造成的灾害，通称为风暴潮灾害。

### 2.1.2 海堤建设的必要性 》》

风暴潮是一种灾害性的自然现象。由于剧烈的大气扰动，如强风和气压骤变（通常指台风和温带气旋等灾害性天气系统）导致海水异常升降，使受其影响的海区的潮位大大地超过平常潮位的现象，称为风暴潮。当风暴已逼近或过境时，该海区水位急剧升高，持续时间达数小时以及数天，潮高能高达数米。再加之较长时间的狂风巨浪，能使海域船只设施、海岸上的城市、农田以及其他各种设施都遭到极大的破坏，从而形成严重的风暴潮灾害。

青岛地域正处于渤海和黄海北部区域，冷暖空气频繁交汇，较长的海岸线又面向东南开阔的黄海海域，经常发生由热带气旋引起的风暴潮灾害，巨浪、风暴潮频繁发生。从唐代至1948年间，青岛沿海区共发生特大潮灾18次。自中华人民共和国成立以来青岛沿海地区出现风暴潮及巨浪灾害近20次，平均3年一次。特别是自20世纪80年代以来，风暴潮及巨浪灾害出现的频率明显加大，致灾程度也越来越严重。8509号台风和9216号强热带风暴袭击青岛时，青岛近海波高分别达到8 m和6 m，最高潮位分别达到5.31 m和5.48 m，经济损失分别达5亿元和3亿元。9711号强热带风暴袭击青岛市，近海海浪达6 m，最高潮位高5.51 m，创中华人民共和国成立以来青岛潮位极值，造成了巨大经济损失。

历史较大的台风风暴潮有：

1948年台风，风力9级，风速23 m/s，前海激浪高数丈，一号、二号码头出现危险裂痕，贵州路、团岛二路一带住宅被冲毁。

1985年青岛市受09号台风正面登陆袭击，灾情特别严重。据不完全统计，风暴潮造成29人死亡，368人重伤，海堤崩溃1 240 m，损坏渔船1 490条，倒塌房屋46 000间，经济损失约5亿元。

1992年8月受第16号台风影响，产生风暴潮，胶南市冲毁虾池450亩，房屋26间，船只24条。崂山区海水侵入陆地2 km$^2$，防潮堤决口3处，总长度400 m，直接经济损失6 000万元。

1997年11号台风给青岛市带来了巨大灾害。据不完全统计，全市毁坏船只436条，冲毁海堤18处4.1 km，冲毁虾池1.5万亩，共伤亡25人，其中死亡5人，造成直接经济损失约9.027亿元。

## 2.1.3 风暴潮研究项目概况 ▶▶

　　规划经二路西起前海路，东至环岛西路接华中路及海湾大桥红岛接线，全长约6.7 km，沿线串联市民健康中心、健身中心、会展中心等市级重点公共服务项目，是红岛经济区内重要的滨海主干道，兼顾片区防风暴潮等防灾功能。道路全线位于现在的盐田、养殖池区域内，道路南侧规划为湿地公园、北侧为规划建设用地。

　　经二路以胶州湾保护岸线为界可分为东、西两段，西段采用地面道路，东段采用桥梁方案；西端自前海路起沿规划线位以地面道路形式敷设，地面道路红线宽度40 m，双向6车道，中央设8 m宽绿化分隔带；进入胶州湾保护岸线以内区域采用双向6车道整体式高架，跨越湿地后接入红岛片区现状经二路。本次实施段全长约6.7 km，其中地面道路段长约3.4 km，桥梁段长约3.3 km。本次主要针对这两部分的风暴潮安全进行研究。

# 2.2　自然环境与社会环境

## 2.2.1 自然环境特征 ▶▶

### 2.2.1.1　气象概况

　　红岛经济区西片区位于北温带季风气候区，由于海洋的影响，所以它具有明显的海洋性特征。冬季由于强大的蒙古高压影响我国大部分地区，青岛地区位于它的东南部，盛行偏北风，气候略显寒冷而干燥，冬季比较漫长，且寒潮和冷空气频繁，多偏北风，但不十分严寒。

2.2.1.1.1　风

　　利用青岛实测风资料进行简单分析如下：风向、风速资料取自小麦岛海洋站1983年1月～2013年12月的每天24个小时正点10分钟平均观测记录。

（1）各月各向风频率分布。

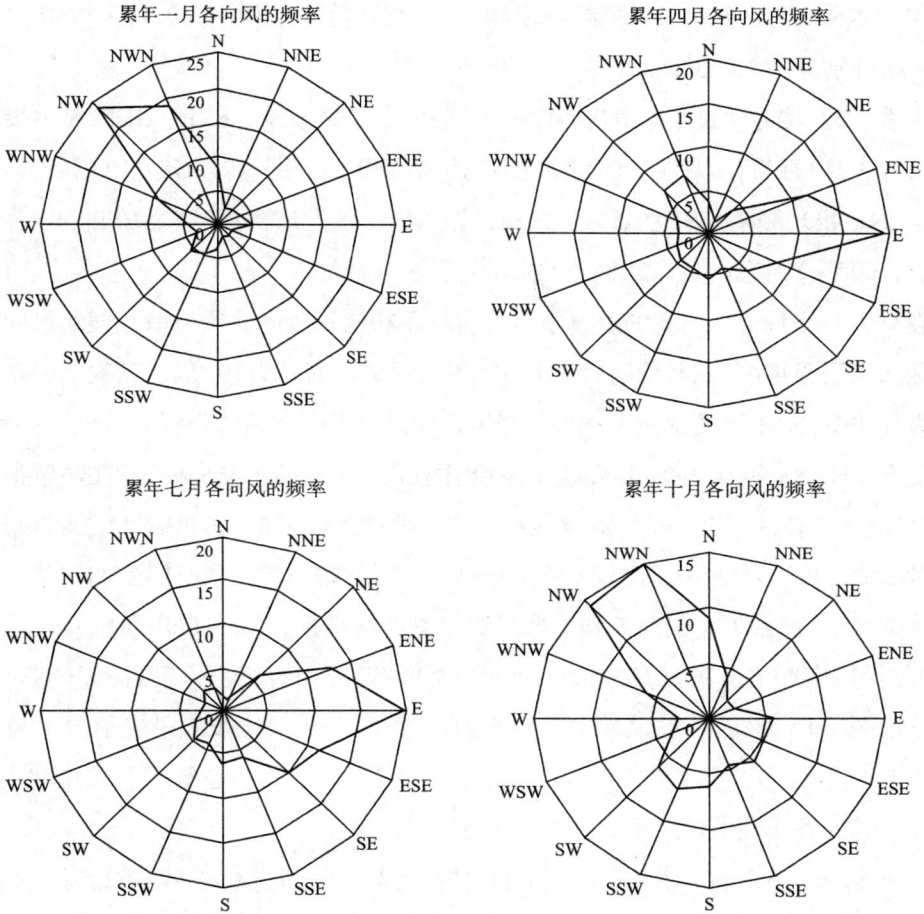

累年一月各向风的频率

累年四月各向风的频率

累年七月各向风的频率

累年十月各向风的频率

**图2.1  累年各月各向风频率玫瑰图**

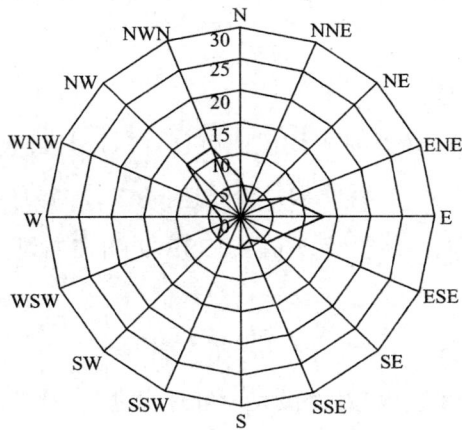

**图2.2  累年各向风频率玫瑰图**

图2.1、图2.2给出了全年及各月的风向、风速玫瑰图,从图中可以看出,全年以E、NW、NNW风为主,三向风频率之和为35.9%;静风最少,为2.3%;NNE、W次之,频率分别为2.6%、3.2%。

冬季(12~2月)NW和NNW风占主导地位,静风最少,SSE、SE向风也很少出现。其代表月1月份,以NW和NNW风出现频率最高,分别为23.3%、19.8%;其次是WNW、N,出现频率分别为8.5%、8.1%;静风最少,为1.2%;SSE、ESE、SE各向风也很少,频率分别为1.4%、2.1%、2.2%。

春季(3~5月)是冬夏的过渡季节。与冬季相比,风向比较分散,偏北风明显减少,偏南风明显增多。4月份(代表月)以E风频率最高,为19.4%;其次是ENE风,频率为11.4%;NNE风最少,为1.7%;静风、W风也很少,频率分别为2.0%、3.3%。

夏季(6~8月)与冬季相反,风向多集中在ENE—SE向,WSW—NNE向风很少出现。7月份(代表月)以ENE—SE风频率最高,分别为12.8%、20.7%、11.2%和9.5%;NNE风最少,频率为1.0%;NNW—N、W—WNW向风也很少,频率均在3%以下。

秋季(9~11月),偏北风和偏西风较夏季明显增多,SE—ENE向风明显减少,9、10月份风向相对分散,11月份已接近冬季风特征。其代表月10月份以NNW风出现频率最高(15.2%),静风最少(频率为2.1%),NE—ENE向风也很少(频率为2.2%)。

(2)各向各级别风速频率。

风速为0.3~5.4 m/s时,E、NNW向频率最大,分别为8.73%、7.33%;风速为5.5~7.9 m/s时,NW向频率最大,分别为2.66%、2.62%;风速为≥8.0 m/s时,均以NW和NNW向频率最大;当风速≥17.2 m/s时,除ENE、WNW、NW和NNW向外,其他各向频率为0。

(3)各月各向平均风速。

该海域平均风速为3.6 m/s。月平均风速以11月、12月最大,7月份为最小,分别为4.1 m/s、4.0 m/s和2.9 m/s。11月、12月份风速偏大,主要是频繁的冷空气所影响。全年以NW—N向风速较大,平均为4.7 m/s;SSE向和NE向风速较小,分别为2.7 m/s和2.4 m/s。

(4)各月各向最大风速。

各月10分钟平均最大风速以5月份最大,11月次之,7月份最小,10分钟平均最大风速对应的风向基本上集中在W—ENE向(顺时针);瞬时最大风速(3分钟平均)

对应的风向比较分散，3月风速最大（34.0 m/s，NNW），4月次之（30.3 m/s，N），10月份最小（21.6 m/s，E）。

（5）大风日数。

六（八）级以上大风是指风速大于等于10.8 m/s（17.2 m/s）的大风，大风日数是指当天只要出现一次以上6（8）级以上大风，当日便称为大风日，大风日数是大风日的数目。小麦岛风观测资料统计结果表明：春、冬两季出现大于等于6级风的日数较多，其中3月份最多，平均为8.3天；夏季出现大于等于6级风的日数较少；7月份最少，平均为3.0天。冬季和春季出现大于等于8级大风的天数较多，夏季和秋季最少。

（6）多年一遇大风风速年极值推算。

以小麦岛站8个方位（N、NE、E、SE、S、SW、W、NW）的年大风极值（10 min平均风速）序列作为基本资料，利用皮尔逊III型曲线拟合技术，分别推算出不同重现期风速极值（见表2.1）。

表2.1　　　　　　小麦岛各方位不同重现期最大风速（m/s）

| 重现期（年）风向 | 2a | 5a | 10a | 25a | 50a | 100a |
|---|---|---|---|---|---|---|
| N | 18.1 | 21.5 | 24.1 | 27.4 | 29.0 | 30.9 |
| NE | 16.8 | 20.4 | 22.8 | 26.2 | 28.0 | 30.0 |
| E | 17.4 | 20.3 | 21.5 | 23.9 | 25.0 | 26.0 |
| SE | 14.5 | 18.3 | 21.6 | 25.2 | 27.0 | 29.0 |
| S | 14.3 | 16.6 | 18.0 | 19.3 | 20.5 | 21.3 |
| SW | 14.4 | 16.9 | 18.8 | 20.9 | 21.9 | 22.8 |
| W | 15.4 | 19.1 | 21.5 | 24.6 | 26.5 | 28.3 |
| NW | 18.2 | 22.0 | 24.8 | 28.0 | 29.5 | 31.1 |

2.2.1.1.2　气温

青岛春季持续时间较长，气温回升缓慢；夏季较内陆推迟1个月到来，湿润多雨，但无酷暑，7月平均温度23度；秋季天高气爽，降水少，持续时间长；冬季较内陆推迟15～20天到来，气温低，但并无严寒，一月平均日最低气温-3 ℃。

年平均气温：12.4 ℃；

年平均最高气温：15.6 ℃；

年平均最低气温：9.7 ℃；

极端最高气温：35.4 ℃（出现在1968年8月1日）；

极端最低气温：−16.0 ℃（出现在1970年1月4日）。

青岛属海洋性气候，空气湿润，温度适宜，四季分明，1月份气温最低，日平均气温低于0 ℃，平均每年约47天；8月份气温最高，日最高气温≥30 ℃，平均每年约12.4天。

### 2.2.1.1.3　降水

年平均降水量：685.4 mm；

年最大降水量：1 227.6 mm（出现在1975年）；

年最小降水量：263.8 mm（出现在1981年）；

一日最大降水量：182.0 mm（出现在1970年9月3日）。

降雨多集中在每年的6月下旬至9月上旬，降水量约占全年总降水量的70%左右。

### 2.2.1.1.4　雾

年平均雾日：46.9天；

年最多雾日：61天（1986年、1987年）；

年最少雾日：38天（1982年、1984年）；

最长连续雾日：16天（1993年6月）。

每年的春末夏初（4～7月）海雾盛行，在此季节里，经常出现能见度很低而且延续时间较长的大雾，4～7月出现雾的次数占全年的72.6%，平均每年能见度小于1 km的雾日约15.8天。

### 2.2.1.1.5　湿度

年平均相对湿度为73%，7月份最高，为89%；12月份最低，为68%。

#### 2.2.1.2　海洋水文

### 2.2.1.2.1　潮汐

本次研究海区无长期验潮资料，位于胶州湾东岸南部的青岛大港距离本次研究区域仅10余千米，且有60余年长期的潮汐资料，但由于地理环境所致，大港的潮汐资料不能完全代表胶州湾底的潮汐状况，根据国家海洋局北海预报中心在红岛西大洋码头进行的短期潮汐观测资料与大港同期潮汐资料对比分析。

（1）资料情况。预报中心于2008年4月10日至2008年5月11日在红岛西大洋码头进行了连续1个月的潮汐观测，观测仪器采用美国YSI公司600LS型水位计，准确度为1级。

图2.3、图2.4分别为红岛西大洋临时验潮点和大港验潮站在当地验潮零点和黄海基面的各种潮位关系图示。

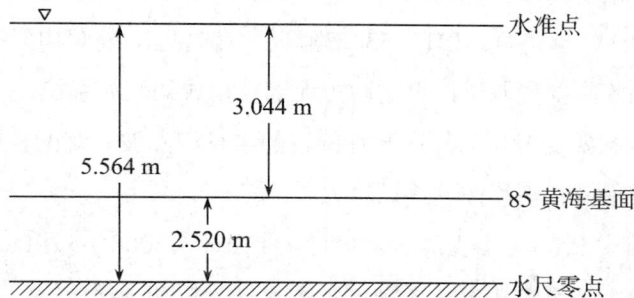

水准点

3.044 m

5.564 m　　　85 黄海基面

2.520 m

水尺零点

**图2.3　红岛西大洋潮汐观测站各高程关系示意图**

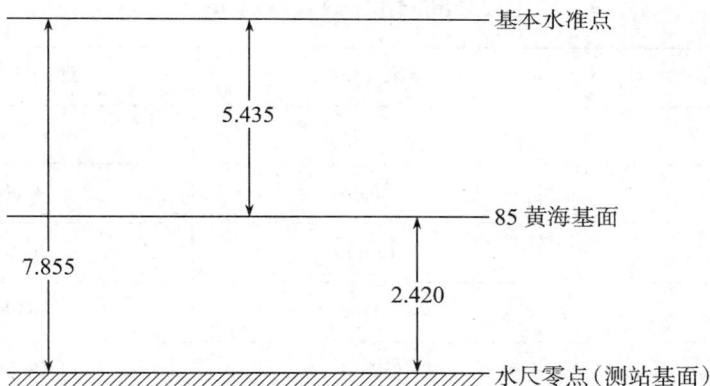

基本水准点

5.435

85 黄海基面

7.855　　　2.420

水尺零点（测站基面）

**图2.4　大港潮汐观测站各高程关系示意图**

（2）潮汐特征。影响工程海域潮汐变化的潮波系统为：黄海南部的日潮潮波系统和海州湾以东的半日潮潮波系统。以半日潮波为主，日潮波较弱。黄海是个半封闭的长方形浅海，其宽度不大，因此进入黄海的潮波，不管是入射波还是反射波，均为kelvin波。半日潮波在由东海进入黄海后，基本保持前进波的特征，在其向北传播的过程中，一部分首先由山东半岛南岸反射，尔后一部分为辽东半岛南岸所反射。如此形成两支强度不同的kelvin波（入射波与反射波）的叠加，分别于成山头外海（约37°38'N，123°15'E）和苏北外海（约34°51'N，121°05'E）形成两个M₂分潮无潮点，构成两个左旋潮波系统。影响本海区的主要是后一潮波系统。由于该潮波系统是左旋的，其等潮时线由无潮点向外呈辐射状，所以山东半岛南岸，潮波峰线由北向南转播，发生高潮的时间是由北向南渐次推后。

日潮波（$K_1$分潮）由于波长较长，所以其在黄海上的无潮点较苏北外海$M_2$分潮无潮点更偏南，即在33°41'N，121°53'E附近。在这里$K_1$分潮构成一个左旋日潮波系统。本海区的潮汐主要受制于以上这两个无潮点构成的潮波系统。

青岛沿海海域主要受海州湾外逆时针旋转的半日潮潮波系统的控制，潮波自东北向西南传播，潮时递增，平均潮差逐渐增大。

（3）潮汐调和分析。对工程海域2008年4月10日～2008年5月11日逐时验潮资料进行潮汐调和分析，计算方法参考《潮汐和潮流的分析和预报》第三章（方国洪等，1986）。计算得到工程海域的各分潮调和常数，下表为各主要分潮调和常数。

表2.2　　　　　　　　　主要分潮调和常数　　单位cm

| 分潮 | 振幅（cm） | 迟角（°） |
|------|-----------|-----------|
| $O_1$ | 24.77 | 167.15 |
| $K_1$ | 23.88 | 46.40 |
| $M_2$ | 131.46 | 67.97 |
| $S_2$ | 51.12 | 164.81 |
| $M_4$ | 12.68 | 26.29 |
| $MS_4$ | 13.10 | 140.15 |

（4）潮汐类型。潮波在传播过程中受海区地形的影响，当海区固有频率与某一主要天文分潮的频率相近时，潮波会发生共振现象。潮汐类型是根据潮型数 $F = (H_{K_1} + H_{O_1})/H_{M_2}$ 来划分的，潮型数 $F$ 表示3个主要分潮（$M_2$、$K_1$、$O_1$）的相对重要性；根据 $F$ 值的大小，潮汐一般可划分为4种类型，即：规则半日潮（$0.0 < F \leq 0.5$），不规则半日潮（$0.5 < F \leq 2.0$），不规则日潮（$2.0 < F \leq 4.0$）和规则日潮（$F > 4.0$）。

工程海区的潮汐特征比值 $F = (H_{O_1} + H_{K_1})/H_{M_2} = 0.37$，小于0.5，为规则半日潮区。

工程海区一天出现两次高潮和两次低潮，两次高潮的高度相差很小。但随着月球赤纬的变大，也出现了潮汐日不等现象。月赤纬增大（回归潮），潮汐日不等较显著；月球在赤道附近（分潮点），潮汐日不等几乎消失。潮汐不等的性质，由日潮和半日潮相位差决定。

（5）潮汐特征值。潮汐特征值在港工、航运及其他有关的生产活动中具有重用用途。根据工程海域的调和常数，计算了工程海区的主要潮汐特征值。

表2.3　　　　　　　　工程海区潮汐特征值表　单位：cm

| 要素名称 | 特征值 |
|---|---|
| 主要日潮与主要半日潮振幅之比 | 0.37 |
| 主要半日分潮振幅之比 | 0.39 |
| 主要日分潮振幅之比 | 1.04 |
| 半日潮龄 | 95小时17分 |
| 日潮龄 | 110小时00分 |
| 平均潮差 | 278.52 |
| 平均半潮面 | 253.07 |
| 平均高潮位 | 392.33 |
| 平均低潮位 | 113.82 |
| 平均大潮差 | 368.62 |
| 大潮平均半潮面 | 253.22 |
| 大潮平均高潮位 | 437.53 |
| 大潮平均低潮位 | 68.92 |
| 平均小潮差 | 172.50 |
| 小潮平均半潮面 | 252.61 |
| 小潮平均高潮位 | 338.87 |
| 小潮平均低潮位 | 166.36 |
| 平均高潮间隙 | 2小时20分 |

（续表）

| 要素名称 | 特征值 |
|---|---|
| 平均低潮间隙 | 8小时33分 |
| 平均高潮不等 | 18.89 |
| 平均低潮不等 | 60.97 |
| 回归潮高潮不等 | 29.59 |
| 回归潮低潮不等 | 95.55 |
| 平均高高潮位 | 401.78 |
| 平均低高潮位 | 382.89 |
| 平均低低潮位 | 83.33 |
| 平均高低潮位 | 144.30 |
| 回归潮平均高高潮位 | 407.13 |
| 回归潮平均低高潮位 | 377.54 |
| 回归潮平均低低潮位 | 66.04 |
| 回归潮平均高低潮位 | 161.59 |
| 平均高高潮间隙 | 14 小时46分 |
| 平均低高潮间隙 | 2小时20分 |
| 平均低低潮间隙 | 8小时33分 |
| 平均高低潮间隙 | 20小时58分 |
| 备注 | 表内各值起算面均为验潮零点 |

#### 2.2.1.2.2 波浪

由于胶州湾水域相对封闭，水域内的波浪主要由风形成，即是说海湾内的波浪主要是短风区的浅水风浪，其特点是有风就有浪，风停浪消；一般情况下，波高尺寸较小，波浪周期也较小。

另外，胶州湾湾口为一狭窄的海峡，宽约3 km，外海偏东向的大浪可由小麦岛一带海区传至湾内。但是由于外海水深和复杂地形变化的影响，波高不断衰减，同时波向也不断发生变化。波浪在传播过程中，外海波浪进入黄岛前湾的黄岛—安湖石一带海区时，波高衰减70%，波向也由ESE向变为E向；当波浪传至安湖石—显浪咀一线海区时，波高可衰减80%，波向变为ENE—NE向；当波浪向北及东北向传播时，至5 m等深线处，波高的衰减达90%以上。至5 m等深线以浅海区，基本不受外海波浪的影响。

本地区大风季节一般发生在秋、冬季，由寒潮天气形成偏北大风；夏、秋季的低压气旋及台风，有时也能产生较强的大风，但概率较小。

（1）工程区波浪特征。

由于胶州湾自然地理条件的影响，工程区的波浪有以下特征：

1）胶州湾内的波浪主要是由大风产生的短风区浅水风浪，波高普遍较小，周期也较小，有风则有浪，风停浪消。

2）外海波浪经过湾口可以传至湾内，主要限于湾口以内的前湾一带，在湾的中、北部海区，几乎不产生影响。

3）红岛海域主要受来自偏南向外海波浪由湾口绕射和偏东、西向大风产生的波浪的影响，由于外海入射波的衰减、湾内南向和东向风区长度较小以及水深较浅等因素，工程区难以出现大浪。

（2）台风（含热带风暴）浪的统计分析。

过去有些台风按现在新的标准应为热带气旋，由于历史的原因，这里仍按台风处理。据查青岛地区1898—1986年的有关台风资料，对胶州湾影响较大的台风有106次，平均每年约有1.2次，在青岛登陆的台风共3次（1939年台风，1985年9号台风，1956年12号台风）。下面对青岛地区影响最大的三次强风资料进行分析。从中可以看出，胶州湾台风危害是极其严重的。

1）1939年台风：发生于1939年8月22日～8月31日，此次台风8月31日09时从胶州湾西岸登陆，风向NNE。其中20 m/s以上风速前后达25小时，30 m/s以上风速前后达4小时，瞬时最大风速达40.3 m/s。此次台风风狂雨骤、山呼海啸、波浪滔天，损失惨重。

2）1985年9号台风浪：台风过程为1985年8月16日～8月20日，8月19日09时台风中心从青岛登陆；此次台风移动速度快，来势猛，影响范围广，瞬时最大风速达35 m/s，前后达4小时。此次台风同时伴随着增水，青岛海区最大增水89 cm；小麦岛波浪站目测最大波高9 m。波向SSE，最大周期8.5s。黄岛波浪站测得最大波高2.8 m。单个最大波高3.1 m，平均周期6.4S。最大周期9.1s，波向E。

3）1956年12号台风浪：1956年7月25日~8月5日强台风，该次台风出现的最大风速为90 m/s，8月1日在浙江省象山登陆，登陆时最大风速为65 m/s。登陆后向NW向前进，途经郑州到陕西榆林西部变为低气压。此次台风由于路径偏西，风力强，持续时间长，故在青岛海区形成稳定的SE—E大风。由于胶州湾口门的方向为SE—E向，故在湾内形成较大的海浪。根据当时的天气图分析，青岛海区出现SE大风，其中22 m/s风速作用时间达12 h之久，推算出波6.5 m，周期9.1s，波向ESE；涌浪传至胶州湾中南部波高为2.4 m。

### 2.2.1.2.3　海流

胶州湾的海流状况表现为外海的海水偏西向进入胶州湾外湾口（团岛—薛家岛）后开始分向：一股为偏西南向进入黄岛前湾和海西湾；另一股为主流，绕过团岛咀，偏西北向进入胶州湾内湾口。然后再分向：一股北偏东向进入沧口水道；一股北偏西向，由中沙礁西侧进入内湾；还有一部分由中央水道北进。

总的来讲，胶州湾的海流涨潮期间的流速大，最大流速超过300 cm/s。落潮期间的流速小；涨潮流历时比落潮流历时短约1小时；海流的垂直分布，在强流区，流向基本一致，流速基本均匀，个别测站的最大流速常出现在深层。

由于胶州湾岸边地形和海底地形复杂，半岛对峙、岬角突出、湾中水下暗礁、深水道和海底盆地等影响，在湾口等区域形成了强流区，最大实测流速200 cm/s以上。

为了解本海区海流的基本特征，国家海洋局第一海洋研究所于2013年11月和12月分别在大、小潮进行了6个站位同步周日连续的海流观测，连续观测时间为25小时。海流观测采用安德拉RCM9型海流计和"小阔龙"声学多普勒流速计进行，其中近岸的L1、L2、L3、L4站采用RCM9型海流计，L5、L6采用"小阔龙"声学多普勒流速计进行观测。

（1）实测海流分析。

本次观测期间各站实测海流均表现为较强的往复性流动，涨潮流向为偏N向，落潮流向为偏S向。

大潮期，涨潮流最大流速为59 cm/s，流向为345°，出现在L5站表层；落潮流最大流速为34 cm/s，流向为185°，出现在L6站表层。小潮期，涨潮流最大流速为44 cm/s，流向为337°，出现在L5站表层；落潮流最大流速为33 cm/s，流向分别为

163°和189°，出现在L5、L6站表层。

两次观测中，各站涨潮流平均流速大于落潮流平均流速，大潮期平均涨落潮平均流速大于小潮期。垂向上流速自表至底逐渐减小，流向基本一致。

表2.4　　　各站实测涨、落潮流最大流速$V$（cm/s）及流向（°）

| 站位 | 项目层次 | 大潮期 | | | | 小潮期 | | | |
|---|---|---|---|---|---|---|---|---|---|
| | | 涨潮流 | | 落潮流 | | 涨潮流 | | 落潮流 | |
| | | 流速 | 流向 | 流速 | 流向 | 流速 | 流向 | 流速 | 流向 |
| L1 | 表层 | 42 | 328 | 26 | 150 | 34 | 333 | 27 | 150 |
| | 0.6H | 41 | 333 | 21 | 148 | 31 | 341 | 26 | 158 |
| | 底层 | 40 | 322 | 20 | 146 | 30 | 330 | 25 | 167 |
| | 平均 | 41 | 325 | 22 | 149 | 32 | 331 | 26 | 158 |
| L2 | 表层 | 43 | 341 | 27 | 157 | 38 | 346 | 30 | 164 |
| | 0.6H | 33 | 336 | 23 | 152 | 34 | 343 | 29 | 147 |
| | 底层 | 31 | 346 | 20 | 155 | 32 | 349 | 28 | 155 |
| | 平均 | 37 | 343 | 23 | 152 | 35 | 346 | 29 | 159 |
| L3 | 表层 | 32 | 6 | 21 | 134 | 22 | 4 | 25 | 173 |
| | 0.6H | 30 | 1 | 20 | 138 | 21 | 13 | 22 | 170 |
| | 底层 | 27 | 10 | 19 | 136 | 21 | 10 | 17 | 163 |
| | 平均 | 29 | 7 | 20 | 135 | 21 | 6 | 21 | 168 |
| L4 | 表层 | 47 | 7 | 28 | 194 | 36 | 7 | 31 | 191 |
| | 0.6H | 38 | 6 | 28 | 203 | 31 | 13 | 30 | 185 |
| L4 | 底层 | 38 | 9 | 28 | 198 | 29 | 7 | 28 | 179 |
| | 平均 | 42 | 8 | 28 | 195 | 33 | 7 | 30 | 185 |

（续表）

| 站位 | 项目层次 | 大潮期 | | | | 小潮期 | | | |
|---|---|---|---|---|---|---|---|---|---|
| | | 涨潮流 | | 落潮流 | | 涨潮流 | | 落潮流 | |
| | | 流速 | 流向 | 流速 | 流向 | 流速 | 流向 | 流速 | 流向 |
| L5 | 表层 | 59 | 345 | 30 | 172 | 44 | 337 | 33 | 163 |
| | 0.6H | 58 | 340 | 29 | 163 | 39 | 329 | 32 | 166 |
| | 底层 | 58 | 342 | 27 | 181 | 36 | 345 | 30 | 163 |
| | 平均 | 59 | 343 | 29 | 176 | 39 | 339 | 32 | 162 |
| L6 | 表层 | 53 | 37 | 34 | 185 | 35 | 24 | 33 | 189 |
| | 0.6H | 50 | 38 | 31 | 185 | 34 | 33 | 31 | 206 |
| | 底层 | 43 | 41 | 29 | 194 | 32 | 26 | 31 | 214 |
| | 平均 | 48 | 39 | 32 | 189 | 33 | 25 | 31 | 200 |

（2）潮流场分析。

采用二维平面潮流数值模型（Mike21-FM模型），对胶州湾进行了潮流场数值模拟，通过分析可知：

1）涨急时在沧口水道附近流速较大，最大为0.45 m/s以上，涨急时潮流流向近NE向；在红岛连接线附近海域潮流流速较小，流速在0.35 m/s左右，流向近NNE向；在红岛西南侧海域潮流流速在0.45 m/s左右，潮流流向近N向；在大沽河河口附近流速较大，流速在0.6 m/s左右，流向近NW向；在青岛港东侧海域，潮流流速在0.6 m/s左右，潮流流向近N向。

2）落急时在沧口水道附近流速较大，最大为0.6 m/s以上，流速较大的海域呈南北向分布，落急时潮流流向近SW向；在红岛连接线附近海域潮流流速较小，流速在0.3 m/s左右，流向近SSW向；在红岛西南侧海域潮流流速在0.4 m/s左右，潮流流向近S向；在大沽河河口附近流速较大，流速在0.6 m/s左右，流向近E向；在青岛港东侧海域，潮流流速在0.45 m/s左右，潮流流向近S向。

### 2.2.1.3 河流水系

红岛经济区地处胶东半岛，胶州湾湾底，其河流均为季风区雨源型，且多为独立入海的山溪性河道，河流水系的发育和分布，明显受地形地貌的控制。

红岛经济区范围内防洪河流水系自西向东主要有大沽河、桃源河、祥茂河、洪江河和墨水河。由于红岛经济区范围内高新区和西片区地势低洼，区域内防洪直接受上述外围河道的影响。

区域内排涝河道沟渠众多，高新区片区大致自北向南汇入胶州湾；河套及出口加工区片区大致自正阳路为分水岭，分别向南北分别汇入胶州湾和桃源河湿地；红岛片区自中间高地向四周分散汇入胶州湾。

### 2.2.1.3.1  大沽河

大沽河古称"姑水"，发源于招远市东北部的阜山，在莱西市道子泊村进入青岛地区，在胶州市东营盐场和城阳区潮海盐场之间注入胶州湾，干流全长179.9 km，是胶东半岛最大的河流。大沽河流域位于东经119°40′~120°39′、北纬35°54′~37°22′之间，涉及烟台市辖区的招远、莱州、莱阳、栖霞诸县市，潍坊市辖区的高密市，青岛市辖区的莱西、平度、即墨、胶州、黄岛区和城阳区，流域面积6 131.3 km²，其中在青岛市辖区内的流域面积为4 781 km²，占全市总面积的45%，是青岛市一条主要的防洪、排涝河道，被誉为青岛市的"母亲河"。

大沽河自产芝水库至入海口段，流域面积大于100 km²的一级支流有八条，自上而下分别为洙河、小沽河、五沽河、落药河、流浩河、南胶莱河、桃源河和云溪河，这些支流均为间歇性河流，每年断流时间长，仅在雨季有水流。

根据《青岛市红岛经济区综合交通走廊防洪排涝专题研究》，得到大沽河入海口处50 a一遇设计洪水为4 000 m³/s。

（1）洙河。洙河发源于烟台市莱阳崤山东麓，流经莱阳、莱西5处乡镇，纳七星河、草泊沟、马家河之水于望城街办辇子头村西北汇入大沽河，干流全长50.68 km，流域面积420.5 km²。1958年在莱西市高格庄北兴建了高格庄水库，水库总库容1 720×10⁴ m³，兴利库容783×10⁴ m³。

（2）小沽河。小沽河发源于莱州市的马鞍山，于南墅镇孙家村西入莱西市，沿莱西和平度的边界南流，于平度石家曲堤村入大沽河，干流全长84 km，流域面积1 028.2 km²。1970年在其上游兴建了北墅水库，水库控制流域面积为301 km²，总库容为4 889×10⁴ m³，兴利库容2 237×10⁴ m³。小沽河有两条较大的支流，即黄同河和潴洞河，在两条支流上分别建有黄同水库和尹府水库。黄同水库的总库容5 274×10⁴ m³，兴利库容2 450×10⁴ m³；尹府水库的总库容13 350×10⁴ m³，兴利库容7 380×10⁴ m³，该库是青岛市区和平度市工业和生活供水水源之一，兼顾农业灌溉。

（3）五沽河。五沽河发源于莱西市众水村东，沿莱西市和即墨市边界，流向由东向西，纳龙化河、幸福河、狼埠沟之水于即墨市袁家庄汇入大沽河，干流全长44 km，流域面积648 km$^2$。

（4）落药河。落药河发源于平度市小古迹山北侧，向东南流经公家、铁岭庄至河北大泊村东纳王戈庄之水，再折向西南，纳响水河、小方湾河、堤沟河、东新河后，至崖头村后入大沽河，全长35 km，流域面积285.7 km$^2$。

（5）流浩河。流浩河发源于即墨市灵山镇金家湾村北，横贯即墨市中部，由东而西至岔河南汇入大沽河，干流全长36 km，流域面积400.8 km$^2$。其上游建有宋化泉水库，总库容2 661×10$^4$ m$^3$，兴利库容1 525×10$^4$ m$^3$。

（6）南胶莱河。南胶莱河发源于平度市姚家村分水岭南侧，在胶莱镇刘家花园处流入胶州市，经胶东镇汇入大沽河，干流全长30 km，流域面积1 500 km$^2$。其主要支流有胶河、墨水河及清水河等。

（7）桃源河。桃源河系大沽河左岸末级支流，发源于即墨市普东镇桃行村，自东向西流至蓝烟铁路附近折向南流，过铁路在城阳区下疃村西北入大沽河，全长34.7 km，流域面积308 km$^2$。其上游建有挪城水库，总库容1 029×10$^4$ m$^3$，兴利库容692×10$^4$ m$^3$。

（8）云溪河。云溪河系大沽河右岸末级支流，发源于胶州市西庸村，贯穿胶州市城区，至胶州少海汇入大沽河，河道全长19 km，流域面积100.2 km$^2$。其流域内建有青年水库，总库容1 048×10$^4$ m$^3$，兴利库容720×10$^4$ m$^3$。

#### 2.2.1.3.2　桃源河

桃源河，古称挪城河，发源于即墨市普东镇桃行村，自东向西横穿即墨市南泉镇北部，经洪沟、挪城、辛城至兰烟铁路附近折向南流，沿兰村镇东部边缘，穿过胶济铁路在胶州姜新村前、城阳大涧村后流入大沽河，上游建有挪城水库，水库控制流域面积51 km$^2$，其中直接汇水面积30 km$^2$，引入面积21 km$^2$。水库总库容1 260×10$^4$ m$^3$，兴利库容695×10$^4$ m$^3$。水库以下河道长24.4 km。其流域范围西至大沽河左堤，东与洪江河相邻，北以大沽河支流流浩河为界，流域面积308 km$^2$，流域内有即墨区、崂山区、胶州市的8个乡镇、175个自然村，共有21.2万人，河道中心线全长34.7 km，干流比降0.01%～0.016%。桃源河主要支流有坡子河、大欧河、毛子埠沟、小桥河、桥西头沟、小新河等6条，均位于青岛辖区内。桃源河河道地势东北高、西南低，东北部为丘陵地带，西部为冲积平原。胶济铁路以南桃源河为槽状洼地，全流域内的涝洼地面积约为10万亩。其河道上游处于丘陵地区，河床摆动较大，下游地势较平坦，河道较顺直。桃源河为复式河道，主河槽宽度20~70 m，上游主河槽蜿蜒曲折且窄，下游较顺直且宽。1951—2001年，胶州市、即墨区及城阳区政府不同程度地对桃源河进行了治理，使得桃源河具备了较完整的河道堤防。

沿桃源河干流共建有3座拦河蓄水的大型闸（坝）工程，一座是大涧桥闸，建于1997年，拦蓄库容220×10⁴ m³；一座是2001年建于204国道下游的棘洪滩橡胶坝，拦蓄库容为100×10⁴ m³；一座是西孙闸，砌石结构，尺寸为5×5×3 m。

### 2.2.1.3.3　祥茂河

祥茂河又名羊毛沟，位于青岛市城阳区青岛高新产业技术开发区。羊毛沟发源于即墨区南泉，流域面积55.6 km²，河道总长12.7 km，流经棘洪滩街道办事处、上马街道办事处，于程戈庄汇入胶州湾。干流比降1%，流域内以平原为主。

（1）水利工程。在羊毛沟入海口处有泄洪挡潮闸一座，总宽138.10 m，11孔，单孔净宽10.0 m，闸底板顶高程–0.50 m，工作闸门处设驼峰堰，闸门采用钢闸门，启闭设备采用液压启闭机。其流域内再没修建其他水利工程。

（2）其他设施。河道内有4座主要桥梁，分别为火炬路桥（河道中心桩号1+130）、河东路桥（河道中心桩号2+660）、正阳路桥（河道中心桩号4+210）、春阳路祥茂河桥（河道中心桩号7+400）。

### 2.2.1.3.4　洪江河

洪江河发源于即墨市马山西麓，全长25.5 km，流域面积70.1 km²，于城阳区棘洪滩镇南万村汇入墨水河，主要承担即墨市马山片区和城阳区棘洪滩街道办事处中部、高新区东部区域的防洪排涝任务。洪江河的安危关系着高新区东部区域、即墨区、城阳区的29个村庄、2万余人的生命财产安全，关系着204国道、胶济铁路、308国道、双高路等重要交通设施的安全。

洪江河历史上未进行系统治理，204国道上游河道现在宽20~80 m不等，204国道下游河道断面较规整，现在河道宽60~120 m不等，左岸河道内为虾池，束窄了河道行洪断面。由于河道淤积和潮水位顶托，现防洪标准较低。

工程穿越河道处现在过水断面宽30 m，河底高程2.0 m，左岸为虾池，无明显堤

防；右岸堤防较完整，为均质土堤，堤顶高程5.53 m。以现在过水断面左岸岸边高程
4.20 m、右岸堤顶高程5.53 m为控制指标，计算得相应的过洪能力为107 m³/s。而当断
面以上流域发生5年一遇洪水时，最大洪峰流量为174 m³/s，因此现在河道不满足5年
一遇洪水设计标准。

### 2.2.1.3.5　墨水河

墨水河属山东沿海诸小河系，发源于崂山北麓，即现在的城阳区惜福镇三标
山，流经即墨市辖区的龙山街道办事处、即墨市通济街道办事处、城阳区的城阳
街道办事处、棘洪滩街道办事处，于棘洪滩街道办事处的前海西村南注入胶州
湾。其全长42.2 km，流域面积392.9 km²（含洪江河），平均干流坡降0.002 m/m。
墨水河的主要支流有龙泉河，发源于即墨市梁家疃以北，于庄头村东向南入墨水河，
长23 km，流域面积110.8 km²。近几年来，随着墨水河入海口附近养虾池的连年增
多，阻碍河道行洪，致使原先单独入海的洪江河也在入海口处与墨水河汇合，从而使
流域的集水面积增加57 km²。根据《青岛市红岛经济区综合交通走廊防洪排涝专题研
究》，得到墨水河入海口处50 a一遇设计洪水为1 450 m³/s。

针对墨水河主要存在的防洪问题：河道行洪断面不足，主河槽淤积严重，下游
入海口段基本无堤防，该处被虾池挤占无行洪断面，严重威胁着沿河两岸人民生命财
产安全，从2005年开始，先后于2005年、2006年、2007年、2008年和2009年分期对墨
水河实施了综合治理工程，提高了河道防洪能力，团彪水库至刘家官庄桥（河道桩号
34+430～27+840）6.59 km河道达到20年一遇的防洪标准，刘家官庄桥至入海口（河
道桩号27+840～0+000）27.84 km河道达到50年一遇防洪标准。墨水河经过五期综合
治理后，已形成稳定的过水断面，两岸堤防完整，河势基本稳定。

### 2.2.1.3.6　河流入海泥沙

胶州湾地形变化主要来源于入湾泥沙以及湾内水动力作用的改造。河流来沙是海
湾泥沙的主要来源，注入胶州湾的河流主要有墨水河、南胶莱河和大沽河等，这些河
流来沙主要沉积在湾底，20世纪60年代以前，来沙量较大，泥沙堆积作用使湾底岸线
逐渐淤进；1970年以来由于水库拦沙，河流来沙量大大减少，目前每年仅有2.89万吨
泥沙入海（表2.5，表2.6）。

表2.5 注入胶州湾的河流基本特征表

| 项目 | 洋河 | 南胶莱河 | 大沽河 | 墨水河 | 白沙河 | 李村河 |
|---|---|---|---|---|---|---|
| 河流长度（km） | 49.0 | 30 | 179.9 | 42.2 | 35.0 | 14.5 |
| 流域面积（km²） | 252.0 | 1 500 | 6 131.3 | 392.9 | 202.9 | 39.7 |
| 河流比降（%） | 1.50 | 0.17 | 0.61 | 3.87 | 12.6 | 7.13 |
| 水文站位置 | 大村 | 吴家口 | 南村 | 即墨 | 乌衣巷 | 阎家山 |
| 水文站的集水面积 | 203.0 | 882.0 | 3 730.0 | 85.4 | 43.9 | 108（含张村河） |
| 资料年限 | 1958—1965 | 1952—1989 | 1952—1989 | 1970—1989 | 1960—1989 | 1976，1978—1989 |

表2.6 各条河流多年输沙量变化（×10⁴ t）

| 河名 | 年份 | 年输沙量 | 年份 | 年输沙量 | 年份 | 年均输沙量 |
|---|---|---|---|---|---|---|
| 李村河 | 1976—1979 | 2.94 | 1980—1989 | 1.12 | 1976—1989 | 1.54 |
| 南胶莱河 | 1952—1965 | 27.36 | 1980—1989 | 0.69 | | |
| 大沽河 | 1952—1959 | 156.9 | 1980—1989 | 0.687 | 1952—1989 | 70.86 |
| 墨水河 | 1970—1977 | 5.45 | 1978—1989 | 0.88 | 1970—1989 | 2.71 |
| 白沙河 | 1960—1967 1971—1979 | 0.560.46 | 1980—1989 | 0.126 | 1960—1989 | 0.3503 |
| 洋河 | 1958—1965 | 25.81 | 1980—1989 | 停 | | |

#### 2.2.1.4 地质地貌

胶州湾是"口小腹大"的半封闭海湾，湾口部分为基岩，湾底发育了大片潮滩。胶州湾南部水深较大，北部较浅，湾口水深最大，可达60多米。其水深总体从湾口向两侧及湾底逐渐变浅。本研究区位于胶州湾湾底，因沉积物的淤积，地形平坦，形成大片浅水地形，分布有7~8 km宽的潮间滩地和宽阔的浅水区，水深小于5 m，地形坡度一般小于13°。

##### 2.2.1.4.1 海湾底质与浅地层

胶州湾内沉积物类型较多，且有一定分布规律，总体呈湾口区及水道区泥沙较粗，浅滩泥沙较细的特点。红岛岸外位于胶州湾底，沉积物主要为粘土质粉砂（YT）。

湾底区海底沉积物厚度大，基岩埋深一般在15 m以上，推测靠近红岛基岩近岸区基岩埋深浅，目前缺乏相关实测资料。根据沉积物结构特点、浅地层图像和钻孔资料，将胶州湾基岩以上地层可分为4层，由下而上为：① 亚黏土（黏土）、亚砂土、沙砾层。② 黏土、亚黏土、砂、砂砾互层。③ 淤泥质粉砂层。④ 淤泥质粉砂或粉砂质淤泥层。应指出的是，在上述的二、三层之间，较普遍地存在厚1 m左右的砂透镜体或夹层。从资料分析看，该夹层或透镜体为海浸砂。

##### 2.2.1.4.2 胶州湾底地貌

（1）海岸地貌。

胶州湾底主要地貌类型为潮滩。大沽河河口附近，潮滩最大宽度可达8 km，滩坡在0.1%~0.2%。目前，胶州湾潮滩的近岸多被围填成盐田或养虾池，使潮滩变窄，但堤坝前的潮滩宽度常在1 000 m以上，坡降小于0.2%（表2.7），剖面线均呈直线形。组成物质自岸向海由细变粗为粉砂质泥、淤泥质粉砂、粉砂等。娄山北岸滩，由于化肥厂排出大量废渣，覆盖了近岸潮滩（其厚10~20 cm），构成所谓的"白滩"。

表2.7 胶州湾潮滩实测剖面长度与滩坡

| 剖面位置 | 娄山北 | 潮海盐场 | 王家滩东 |
|---|---|---|---|
| 实测长度（m） | 1 160.0 | 1 624.5 | 2 861.5 |
| 平均坡降（%） | 0.19 | 0.164 | 0.105 |

受入海河流、虾池排水的影响及落潮海水归槽的作用，坦荡的潮滩上发育形成了

许多潮水沟。随着生产的发展，胶州湾海岸人工地貌大量出现。其中胶州湾北部平原区的潮滩后部，开辟了大规模的盐田、养虾池，各种堤岸埂坝纵横交错。

（2）海底地貌。

浅水平原与水下三角洲：胶州湾的北部是潮间岸滩自然下延的水下浅海平原，其地势平坦，向湾口微倾，底质细腻，多为淤泥质粉砂，仅胶州湾东北部浅水平原的地形和组成物质较复杂。其中，李村河口外，2 m等深线明显向海弧形突出，构成了小型的水下三角洲。另外，大沽河和洋河河口的水下，均有扇形展布的水下三角洲发育。

（3）陆域地形地貌。

大沽河东至红岛区域，经过长期的地壳运动和沉积作业，形成了丘陵低低组合。地形呈西北、东南微斜分布状态。东部、中部为丘陵地带，北部、西部、南部因靠大沽河、桃源河、胶州湾，又形成滨海平原。西片区中央高四周低，平均海拔7.6 m；地形高程高差变化集中在胶州湾高速路以北，沿正阳西路和龙海路呈"T"型分布；最高点位于大涧村南部，海拔31 m；南部为盐田，高差较小，多在4 m左右。西片区内地势平坦，平均坡度2.8%。

#### 2.2.1.5　岸滩稳定性

##### 2.2.1.5.1　岸线演变

收集不同时期海图以及遥感图岸线，可知胶州湾海域面积一直处于持续缩减的状态，红岛附近胶州湾底部岸线持续向海淤（推）进（表2.8）。

在20世纪前，胶州湾主要在河流泥沙填塞下呈缓慢淤积的态势，在约7 000 a B.P.至1863年，面积缩小129 km²，为578.5 km²，这种淤积是胶州湾在自然状态下的演化过程。

1863—1952年这将近90年的时间内，胶州湾由578.5 km²缩小至559 km²，是自然演化时期的12倍。该期淤积的加速，主要是入湾河流流域水土流失加剧，致使入湾泥沙增加造成的。胶州湾盐场的早期开发也有较显著的影响。但仍属于低速缩减期。

1952—1966年这是胶州湾开发的第一次高峰，开发方向是大面积围湾建设盐场，14年间海湾面积由559 km²缩小至470 km²，缩小89 km²。每年减少6.3 km²，相当于自然状态下淤积速率的350倍。河流泥沙的作用已退居极次要的地位。

1966—1985年这19年间，面积由470 km²缩小至403 km²，缩小67 km²。每年减少3.5 km²，仍是海湾面积快速缩减的时期。这段时间主要是围湾建养殖场导致海湾面积快速减少。

1985—1992年7年间，面积由403 km²缩小至388 km²，缩小15 km²，每年减少2.1 km²，减小速率仍然偏大。这期间的面积减小，主要是港口、道路建设等城市用地填海的结果。

表2.8　　　　　　　　　1999年以前胶州湾水域面积变化

| 年份 | 海湾面积（km²） | 海湾面积变化量（km²） | 海湾面积年变量（km²/a） | 主要原因 |
|---|---|---|---|---|
| 约7 000 a B.P. | 707.7 | | | 自然淤积 |
| 1863年 | 578.5 | −129 | −0.018 | |
| 1952年 | 559.0 | −19 | −0.22 | 水土流失 |
| 1966年 | 470.3 | −89 | −6.3 | 盐场围海 |
| 1985年 | 403.0 | −67 | −3.5 | 养殖池围海 |
| 1992年 | 388.0 | −15 | −2.1 | 港口、城市用地围填海 |
| 1999年 | 382.0 | −6 | −0.86 | |

20世纪80年代中期以来，由于管理加强，围填海得到控制，胶州湾面积变化趋缓，但围填海占用海域面积的现象依然存在。在1992—2011年间红岛经济区海岸带有较多的小面积围填海，主要用于修建养殖池，使湾底的人工岸线又略向海淤进。经统计，1992—2011年间大沽河口以东侧至墨水河口岸段小范围围填海面积累积约4 km²；2011—2013年间该岸段围填海面积约0.5 km²，在此期间，墨水河口由于有效治理，有约0.1 km²的养殖池被拆除，重新恢复为海域。东大洋东岸海湾大桥以北至墨水河岸段，1992—2011年间围填海面积约5.5 km²；大沽河口西侧岸段，1992—2011年间变化较小，2011—2013年间建设了胶州滨海新城，围填海面积约6 km²。

综上所述，胶州湾在早期自然状态下，岸线向海淤进速度有限。随着人类活动的增加，海湾面积呈加速缩减态势，较长岸段由于围填海的行为转变为人工岸线。自20世纪80年代中期以来，管理加强，围填海得到控制，胶州湾面积变化趋缓，90年代处于相对稳定状态，但仍有小块围填海现象存在。

2.2.1.5.2　海底冲淤变化

"红岛经济区海岸带基础调查及专题研究"课题对胶州湾底部海底冲淤变化进行

了系统的研究，在此引用该课题成果对研究区海底冲淤变化进行说明。

胶州湾底部海域1935年至今总体经历了缓慢淤积到基本冲淤平衡的变化过程。其中1935—1986年胶州湾总体处于淤积状态，淤积主要发生在湾底河口外侧，即大沽河口和红岛东侧的墨水河河口外侧海域，湾内其他海域冲淤变化都比较小。

1986—2013年间，胶州湾底部总体上处于冲淤平衡的态势，海底有冲有淤，但变化幅度小；大沽河口外侧局部海底地形变化较明显，河口河道尾闾有所调整，总体略有侵蚀，但侵蚀幅度小。

分析认为，1935—1986年间胶州湾底为缓慢淤积态势，主要原因为河流来沙。由于上游人工截流较少，河流来水来沙堆积在河口，在波浪潮流作用下向海运移，形成了河口地区岸滩及海底淤积的状态。和其他河流相比，大沽河来水来沙量较大，河口外淤积明显、李村河、洋河、白沙河、墨水河等来水来沙量少，海底淤积较轻。1986年以后，大沽河河流来沙减少，河口沉积物在波流作用下被改造，使河口局部地形略微调整。

## 2.2.2 风暴潮灾害 ≫

据1949—2013年间资料统计，影响青岛沿海地区的台风呈逐渐减少状态，但青岛沿海地区的台风风暴潮灾害却呈逐年上升趋势。

青岛沿海地区的气旋风暴潮灾害记载较少，据调访资料分析年均发生3次左右，一般为局部轻灾，特重者为局部较重灾害。

### 2.2.2.1 风暴潮灾害致灾因素

青岛的风暴潮强弱主要取决于造成有关海域强烈而持久的向岸大风天气形势的强弱、海域的辽阔度和岸边地理环境等因素。

一般情况下，岸边风暴增水主要是由广阔海域表层海水在向岸大风风应力作用下向岸边堆积所致。发生风暴潮时岸边多伴有向岸大浪或巨浪，当风暴潮增水与天文潮叠加后的水位超过沿岸"警戒潮位"时，便会因海浪和高潮位结合导致的海水外溢而成灾。另外，风暴潮造成的高潮位导致波浪增大，波浪遇岸堤阻挡的爬坡又使水位陡然增高，两者相互作用使破坏力加剧。因此，岸边地形较平缓、岸堤迎风向浪岸段的风暴潮灾情相对严重。必须指出，风暴潮灾害的轻重，除受制于上述因素外，还取决于受灾地区的社会经济状况。

#### 2.2.2.2.2 导致胶州湾沿海地区风暴潮及风暴潮灾害的天气形势

据1949年以来风暴潮灾害资料统计，导致胶州湾沿海地区风暴潮与风暴潮灾害的天气系统主要是台风（含热带风暴、强热带风暴、台风，强台风、超强台风，下同），其次为温带气旋。

##### 2.2.2.2.1 台风风暴潮

对胶州湾沿海地区影响（包括增水幅度和致灾程度）较重或严重的台风，主要为经黄海西部海域和江苏地区北上或转向者，个别可为在长江入海口附近海域转向东北方向或由浙江登陆继续向西北方向移动者（如8114台风，5612台风）。此类台风平均3年左右出现1次，导致青岛沿海地区出现的最大增水为80～150 cm不等，其中，最大增水≥100 cm者依次为：143 cm（5612台风）、135 cm（1949年7月台风）、124 cm（1951年8月台风）、113 cm（9216台风）、110 cm（6007台风）、109 cm（1952年9月台风）、108 cm（5622台风）、100 cm（8114台风）。

导致青岛港增水≥50 cm的台风，平均每年出现1.1个。其中，增水≥80和100 cm者分别为19和8个，最大增水为143 cm（5612台风）。

上述台风路径，大体可分为"北上黄、渤海""登陆出海""东海转向""杭州湾附近登陆西行"和"登陆消失"五种类型。

北上型影响胶州湾沿海地区次数最多，沿岸增水概率和增水幅度最大，导致风暴潮灾害的概率和致灾程度也最大。其中1939年8月31日由青岛登陆北上的台风，使青岛沿海地区出现了近百年来的最大增水（据分析，青岛港增水极值≥150 cm）和最严重的风暴潮灾害。

该型台风几乎均可带来风雨天气和近岸中到大浪的恶劣海况，约1/4台风可带来狂风暴雨天气和岸边狂涛巨浪的极其恶劣海况。

##### 2.2.2.2.2 温带气旋风暴潮

据50余年资料统计，对青岛影响较重或严重的气旋年均出现2次左右，导致青岛沿海地区的最大增水一般为60 cm左右，极大者可达90 cm左右。

温带气旋导致的青岛港最高潮位多数低于85黄海面260 cm（验潮零点起算502 cm），少数强者可达85黄海面260～270 cm（验潮零点起算502～512 cm），最强者曾达85黄海面282 cm（验潮零点起算524 cm，2002年9月8日强江淮气旋）。

温带气旋风暴潮发生期间的岸边浪高一般为3 m左右，小麦岛最大海浪曾达5 m。温带气旋过境迅速，因此风暴潮影响时间较短，破坏力较小，只要最大增水和最大海浪不与天文大潮高潮重合，且无强降水相伴，一般无较重以上程度风暴潮灾害发生。

### 2.2.2.3 风暴潮灾害及破坏情况

#### 2.2.2.3.1 台风风暴潮灾害

（1）历史严重风暴潮记载。

严重台风风暴潮灾害历史文献屡有记载。如：

"唐龙朔三年（663年）大风雨，海溢（啸）"（《胶州志》）；

"唐开元十一年（72年）大风雨，海溢"（《增修胶州志》）；

"明成化七年秋闰九月（1471年）海溢"（《增修胶州志》）；

"明万历二十三年（1594年）胶州大饥，海水溢，禾稼一空"（《明史》）；

"康熙十年（1661年）大雨，海溢，漂损庐社，禾稼尽淹，且冲压田地250余顷"（《胶州志》）；

"清嘉庆二十年秋（1807年）大风害稼，海水溢"（《胶州志》）；

……

1939年8月31日～9月1日，青岛海域发生了一次近百年来最强的特强台风风暴潮灾害。"……7月海啸，淹没沿海农田、村庄，墙倒屋塌，淹死很多人畜、有生以来再未见过。"（即墨雄崖所88岁老农语）；"海岸崩溃，沉没船只，淹没农田，西镇低洼住宅区尽成泽国，房屋倒塌，死伤人命，灾情极其惨重，绝世少见。"《青岛观象台资料集（第一册）》。

（2）1949年以来风暴潮灾害记载。

1949—2008年间，青岛海域曾发生过特重风暴潮灾害3次（8509、9216、9711台风），严重灾害3次（4906、4908、8411台风），较重灾害4次（5116、5622、8406、0012台风），轻灾无数（几乎每年都有发生，有时一年多次）。

部分风暴潮过程的灾情记载如下：

4906台风（灾情严重）：浊浪排空，冲毁堤岸，毁坏船只，损失严重（港务局老职工）。

4908台风（灾情严重）：潮位高，海浪较大，市区低洼岸边和船只（渔船）有损失（港务局老职工）；金沙滩处水漫农田纵深约500 m，村舍被淹若干，有人淹死（胶南老农）。

5116台风（较重灾害）：1951年有潮灾，有农田和村舍被淹，比1949年稍轻（胶南老农）。

5622台风（较重灾害）：1956年有潮灾，有农田和村舍被淹，比1949年稍轻，与1951年相当（胶南老农）。

8114台风（严重灾害）：1981年9月1日，胶州湾局部地区发生海啸，海水平均增高1 m。小麻湾镇和营房镇3 200亩土地被淹，船厂、林场、码头、盐场受到严重损失；黄岛淹没土地2 521亩，毁船85只（1996年4月18日，青岛晚报，《胶州湾志异》）。崂山县仰口渔码头长350 m、宽15 m、高8 m，连同引堤、防浪坝全部摧毁报废；即墨县女岛码头350 m的挡浪坝被冲毁100余米，有1 600块3.7吨石制三角护块被浪冲击移位（山东沿岸及濒临海区海上气象灾害《海洋调查》，1985）。青岛市区前海岸堤被冲毁多处，养殖和捕捞船只被摧毁若干（港务局老职工）。青岛沿岸巨大的台风涌浪，拍岸后激浪高达十几米，波浪越堤造成海水倒灌，北海船厂、航务二处预制厂等地的水工建筑都受到风浪袭击，给青岛地区造成了严重灾害。

8406台风（较重）：潮位较高，海浪较大，青岛市区前海岸堤局部被冲垮、浮山湾沿岸有农田受淹、有船只被毁，水产养殖受灾较重（调访和实地踏勘）。

8509台风（特重灾害）：风大、潮高、浪恶。青岛近海波高高达7 m，最高潮位达到531 cm（小麦岛海洋站实测值）。即墨、崂山、市南、城阳、胶州、黄岛和胶南沿海各地都有多处码头、堤坝、道路、岸边建筑设施和房屋被冲垮或严重损毁，各地船只毁坏严重；北起即墨丁字湾，南至胶南棋子湾，几乎所有港湾或汊湾沿岸的低洼区域都发生了严重的海水漫滩或倒灌，淹没水产养殖池、盐田、农田、村舍、工厂和城镇居民区；全市对虾养殖和海带、扇贝等浅海水产养殖几乎损失殆尽；市区前海海堤、栈桥回澜阁以及市区$10 \times 10^4$ m²干道、$30 \times 10^4$ m²马路被冲坏；冲走毁坏渔船976条；全市共冲毁海堤、海坝8 545 m；9 346亩盐田被淹，损失盐17 800吨；有1.4万亩虾池被冲毁，大虾全部流失；大沽河水位暴涨，泛滥成灾，淹没村庄46个、8 000余户，冲倒房屋9 200多间，冲毁土地16万亩，冲走牲畜6 000多头，冲毁树木54万棵。这次台风给青岛市造成的直接经济损失达5.081 1亿元，影响工业产值0.86多亿元，利税近0.4亿元；全市有29人死亡、368人受伤，灾情特重（调访；《科技与减灾》记载；有关部门灾情报告）。石老人海水浴场处海水漫滩至现香港东路以北（石老人和山东头村村民）。

9216台风（特重灾害）：潮高、风急、浪大，巨浪扑岸历时近20小时，沿海各地普遍发生决堤垮坝、淹地涤池、毁船坏屋、断桥冲路等特重灾害。受灾范围、破坏程度和经济损失均重于8509台风。全市纯风暴潮灾害经济损失逾4亿元人民币。灾情特重。如：

即墨市里洼乡：田横岛码头摧毁20余米，坡子大坝（石质）冲毁2 000余米、垮塌夷平200余米，毁船130只，摧毁扇贝800多亩、虾池2 000余亩。

崂山山东头至石老人岸段：水漫农田、菜地至现香港东路以北（石老人和山东头村村民）。

青岛市区：浮山湾沿岸护堤、路基、岸边厂房民居被摧毁多处，农田、菜地受淹至现香港西路南侧。栈桥两侧和第一海水浴场东侧水漫马路，西镇岸边低洼处厂房和民居浸水，港区较低码头上水，发电厂房内海水倒灌车间受淹约2小时（青岛市老年海洋工作者协会编《1992年16号强热带风暴灾情纪实》；北海预报中心灾后调查）。

9415台风（轻灾）：9414台风受灾区域又重复受灾，灾情依旧但重于前者；栈桥以西岸段、因拍岸浪越堤扑向马路及工地，影响交通及施工；东海路中段路堤被冲毁10余米，厂房居民住宅被淹；渔网厂院内厂房、办公室被越堤大浪携带之海水淹浸深达50～80 cm，附近居民被淹数十户；沙子口镇部分岸段堤坝安全受到威胁，经全力抢险，免除了决堤、毁船之灾；南海路数十户居民被大浪携带之海水淹浸；沙子口村海滩处，大浪翻滚着向岸上扑来，浪沫飞溅，吼声震天，直接威胁着该村十几户渔民住家的安全（实地踏勘、调访；8月16日青岛日报；8月15日10时电台广播）。

9711台风（特重灾害）：全市沿海普遍发生严重灾情，灾情基本同8509和9216台风，灾情特别严重。如：

栈桥以西岸段拍岸浪高达10余米，轰鸣作响，扑上岸堤、马路，海上皇宫、海水浴场浴室、栈桥、岸堤多处被冲毁；五四广场处岸堤被冲垮20余米；海豚馆处岸堤被冲毁；石老人海水浴场处海水漫滩至现香港东路以北（石老人和山东头村村民）；1997年8月19日凌晨至20日傍晚，9711号台风影响该地区，青岛市遭受到罕见的强风暴潮袭击，最高潮位达551 cm，是中华人民共和国成立以来观测到的青岛潮位极值，同时伴有4～6 m的大浪。据不完全统计，经过三次高潮位巨浪的冲击，青岛市沿海一线建筑及市政工程设施遭到不同程度损坏，损失严重。全市共冲垮小塘坝9座、桥梁57座、涵闸25座，小型河道堤防决口6处、长12.6 km，毁坏船只436条，刮倒树木5.7万株，农作物倒伏42万亩，倒塌房屋1 120间，冲毁海堤18处4.1 km，冲毁虾池1.5万亩，共伤亡25人，其中死亡5人，死亡人员主要是由于海上作业未及时返港而造成船翻人亡。风暴潮加暴雨共造成直接经济损失约9亿元人民币（青岛市有关部门灾情报告；实地踏勘、调访；1997年8月22日《青岛晚报》）。

0012台风（较重灾害）：2000年8月29日～9月1日，市区沿海一带遭受风暴潮袭击，有1 km堤坝遭毁坏，部分路面遭破坏，部分绿地受海水浸淹，100余盏路灯被海浪损坏，澳门路、东海路、南海路等路段因受海水冲击导致交通中断。沿海各区（市）共有27个乡镇、街道办事处受灾，受灾人口44万人，成灾人口27万人，据不完全统计，直接经济损失2.36亿元（青岛市有关灾情报告）。

0509麦莎（轻灾）：2005年8月6日上午，台风在浙江南部登陆后，由路域径直北上渤海。青岛增水68 cm，前海一线普遍大浪越堤，部分岸段遭损失，水产养殖损失较重。

0515卡努（中灾）：2005年9月11日下午，台风在浙江中部登陆，12日夜于苏北出海NE行。青岛增水82 cm，前海一线普遍大浪越堤，部分岸段遭损失，水产养殖损失较重。

0603艾云尼（轻灾）：2006年7月10日前后，青岛受台风远外围影响，增水53 cm，前海一线普遍大浪越堤，水淹澳门路，部分岸段遭损失，水产养殖损失较重。

0713韦帕（轻灾）：2007年9月19日夜，台风在浙江中部登陆，20日晨于苏北出海NE行。青岛增水64 cm，前海一线普遍大浪越堤，水淹澳门路，部分岸段遭损失，水产养殖损失较重。

应当指出：灾情陈述中大多未提及的扇贝、海带、海参及鲍鱼等养殖品极易受灾，每次风暴潮受灾均首当其冲。

2.2.2.3.2　气旋风暴潮灾害

青岛沿海地区的气旋风暴潮灾情记载多见于报纸报道，致灾区域多见于沙子口至团岛一线。如：

1993年8月5～7日江淮气旋风暴潮灾情：北海船厂西侧新建护堤（现帆船赛基地大堤）被大浪冲垮近百米，损失数万元。

1998年7月24日晨气旋风暴潮灾情：潮水夹杂着杂物随巨浪涌向岸边，迅速淹没了"98青岛国际啤酒节"石老人沙滩会场内的公共设施及沙滩摊位，分会场各商品摊点桌、椅都浸泡在海水中。

2013年5月26日～27日江淮气旋风暴潮灾情：5月26日夜间到27日上午，受江淮气旋出海影响，青岛出现了50～70 cm的风暴增水，又正值天文大潮期，青岛沿岸出现了520 cm的高潮位，接近当地警戒潮位的高潮位（525 cm），沿海出现了3.0 m的有效波高和5.2 m的最大波高。受此影响，青岛栈桥一段长50多米的桥体出现坍塌，临近栈桥的太平路拦海大坝及沿海部分设施也受到明显的损坏。

#### 2.2.2.4　主要防御措施

多年来，青岛市政府十分重视防御风暴潮灾害问题，做了大量卓有成效的工作，也取得了巨大的成绩。各级政府投入了巨大财力和物力，相继建设了大量防潮堤、防潮闸、河口复堤等工程设施。这些工程设施的建设为防御和减少风暴潮灾害造成的损失起到了巨大保护作用。

另外，山东省在非工程性防御方面也做了大量工作，已经形成了比较完善的风暴潮防御工作体系和机制。其中，2005年制定、2010年修订的《山东省风暴潮、海浪、海啸和海冰灾害应急预案》对全省风暴潮灾害的应急管理、指挥、救援计划等做出了明确规定。

##### 2.2.2.4.1　加强对社会公众的宣传教育工作

重大风暴潮灾害有一个容易被人们忽视的方面，即它的出现频率相对较小，往往造成人们思想意识上的忽视，其后果就是面对风暴潮灾害的发生而显得束手无策，使灾害的破坏程度进一步加重。另外，由于防范意识不强，导致沿海地区不合理的开发自然资源、破坏自然环境等加重风暴潮灾害的经济活动比较突出。因此，加强向人民群众进行风暴潮灾害预防知识的宣传教育、提高社会公众对风暴潮灾害的防御意识尤为重要。

##### 2.2.2.4.2　开展警戒潮位的详尽核定

警戒潮位的核定工作是海洋防灾减灾的重要基础性工作之一。中华人民共和国成立后，山东省曾经对较为重点的岸段进行过警戒潮位核定，为防御和减轻风暴潮灾害工作发挥了重要作用。

应当尽可能详尽地对青岛各岸段进行科学的警戒潮位核定或重新核定，才能更好地为海洋预报、警报和政府的防灾决策提供有效依据。

##### 2.2.2.4.3　建立监测、预报预警及通信系统

（1）检测系统建设。

目前青岛的潮汐、海浪等监测系统尚不完善，布局欠合理，导致风暴潮灾害预报预警还存在一定难度。其主要表现在固定潮汐监测站点偏少、分布不尽合理、自动化程度不高等。因此，要优先在风暴潮灾害多发区建立监测系统，为防御风暴潮灾害提供实时、准确的信息和基础资料。

（2）预报预警系统建设与预报预警技术研究。

通过发布风暴潮预报、警报，政府有关部门可以立即部署防灾工作，安排人员及时撤离，尽可能地将财产、设备等转移至安全地带，从而减轻风暴潮灾害造成的损失。因此，要在国家现有的海洋环境预报系统的基础上，建立青岛的海洋环境预报机构，负责制作与发布风暴潮预警报；同时，应加强风暴潮预报、预警技术和风暴潮灾害评估的研究工作。

（3）通信系统建设。

通信系统是风暴潮预报、警报信息传输和现场灾情信息反馈等的重要保障。应选择合理的通信方式、通信设备，保证各种信息传输的畅通与可靠，特别应该经受住风暴潮灾害发生时的恶劣环境。要充分利用各种传输网络（包括电视、报纸、广播、互联网以及手机等）发布风暴潮警报。同时，还应在灾害重点区建立数字式调幅专用警报系统，使区域内的公众通过普通收音机就可接收到预警信息。

2.2.2.4.4　加强工程性防御设施

（1）修建新的工程设施。

现无防御风暴潮工程设施的岸段，应该根据具体的地理、社会及经济等承灾因素实际情况，修建相应防御标准的海堤等工程性防御设施，有河流入海的岸段还应修建挡潮闸和河堤等。这些设施的修建，不但要符合工程质量要求，而且必须达到国家堤坝建设规范规定的设计标准。

（2）提高工程设施标准。

已有的防御风暴潮灾害工程设施，如达不到抵御风暴潮灾害要求的，应根据该岸段防御风暴潮灾害的级别，相应提高标准。

2.2.2.4.5　规范沿岸建设项目

根据青岛沿海自然环境和风暴潮灾害的规律和特点，沿海设施必须具有一定的抗风暴潮能力。今后在沿岸进行工程项目建设或有关部门进行建设规划时，应充分考虑风暴潮灾害防御问题，其项目建设应达到相应设计标准，项目的设计和施工都应符合防御风暴潮灾害的特殊需要，沿海各级政府及有关部门应对其进行严格的监督管理，并制定相应的管理制度或法规。

2.2.2.4.6　建立涉海工程建设项目预审及风险评估制度

为使各类涉海工程项目尤其是海上或临海工程项目满足海洋防灾减灾要求，各级政府及相关部门须建立涉海工程项目预审及风暴潮灾害对涉海工程项目的影响风险分析及评估制度。

涉海工程建设项目可行性研究论证阶段，必须按规定程序和权限报海洋行政主管部门预审。不符合风暴潮防灾减灾规划规定的建设项目不得通过预审；各类项目预审之前，须进行风暴潮灾害对工程项目的影响风险分析及评估，其主要内容应当包括：工程项目设计资料调查，工程项目选址区海域自然环境及风暴潮灾害对工程项目的影响风险分析、评估及其结论，以及对工程项目防御风暴潮灾害设计的修改建议和意见等。

### 2.2.2.4.7　开展防御风暴潮灾害的规划工作

防御风暴潮灾害是一项综合性很强的长期工作，因此，必须对风暴潮灾害防御工作进行科学规划。只有做出科学的规划、建立防御风暴潮灾害的长效机制，才能有计划、有步骤、有针对性地开展风暴潮灾害防御工作。

### 2.2.2.4.8　资金投入保障机制

防风暴潮灾害经费的投入应该是多元化、多渠道和多层次的。各级人民政府应根据防风暴潮灾害工作的需求和财政承受能力，在年度政府财政预算中划出此项经费，专款专用，定期按计划投入使用。各级政府在防御和减轻风暴潮灾害的投入要与国民经济和社会发展相协调，并随着财力的不断增强而相应增加，企业要加强灾害防范并积极参与当地防灾建设；同时要充分发挥保险对灾害损失的补偿作用。

## 2.2.3　开发利用现状 》》

### 2.2.3.1　围垦活动

胶州湾底部围垦活动主要是修建盐田、养殖池，还有部分城市用地。

### 2.2.3.1.1　盐田

胶州湾适合盐业发展，生产历史悠久，湾底存在的潮滩，逐步被开发为大片盐田。近代开滩晒盐始于光绪三十四年（公元1908年），1949年沿海有盐田$0.5 \times 10^8 \ m^2$，原盐产量10万余吨，是山东省原盐和盐化工生产的重要基地，也是我国沿海比较闻名的海盐产区之一。胶州湾沿岸较大的盐场有南万、东风、东营盐场。其中南万盐场位于白沙河以西和羊毛沟以东，与东风盐场隔河相望；东风盐场位于羊毛沟以西、大沽河以东，与东营盐场隔河相望。从20世纪90年代开始，盐田逐渐废弃，各盐场除盐业外，还发展养殖业、房地产业等，有很大一部分盐田被改造。目前，红岛经济区海岸带范围的盐田主要存在于大沽河口东侧潮滩区，从地理位置看，原隶属于东风盐场。

### 2.2.3.1.2　养殖池及水产公司

胶州湾北部滩涂修建了大量养殖池。从不同时期海图来看，胶州湾底大面积围垦主要发生在1952—1985年期间。其中1952—1966年间主要是进行盐田围建，1966—1985年间主要是进行养殖池建设，还有一部分养殖池由盐田改造而来。1992—2011年间大沽河口以东侧至墨水河口红岛经济区岸段也有小范围养殖围海，其累积面积不超过4 km$^2$。

养殖池和盐田的建设占用了湾底大部分自然潮滩，且目前产量有限，较多盐田、虾池处于废弃状态，对胶州湾湾底的生态环境和景观带来不利影响，减小了海湾总体的纳潮量。红岛经济区海岸带存在着大片的养殖池，且有约11.5 km$^2$的养殖池处于保护控制线外侧，其中红岛西侧至大沽河口岸段有约9 km$^2$，红岛沿岸约2.5 km$^2$，上述区域是需要重点妥善规划处置的对象。

红岛经济区海岸带成立了水产公司，多依托养殖池塘沿岸分布。

### 2.2.3.1.3　码头

该处码头主要为水产渔业码头，主要分布在红岛南侧和西侧。其中红岛南侧有红岛渔港，红岛西侧有金龙码头、青岛西大洋西嘴码头、青岛海旺角水产有限公司码头等。上述码头规模较小，对依托向海突出的小型岬角围填海形成。

结合前节岸线变化可以看出，胶州湾底部的围垦活动主要发生在1986年以前，主要用于建设盐田和养殖池，上述行为造成原来完全处于海中的红岛与陆地相连，并使胶州湾潮滩面积减小，从而导致胶州湾纳潮水域面积减小。

### 2.2.3.2　防潮设施及防潮标准现状

胶州湾内的防潮设施建设大致分为以盐田、养殖池等生产功能为防护目标的建设阶段（1986年以前）和以城市生活功能建设为防护目标的近期建设阶段（2010—至今）。

西起洋河北岸、沿胶州湾北侧湾底，东至娄山河北岸，除红岛南侧仍保留有部分自然岸线外，其余岸线均已建设有各种防护目标的防潮设施。

2.2.3.2.1 近期城市功能防潮设施

（1）城阳龙湖、星河湾项目西侧已建防潮堤，位于胶州湾湾底东岸，防潮标准50年一遇，允许部分越浪，潮位3.43 m，堤顶高程4.5 m。

（2）已建高新区防潮堤，位于墨水河河口段，防潮标准百年一遇，允许部分越浪，潮位3.56 m，堤顶高程4.5 m，后方防浪花坛顶高程5.1 m。

（3）胶州产业新区防潮堤，位于胶州湾湾底西岸，防潮标准50年一遇，允许部分越浪，潮位3.25 m，堤顶高程5.0 m。

2.2.3.2.2 历史生产功能和防潮设施

胶州湾底历史上已建有盐田、虾池及渔港等生产功能防潮设施，各防潮设施现状大致以宿流、鱼皮咀两处为界划分为三类。

（1）宿流以西海岸，原东风盐场南侧主要为盐田及虾池堤埂，围堤顶高程在2～5 m之间，每遇风暴潮，盐田区内受淹；根据现场地形测量结果，西起青岛汇友水产养殖公司，东至黄澜海韵苑，沿岸均为盐田及虾池堤埂，堤顶高程2～4 m（多为3 m）。

（2）红岛南侧和东侧宿流至东大洋间沿岸及海湾内主要是虾池，虾池围堰顶高程在2.0～4.5 m之间，同时在各海岸岬角处建设有多个渔码头，围堤顶高程多在3～5 m之间，码头顶面高程在3 m左右。

（3）大沽河东侧防洪堤坝。大沽河口东侧存在一条防洪堤坝，将大沽河河道及河滩区与东侧盐田虾池区分隔，该防洪堤坝顶高程为3.0 m左右。

**2.2.3.3 保护控制线处的现状**

根据现场地形测量结果，对胶州湾保护控制线处的现状高程情况进行了分析。

（1）大沽河以东至宿流段。大沽河以东至宿流段保护控制线，潮海东社区以西段，保护控制线基本位于陆域与盐田的分界处，此段控制线所处现状高程基本在5.0 m以上；潮海东社区以东至宿流段保护控制线位于现状养殖池后侧，现状高程在2.0～5.0 m之间，宿流南部岸边局部高程达到8.0 m。

（2）宿流以东至东大洋码头段。宿流以东至东大洋码头段保护控制线，保护控制线位于红岛南侧，部分为现状码头岸线，部分位于养殖池后方与陆域界线。宿流至红岛渔港段保护控制线，现状高程在3.0～9.0 m之间；红岛渔港至东大洋码头段保护控制线，现状高程在2.0～5.0 m之间，其中跨海大桥接陆处两侧岸边地势陡峭，控制线后方陆域高程局部可达到20～30 m。

（3）东大洋码头以北至女姑口大桥段。东大洋码头以北至女姑口大桥段保护控制线，位于现状养殖池后方与陆域界线，历史已建设有部分防潮设施，此段保护控制线，现状高程在3.0～12.0 m之间。

### 2.2.4 经二路沿线现状高程及用地规划 ≫

#### 2.2.4.1 现状高程

根据地形测量图，经二路最西端高程4.65 m，向东平缓下降，至K0西侧180 m处降至2.6 m，后保持至K0东侧80 m；向西继续平缓下降，K0东侧160 m处降至2 m，其东直至规划路桥分界处，除部分区域略高外，高程均保持在2 m左右。

#### 2.2.4.2 经二线沿线用地规划

红岛经济区西片区功能定位为以高铁枢纽配套的商业、商务、国际会议、展览、居住功能为主导功能，辅以新兴产业园区、科研机构、康体医疗、滨水游憩、体育设施等功能的生态宜居创新城。红岛经济区西片区用地性质分为区域交通设施用地、城市建设用地和非建设用地三大类。

经二路沿线用地主要为创新研发用地、CBD商务办公用地、健康服务用地、会议展览用地、市民建设用地以及湿地生态区。

### 2.2.5 小结 ≫

（1）研究区位于北温带季风气候区，具有明显的海洋性特征，全年以E、NW、NNW风为主。冬季NW和NNW风占主导地位；春季风向比较分散，偏北风明显减少；偏南风明显增多；夏季风向多集中在ENE—SE向；秋季偏北风和偏西风较夏季明显增多。

（2）本海域平均风速为3.6 m/s。月平均风速以11月、12月最大，风速分别为4.1 m/s、4.0 m/s。受频繁的冷空气影响，全年以NW—N风速较大，平均为4.7 m/s。年平均气温是12.4℃，年平均降水量为685.4 mm，年平均雾日为46.9天，年平均相对湿度为73%。

（3）工程海区的潮汐特征比值小于0.5，为规则半日潮区，程海区一天出现两次高潮和两次低潮，两次高潮的高度相差很小。

（4）胶州湾水域内的波浪主要由风形成，即湾内波浪主要是短风区的浅水风浪，一般情况下，波高尺寸较小，波浪周期也较小。另外，外海波浪经过湾口可以传至湾内，主要限于湾口以内的前湾一带，在湾的中、北部海区，几乎不产生影响。

本次研究海域主要受来自偏南向外海波浪由湾口绕射和偏南向大风产生的波浪的影响，由于外海入射波的衰减、湾内南向风区长度较小以及水深较浅等因素，工程区难以出现大浪。

（5）根据对胶州湾内沧口水道中部近一个月的波浪观测资料分析，最大波高为1.07 m，平均周期为4.2 s，风速为14 m/s，风向北，其余波高均未超过1 m。

（6）胶州湾的海流涨潮期间的流速大，落潮期间的流速小；海流的垂直分布，在强流区，流向基本一致，流速基本均匀。通过潮流数值模拟计算，大潮涨急时在红岛西南侧海域潮流流速在0.45 m/s左右，潮流流向近N向，在大沽河河口附近流速较大，流速在0.6 m/s左右，流向近NW向；落急时在红岛西南侧海域潮流流速在0.4 m/s左右，潮流流向近S向，在大沽河河口附近流速较大，流速在0.6 m/s左右，流向近E向。

（7）本区河流均为季风区雨源型，且多为独立入海的山溪性河道，自西向东主要有大沽河、桃源河、祥茂河、洪江河和墨水河。胶州湾地形变化主要来源于入湾泥沙以及湾内水动力作用的改造。河流来沙是海湾泥沙的主要来源，注入胶州湾的河流主要有墨水河、南胶莱河和大沽河等，这些河流来沙主要沉积在湾底，20世纪五六十年代以前，来沙量较大，泥沙堆积作用使湾底岸线逐渐淤进，1970年以来由于水库拦沙，河流来沙量大大减少，目前每年仅有2.89万吨泥沙入海。

（8）胶州湾湾口部分为基岩，湾底发育了大片潮滩。水深总体从湾口向两侧及湾底逐渐变浅。胶州湾内沉积物类型呈湾口区及水道区泥沙较粗、浅滩泥沙较细的特点。红岛岸沉积物主要为粘土质粉砂。

本研究区位于胶州湾湾底，因沉积物的淤积，地形平坦，形成大片浅水地形。目前，胶州湾潮滩的近岸多被围填成盐田或养虾池，使潮滩变窄，组成物质自岸向海由细变粗。

（9）胶州湾的北部是潮间岸滩自然下延的水下浅海平原，大沽河和洋河河口的水下，均有扇形展布的水下三角洲发育。大沽河东至红岛区域，经过长期的地壳运动和沉积作业，形成了丘陵低低组合，地形呈西北、东南微斜分布状态。

（10）导致胶州湾沿海地区风暴潮与风暴潮灾害的天气系统主要是台风，其次为温带气旋。影响较重或严重的台风，主要是经黄海西部海域和江苏地区北上或转向者。气旋主要为江淮气旋或黄淮气旋。由于温带气旋过境迅速，因此其风暴潮影响时间较短，破坏力较小，只要最大增水和最大海浪不与天文大潮高潮重合，且无强降水相伴，一般无较重以上程度风暴潮灾害发生。

（11）青岛地区严重台风风暴潮灾害多是风暴潮增水与天文大潮相遇，同时叠加向岸大浪联合作用造成的。台风风暴潮期间，受地形掩护胶州湾湾内波浪较湾外小，因此风暴潮对湾外沿海一线的破坏严重，对湾底区域破坏较小。

红岛周边区域内感潮河流纵横交错，河流两岸地势较低，风暴潮期间的强降水引发内涝和洪水，此时感潮段河水在高潮位海水的顶托下滞泻易导致周边区域受灾。

（12）胶州湾底部主要围垦活动主要是修建盐田、养殖池，此外还有部分城市用地。盐田主要存在于大沽河口东侧潮滩区，原隶属于东风盐场。另外，还存在着大片的养殖池，且有约11.5 km²的养殖池处于保护控制线外侧，其中红岛西侧至大沽河口岸段有约9 km²，红岛沿岸有约2.5 km²。

（13）西起洋河北岸、沿胶州湾北侧湾底，东至娄山河北岸，除红岛南侧仍保留有部分自然岸线外，其余岸线均已建设有各种防护目标的防潮设施。

城市功能防潮设施：城阳龙湖、星河湾项目西侧防潮堤，防潮标准50年一遇，允许部分越浪，潮位3.43 m，堤顶高程4.5 m；高新区防潮堤，防潮标准百年一遇，允许部分越浪，潮位3.56 m，堤顶高程4.5 m，后方防浪花坛顶高程5.1 m；胶州产业新区防潮堤，防潮标准50年一遇，允许部分越浪，潮位3.25 m，堤顶高程5.0 m。

历史生产功能防潮设施：宿流以西海岸，围堤顶高程在2～5 m之间；西起青岛汇友水产养殖公司，东至黄澜海韵苑，沿岸堤顶高程2～4 m。红岛南侧和东侧宿流至东大洋间沿岸及海湾内虾池围堰顶高程在2.0～4.5 m之间，同时在各海岸岬角处建设有多个渔码头，围堤顶高程多在3～5 m之间，码头顶面高程在3 m左右。

（14）胶州湾保护控制线处的现状高程情况：

大沽河以东至宿流段：大沽河以东至宿流段保护控制线，潮海东社区以西段，保护控制线基本位于陆域与盐田的分界处，此段控制线所处现状高程基本在5.0 m以上；潮海东社区以东至宿流段保护控制线位于现状养殖池后侧，现状高程在2.0～5.0 m之间，宿流南部岸边局部高程达到8.0 m。

宿流以东至东大洋码头段：宿流以东至东大洋码头段保护控制线，保护控制线位于红岛南侧，部分为现状码头岸线，部分位于养殖池后方与陆域界线。宿流至红岛渔港段保护控制线，现状高程在3.0～9.0 m之间；红岛渔港至东大洋码头段保护控制线，现状高程在2.0～5.0 m之间，其中跨海大桥接陆处两侧岸边地势陡峭，控制线后方陆域高程局部可达到20～30 m。

东大洋码头以北至女姑口大桥段：东大洋码头以北至女姑口大桥段保护控制线，位于现状养殖池后方与陆域界线，历史上已建有部分防潮设施，此段保护控制线，现状高程在3.0～12.0 m之间。

（15）经二路选线最西端现状高程4.65 m，向东平缓下降，至K0西侧180 m处降至2.6 m，后保持至K0东侧80 m；向西继续平缓下降，K0东侧160 m处降至2 m，其东直至规划路桥分界处，除部分区域略高外，高程均保持在2 m左右。

## 2.3　防风暴潮设计思路

### 2.3.1　防护区划分 ≫

防护区的划分根据历史潮灾及潮位资料、设防标准潮水位淹没范围，同时考虑区内地理特征，兼顾行政区划等其他相关信息综合确定。为防止海浪直接和绕流淹没影响，形成封闭的防御工程体系。

### 2.3.2　防潮标准确定 ≫

依据以下内容综合确定：① 项目单元内既有防护对象调查统计。② 区域总体规划和其他相关规划。③ 其他相关资料。

### 2.3.3　岸线调查评价 ≫

根据岸线类别分类统计，评价各类海岸地质特性，结合项目单元防护要求，综合确定需建设防潮堤的岸线，应尽可能保留自然岸线。

### 2.3.4　现状调查评价 ≫

根据规划确定的防潮标准对现状防潮堤进行评价。自然岸线、已建成的渔港、码头等满足防潮要求的建筑物段，为非设防段。根据防护需要确定需建设段，包括维修加固、新建的临海防潮堤、河口防潮堤。

### 2.3.5 规划设计 ≫

防风暴潮工程规划设计包含工程体系建设和非工程体系建设，工程体系主要包括沿海、河口防潮堤，挡潮闸、引水闸、排涝闸、堤顶防汛路和交通桥等；非工程体系建设包括信息系统、管理体系、潮汐水文监测系统等。

### 2.3.6 工程设计 ≫

根据防护对象、地形、地质条件等，确定防潮（洪）标准、堤线布置和堤型选择、堤顶高程、护面结构、消浪措施、岸滩防护、建筑物等。

#### 2.3.6.1 堤线布置

堤线布置应符合治导线或规划岸线的要求，与城区景观、道路等结合时，应统一规划布置，相互协调，同时结合耕地保护，有利于集约利用土地。要充分利用已有旧堤线和有利地形，选择工程地质条件较好、摊面冲淤稳定的地基，避开古河道、古冲沟和尚未稳定的潮流沟等地层复杂的地段，与入海河道的摆动范围及备用流路统一规划布局，避免影响入海河道、入海流路的管理使用。堤线走向要选取对防浪有利的方向，避开强风和波浪的正面袭击。堤线应结合与海堤交叉连接的建（构）筑物统一规划布置，宜平滑顺直，避免曲折转点过多，转折段连接应平顺。

#### 2.3.6.2 堤形选择

根据堤段所处位置的重要程度、地形地质条件、筑堤材料、水流及波浪特性、施工条件，结合工程管理、生态环境、景观及工程投资等要求，综合比较确定。防潮堤断面型式可选择斜坡式、直立挡墙式和混合式等型式。加固、改建、扩建防潮堤的堤型应与现有或相邻堤段堤身断面相协调。

#### 2.3.6.3 防潮堤（沿海）堤顶高程确定

堤顶高程是确定堤身断面规模的关键设计参数，有两层含义：一是指防浪墙顶面；二是指堤身断面顶面，当堤顶临海侧设有防浪墙，且防浪墙稳定、坚固时，堤顶高程可算至防浪墙顶面。

堤顶高程的计算采用《海堤工程设计规范》（GB/T 51015—2014）中式（8.3.1）

计算：

$$Z_p = h_p + R_F + A$$

式中，$Z_p$——设计频率的堤顶高程，m；

　　　$h_p$——设计频率的高潮水位，m；

　　　$R_F$——按设计波浪计算的累积频率为F的波浪爬高，m；

　　　$A$——安全加高，m。

单一坡度斜坡式海堤正向不规则波的爬高可按照下式计算：

$$R_{1\%} = K_\Delta K_V R_1 H_{1\%} K_F$$

式中，$R_{1\%}$——累计频率为1%的爬高，m；

　　　$K_F$——爬高累计频率换算系数；

　　　$K_\Delta$——与斜坡护面结构型式有关的糙渗系数；

　　　$K_V$——与风速$v$有关的系数；

　　　$R_1$——$K_\Delta=1$、$H=1$ m时的波浪爬高，m；

　　　$H_{1\%}$——累计频率为1%的波高，m。

$R_1$根据以下公式计算：

$$R_1 = 1.24\tanh(0.432M) + \left[(R_1)_m - 1.029\right]R(M)$$

$$M = \frac{\dfrac{1}{m_e}\left(\dfrac{L}{H}\right)}{2\left(\tanh\dfrac{2\pi d}{L}\right)} - 1/2$$

$$(R_1)_m = 2.49\tanh\frac{2\pi d}{L}\left(1 + \frac{4\pi d/L}{\sinh\dfrac{4\pi d}{L}}\right)$$

$$R(M) = 1.09M^{3.32}\exp(-1.25M)$$

式中，$H$——波高；

　　　$L$——波长；

　　　$R_1$——$K_\Delta=1$，$H=1$ m时的波浪爬高，m；

　　　$(R_1)_m$——相应于某一d/L时的爬高最大值，m；

　　　$M$——与斜坡的m值有关的函数；

　　　$R(M)$——爬高函数。

#### 2.3.6.4 护面结构

现有防潮堤主要采用混凝土和砌石两种结构，混凝土分为砌石混凝土、素混凝土和钢筋混凝土；砌石分为干砌石和浆砌石。可根据风浪特点、主材供应情况、景观效果等综合比较、选择。

护面结构强度除满足稳定性、耐久性等要求外，护面底还要做好反滤，同时坡面要留足排水孔；对淤泥质堤基，堤身土体充分固结后，当迎潮面封闭时，可不留排水孔。护脚要有足够的支承力，要能防止底脚被淘刷，或发生淘刷时，仍有足够的能力支承护面结构。

#### 2.3.6.5 消浪措施

海浪遭遇防潮堤会造成波浪的变形、转向和破碎。为降低堤顶高程、减小结构尺寸，可相应采取结构调整、坡面增糙、坡脚防护等措施，增强堤防的稳定性、使用的耐久性。目前，护面加糙有上凸式加糙和下凹式加糙两种型式。有条件时可在堤身设置消浪平台，平台应设置于多年平均高潮位加50 cm处，可以减少波浪爬高，且有利于断面的稳定。堤前有滩涂的应种植防护林，既可减少波浪爬高，又能固滩保堤护岸。

#### 2.3.6.6 岸滩防护

防风暴潮工程保护了海岸，阻止了海岸线的不断侵袭冲蚀，但是不能停止沿岸流和离岸流的冲蚀和泥沙输送过程。外滩可能由于来水波浪的反射作用而有所增加，以及受潮汐作用可能发生冲刷破坏，形成侵蚀性岸滩，应根据实际需要，采用工程措施、植物措施或两者相结合的防护措施。

## 2.4　工程区风暴潮增水特征

胶州湾底是青岛受风暴潮影响最严重的区域之一，胶州湾呈现由南向北风暴潮影响逐渐增强的趋势。严重风暴潮时，在天文潮、风暴潮和洪水共同作用下，胶州湾底入海口区域将容易产生漫滩现象。为分析工程区的风暴潮特征，采用数值模拟方法对典型台风过程中胶州湾内的风暴潮增水情况进行分析，并对工程区不同岸线情况下的风暴潮增水进行了模拟。

### 2.4.1 典型台风过程风暴潮数值模拟

我们采用丹麦水力学研究所研制的平面二维数值模型MIKE21FM来计算山东省沿海风暴潮增水过程。MIKE21FM采用标准Galerkin有限元法进行水平空间离散，在时间上，采用显式迎风差分格式离散动量方程与输运方程。该软件具有算法可靠、计算稳定、界面友好、前后处理功能强大等优点，已在全球70多个国家得到应用，计算结果可靠，为国际所公认。

#### 2.4.1.1 模式基本控制方程

质量守恒方程：

$$\frac{\partial \zeta}{\partial t} + \frac{\partial}{\partial x}(hu) + \frac{\partial}{\partial y}(hv) = 0$$

动量方程（公式1）：

$$\frac{\partial u}{\partial t} + u\frac{\partial u}{\partial x} + v\frac{\partial u}{\partial y} - \frac{\partial}{\partial x}\left(\varepsilon_x \frac{\partial u}{\partial x}\right) - \frac{\partial}{\partial y}\left(\varepsilon_x \frac{\partial u}{\partial y}\right) - fv + \frac{gu\sqrt{u^2+v^2}}{C_z^2 H} = -g\frac{\partial \zeta}{\partial x}$$

$$\frac{\partial v}{\partial t} + u\frac{\partial v}{\partial x} + v\frac{\partial v}{\partial y} - \frac{\partial}{\partial x}\left(\varepsilon_x \frac{\partial v}{\partial x}\right) - \frac{\partial}{\partial y}\left(\varepsilon_x \frac{\partial v}{\partial y}\right) - fv + \frac{gu\sqrt{u^2+v^2}}{C_z^2 H} = -g\frac{\partial \zeta}{\partial y}$$

式中，$\zeta$——水位；

$\quad h$——静水深；

$\quad H$——总水深，$H = h + \zeta$；

$\quad u$、$v$分别为$x$、$y$方向垂向平均流速；

$\quad g$——重力加速度；

$\quad f$——科氏力参数（$f = 2\omega\sin\varphi$，$\varphi$为计算海域所处地理纬度）；

$\quad C_z$——谢才系数，$C_z = \frac{1}{n}H^{\frac{1}{6}}$，$n$为曼宁系数；

$\quad \varepsilon_x$、$\varepsilon_y$——$x$、$y$方向水平涡动黏滞系数。

初始条件（公式2）：

$$\begin{cases} \zeta(x, y, t)|_{t=t_0} = \zeta(x, y, t_0) = 0 \\ u(x, y, t)|_{t=t_0} = v(x, y, t)|_{t=t_0} = 0 \end{cases}$$

边界条件：

固定边界取法向流速为零，即$\vec{V} \cdot \vec{n} = 0$；在潮滩区采用动边界处理。

#### 2.4.1.2 风应力公式选择

海面考虑气压场和风场的共同影响。其中海面风应力由如下公式确定：

$$(\tau_x, \tau_y) = \rho_a C_D \left| \overrightarrow{V_W} \right| (u_W, v_W)$$

式中，$\overrightarrow{V_W}$为风矢量，$u_W$，$v_W$为风速分量，$C_D$为海面的风拖曳系数，取值范围为，公式为

$$C_D = \begin{cases} \left( 0.021\,56 \left| \overrightarrow{V_W} \right|^4 - 0.323\,3 \left| \overrightarrow{V_W} \right|^3 + 1.82 \left| \overrightarrow{V_W} \right|^2 - 4.77 \left| \overrightarrow{V_W} \right| + 6.41 \right) \times 10^{-3} \\ \qquad\qquad\qquad\qquad\qquad\qquad\qquad\qquad\qquad \left| \overrightarrow{V_W} \right| < 6 \text{ m/s} \\ \left( -1.161 \times 10^{-5} \left| \overrightarrow{V_W} \right|^4 + 7.955 \times 10^{-4} \left| \overrightarrow{V_W} \right|^3 - 1.959 \times 10^{-2} \left| \overrightarrow{V_W} \right|^2 + 0.270\,8 \left| \overrightarrow{V_W} \right| + 0.191 \right) \times 10^{-3} \\ \qquad\qquad\qquad\qquad\qquad\qquad\qquad\qquad\quad 6 \text{ m/s} \leqslant \left| \overrightarrow{V_W} \right| < 31 \text{ m/s} \\ \left( -1.161 \times 10^{-7} \left| \overrightarrow{V_W} \right|^4 + 1.723 \times 10^{-4} \left| \overrightarrow{V_W} \right|^3 + 1.575 \times 10^{-2} \left| \overrightarrow{V_W} \right|^2 - 0.652\,6 \left| \overrightarrow{V_W} \right| + 12.368 \right) \times 10^{-3} \\ \qquad\qquad\qquad\qquad\qquad\qquad\qquad\qquad\qquad \left| \overrightarrow{V_W} \right| \geqslant 31 \text{ m/s} \end{cases}$$

#### 2.4.1.3 计算域和网格设置

##### 2.4.1.3.1 计算域设置及模拟方案

本项目模式计算海域范围为117°E～133°E，22°N～42°N，模式采用非结构三角网格，网格在岸线附近进行加密，空间网格分辨率约为50 m。整个模拟区域内由51 111个节点和100 417个三角单元组成。开边界采用静压条件。

##### 2.4.1.3.2 水深和岸界

近海水深采用海图数据进行插值，远海水深采用ETOPO 1 min数据。岸界以"908"岸线为基础，利用高分辨率卫星数据进行岸线提取，进行细化修正。

##### 2.4.1.3.3 计算时间步长和底床糙率

模型计算时间步长根据CFL条件进行动态调整，确保模型计算稳定进行，计算时间步长0.01～30 s。底床糙率通过曼宁系数进行控制，曼宁系数n取32～45 m$^{1/3}$/s。

#### 2.4.1.4 风暴潮典型过程验证

利用计算获得9216台风风场和气压场，模拟风场和地面天气图对比，进行模拟9216台风引起的风暴潮增水。图2.5和图2.6为五号码头站9216、8509两次台风期间风暴潮过程增水曲线比较结果。由图可以看出，模式较好地再现了风暴潮的增水过程。

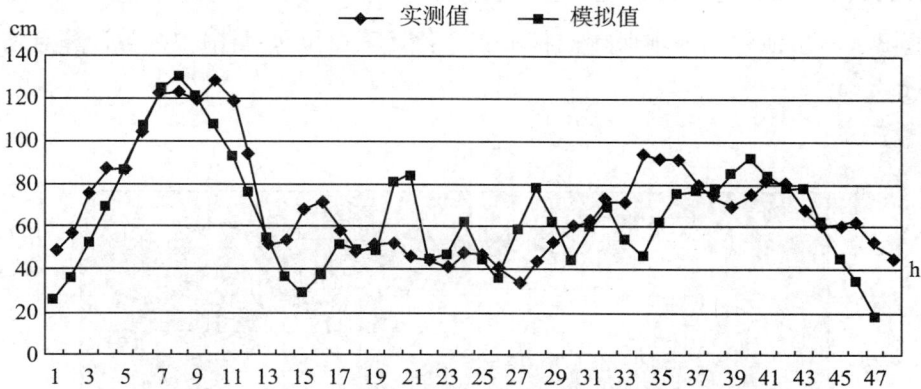

图2.5　五号码头9216风暴潮过程增水曲线比较

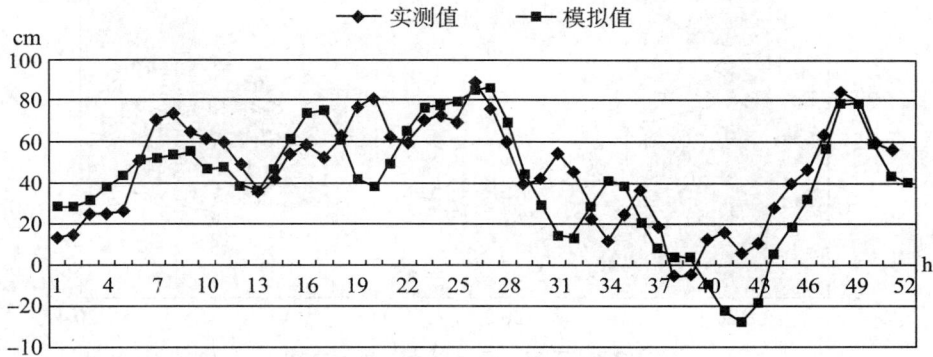

图2.6　五号码头8509风暴潮过程增水曲线比较

## 2.4.2　工程区风暴潮增水特征 ▶▶

历史上影响青岛最为严重的台风是8509台风，且通过统计分析发现，影响青岛的台风也以北上西北出海为主。

考虑到历史不利台风影响路径出现在8509（引起大沽河出现最大增水的台风路径），因此选取该台风路径，针对本项目外侧海域胶州湾保护控制红线内的养殖和盐田存在全部拆除、部分拆除以及维持现状三种可能性，分别进行了风暴潮数值模拟。

### 2.4.2.1 维持现状（工况一）

盐田、养殖池外侧堤坝保持现状不变，各计算点位置见图2.7，各计算点增水值见表2.9。

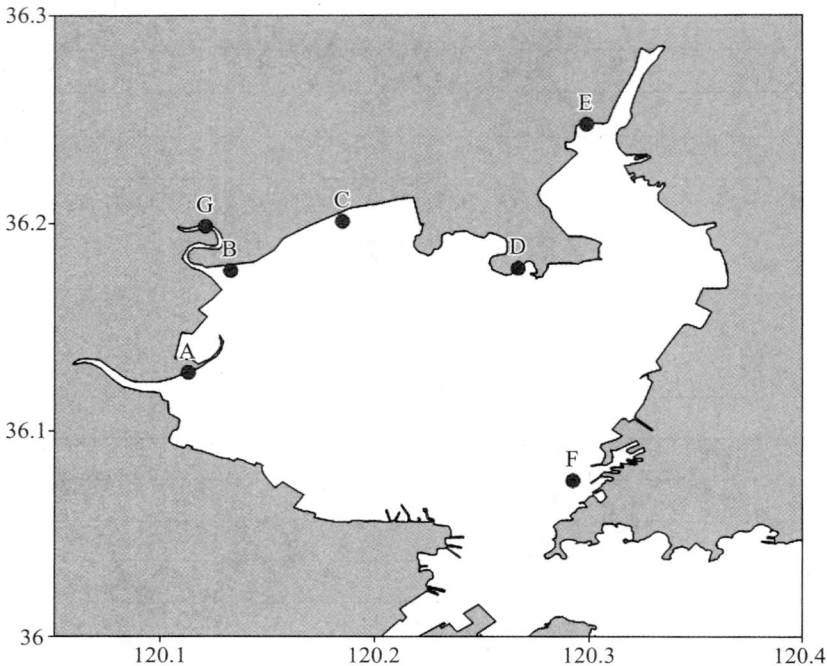

图2.7 工况一各计算点位置示意图

不考虑大姑河洪峰流量时，大沽河口上游3 km处（G）最大增水值为185cm，洋河河口（A）、大沽河口附近（B）最大增水值均为180 cm，宿流以西（C）最大增水值为162 cm，红岛（D）最大增水值为138 cm。

考虑虑大姑河50a一遇洪峰流量后，大沽河口上游3 km处（G）最大增水值为204 cm，较无洪峰流量时增大了19 cm，洋河河口（A）最大增水值为181 cm，大沽河口附近（B）最大增水为182 cm，宿流以西（C）最大增水值为163 cm，红岛（D）、墨水河（E）、五号码头（F）最大增水值较无洪峰流量时无变化。

表2.9　　　　　　　　工况一胶州湾各计算点最大增水值（单位：cm）

| 计算点 \ 大沽河径流 | 不考虑大沽河洪峰流量 | 大沽河50a一遇洪峰流量 | 考虑流量后增水变化量 |
|---|---|---|---|
| A | 180 | 181 | 1 |
| B | 180 | 182 | 2 |
| C | 162 | 163 | 1 |
| D | 138 | 138 | 0 |
| E | 153 | 153 | 0 |
| F | 127 | 127 | 0 |
| G | 185 | 204 | 19 |

### 2.4.2.2　部分拆除（工况二）

盐田保留不变，东侧养殖池全部拆除，各计算点位置见图2.8，各计算点增水值见表2.10。

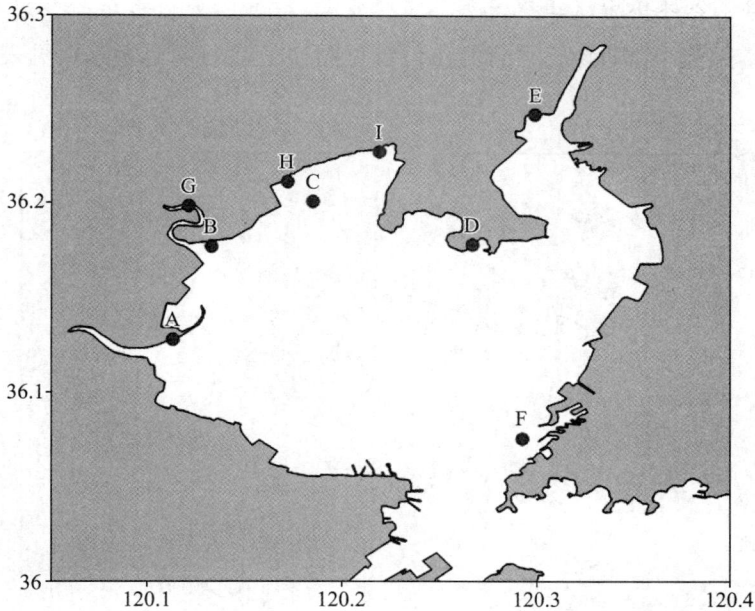

图2.8　工况二各计算点位置示意图

不考虑大姑河洪峰流量时，A～G各点增水与工况一相同。养殖池拆除后岸边的H、I最大增水值分别为171 cm和147 cm。

考虑虑大姑河50a一遇洪峰流量后，A～G各点增水值与工况一相同。岸边的H、I最大增水值分别为172 cm和148 cm。

表2.10                    **工况二胶州湾各计算点最大增水值（单位：cm）**

| 大沽河径流<br>计算点 | 不考虑大沽河洪峰流量 | 大沽河50a一遇洪峰<br>流量 | 考虑流量后增水变化量 |
|:---:|:---:|:---:|:---:|
| A | 180 | 181 | 1 |
| B | 180 | 182 | 2 |
| C | 162 | 163 | 1 |
| D | 138 | 138 | 0 |
| E | 153 | 153 | 0 |
| F | 127 | 127 | 0 |
| G | 185 | 204 | 19 |
| H | 171 | 172 | 1 |
| I | 147 | 148 | 1 |

### 2.4.2.3　全部拆除（工况三）

盐田、养殖池全部拆除，各计算点位置见图2.9，各计算点增水值见表2.11。

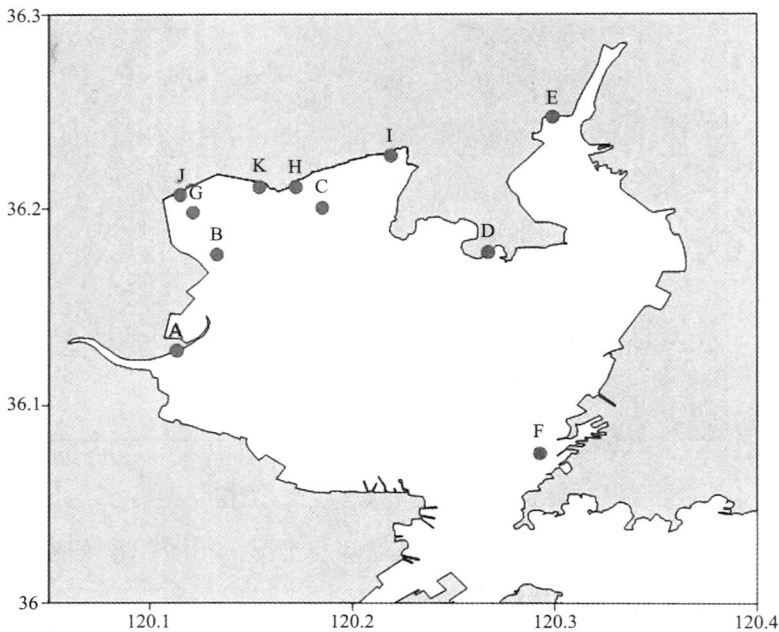

图2.9　工况三各计算点位置示意图

**表2.11** 　　　　　　　**工况三胶州湾各计算点最大增水值（单位：cm）**

| 大沽河径流<br>计算点 | 不考虑大沽河洪峰流量 | 大沽河50a一遇洪峰<br>流量 | 考虑流量后增水<br>增加量 |
|---|---|---|---|
| A | 180 | 181 | 1 |
| B | 181 | 183 | 2 |
| C | 162 | 163 | 1 |
| D | 138 | 138 | 0 |
| E | 153 | 153 | 0 |
| F | 127 | 127 | 0 |
| G | 188 | 201 | 13 |
| H | 170 | 171 | 1 |
| I | 147 | 147 | 0 |
| J | 191 | 194 | 3 |
| K | 174 | 177 | 3 |

不考虑大姑河洪峰流量时，A、C～F各点增水值与工况二相同。大沽河口（B）最大增水值为181 cm，大沽河口上游3 km（G）最大增水为185 cm，上游5 km处（J）为191 cm。岸边的K、H、I最大增水值分别为174 cm、170 cm和147 cm。

考虑虑大姑河50a一遇洪峰流量后，A、C～F各点增水值与工况二相同。大沽河口（B）最大增水值为183 cm，大沽河口上游3 km（G）最大增水为201 cm，上游5 km处（J）为194 cm。岸边的K、H、I最大增水值分别为177 cm、171 cm和147 cm。

### 2.4.2.4 不同岸线下风暴潮增水对比

从平面上看，胶州湾湾底风暴潮增水大于湾口，湾底西侧大于东侧。不同岸线地形情况下，不考虑大沽河洪峰流量时，A～F各点在三种岸线下的最大增水值基本相同。其中，增水最大值发生在大沽河口（B）附近，增水值为181 cm，最小值出现在红岛（D），增水值为138 cm。

考虑大沽河50年一遇洪峰流量（4 000 m³/s）后，A～F各点在三种岸线下的最大增水值也基本相同。增水在平面上分布规律也与无径流时一致，其中湾底区域增水最大位于大沽河口（B），增水值为183 cm；最小值出现在红岛（D），增水值为138 cm。

大沽河洪峰流量对感潮段增水影响较大，但对河口附近的增水值影响较小。如大沽河口（B）风暴增水较无径流仅增加了2 cm。但对大沽河感潮段（G）风暴潮增水值为204 cm，较无径流时最大增大了19 cm。洋河口（A）、大沽河口（B）、现状养殖池堤坝外侧（C）考虑洪峰流量后的增水值较无洪峰流量增加了1~2 cm。红岛（D）、墨水河口（E）、五号码头（F）大沽河洪峰流量前后增水无变化。

考虑大沽河洪峰流量后，大沽河口（B）工况三下最大增水值为183 cm。大沽河口上游感潮段（G）工况一、二最大增水均为204 cm。

### 2.4.3  经二路段风暴潮增水特征 >>

根据前文结论，经二路段外现状虾池临海侧（C点）不同岸线情况下的最大增水值均为163 cm，经二路段西端、东端最大增水值分别为172 cm和148 cm，5号码头最大增水值为127 cm。工程区与5号码头增水值的关系见表2.12。

表2.12                 工程区与5号码头增水值的关系

|  | 工况二（cm） | | 工况三（cm） | |
|---|---|---|---|---|
|  | 最大增水 | 与5号码头增水差 | 最大增水 | 与5号码头增水差 |
| 经二路段西端 | 172 | 45 | 171 | 44 |
| 经二路段东端 | 148 | 21 | 147 | 20 |

### 2.4.4  小结 >>

（1）以8509号台风为例进行风暴潮数值计算，在不同岸线地形情况下，不考虑大沽河洪峰流量时，洋河口（A）、大沽河口（B）、宿流以西（C）、红岛（D）、墨水河（E）、五号码头（F）各点在三种岸线下的最大增水值基本相同。

（2）平面上看，胶州湾湾底风暴潮增水大于湾口，湾底西侧大于东侧。考虑大沽河50年一遇洪峰流量后，A~F各点在三种岸线下的最大增水值也基本相同，增水在平面上的分布规律也与无径流时一致。

（3）大沽河洪峰流量对感潮段增水影响较大，但对河口附近的增水值影响较小。如大沽河口（B）风暴增水较无径流仅增加了2 cm。但对大沽河感潮段（G）风暴潮增水值为204 cm，较无径流时最大增大了19 cm。

（4）典型台风风暴潮情况下，经二路段外现状虾池临海侧（C点）不同岸线情况下的最大增水值均为163 cm，经二路段西端、东端最大增水值分别为172 cm和148 cm。

# 2.5　工程设计水位参数

按照《港口与航道水文规范》的要求，确定设计高水位和设计低水位，进行高潮和低潮累积频率统计，应具有完整的一年或多年的实测潮位资料。设计高水位取高潮累积频率10%的潮位（简称高潮10%）；设计低水位取低潮累积频率90%的潮位（简称低潮90%）。

确定不同重现期高水位和低水位，在进行高潮和低潮的年频率分析时，应有不少于连续20年的年最高潮位和最低潮位实测资料。

工程区域无长期验潮资料，只有短期的验潮资料，因此只有通过相关分析把大港的长期潮位资料引申到红岛沿岸来进行推算。为了科学合理地提供不同重现期的年极值高水位和设计水位，利用2008年4月10日～4月24日在红岛的潮位观测资料和青岛大港同步潮位资料，对青岛大港1984—2015年的高低潮位资料进行极值水位分析计算。

## 2.5.1　红岛、大港潮位相关分析 ▶▶

由红岛西大洋和五号码头两地潮位过程曲线（图2.10）可以看出，二者的潮型完全相同，潮汐性质一致，高潮不等也基本相同，红岛西大洋潮差较五号码头稍大。

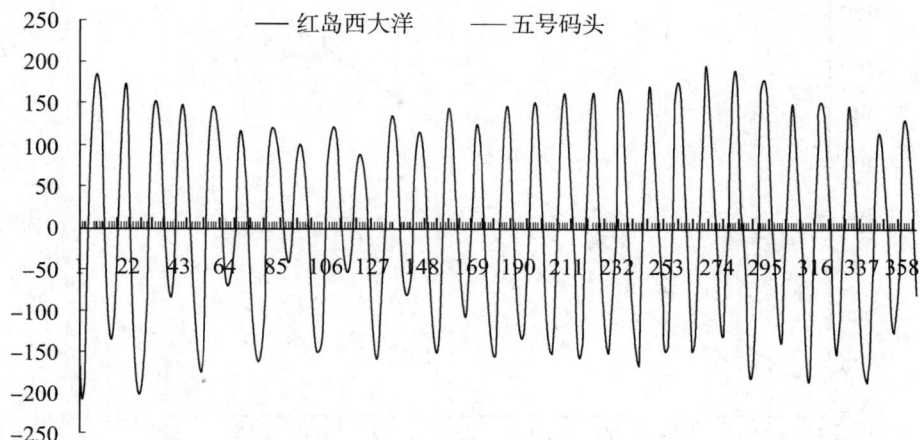

图2.10　红岛西大洋与五号码头2008年4月10日～4月24日潮位曲线对比（85基面）

对红岛2008.4.10～4.24日与五号码头同步的高低潮进行相关分析，均显示相关性较好，见图2.11和图2.12。

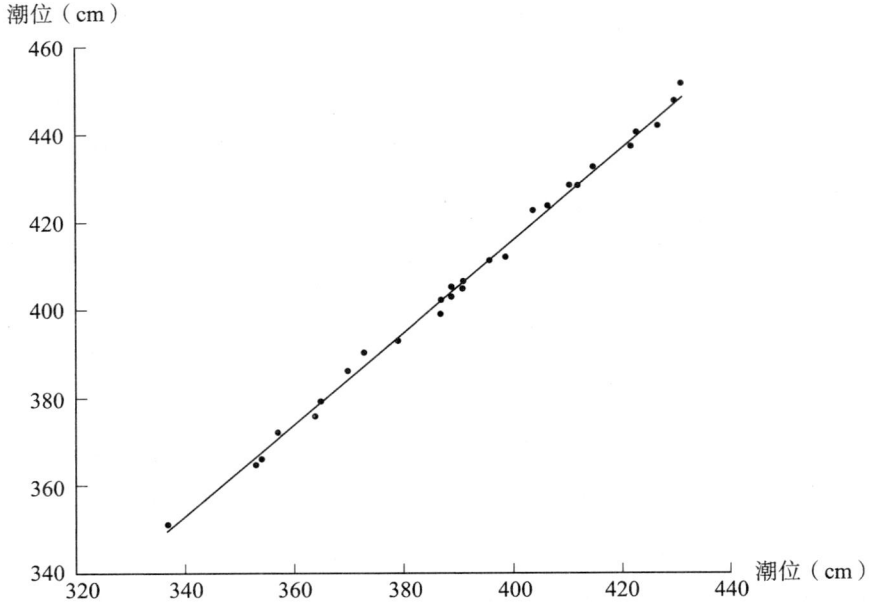

图2.11 红岛和大港码头高潮位相关图

Y= 1.048 * X – 3.689 相关系数0.99

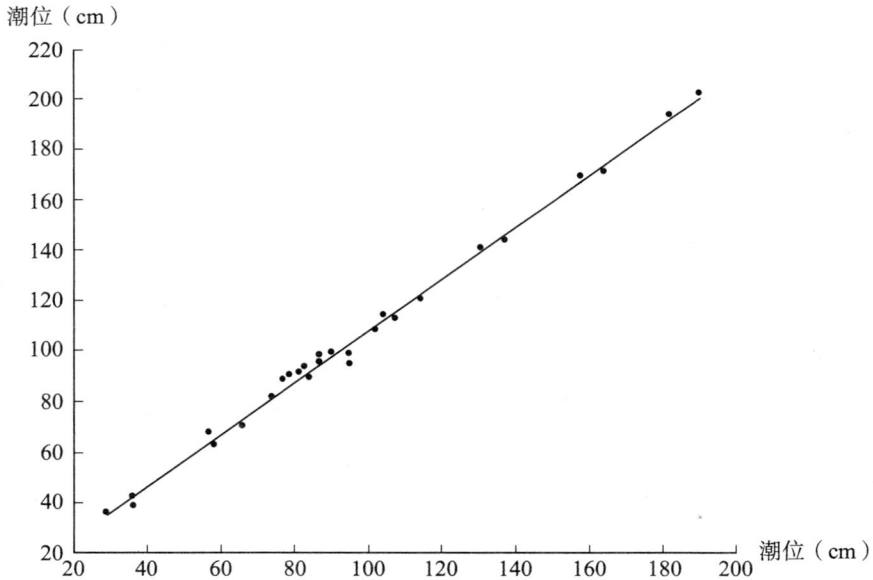

图2.12 红岛和大港码头低潮位相关图

Y = 1.023* X + 5.675 相关系数0.99

由于红岛、大港两地，地理位置邻近，潮汐性质一致，高潮不等也基本相同，因此满足潮位相关分析计算的要求。

### 2.5.2　设计高、低水位 >>

根据交通部《港口与航道水文规范》（JTS145—2015）规定：对于海岸港和潮汐作用显著的河口港，设计高水位应采用高潮累积频率10%的潮位，设计低水位应采用低潮累积频率90%的潮位。《港口与航道水文规范》还规定，为了确定设计高、低水位，在进行高、低潮累积频率统计时，应有完整的一年或多年的实测潮位资料。为此，选择了五号码头2014—2016完整的两年高低潮位资料做潮位累积频率统计，并绘制成图，摘取高潮10%和低潮90%的潮位值，分别作为设计高水位和设计低水位值，其结果见表2.13和图2.13、2.14。

根据红岛、大港潮位相关关系，可以得到红岛处的设计高低水位，见表2.13。

表2.13　　　　　　　　　　设计水位推算结果（单位：cm）

| 五号码头设计水位 | | 红岛设计水位 | |
| --- | --- | --- | --- |
| 高水位 | 低水位 | 高水位 | 低水位 |
| 216 | −211 | 223 | −225 |

起算面：85国家高程基准

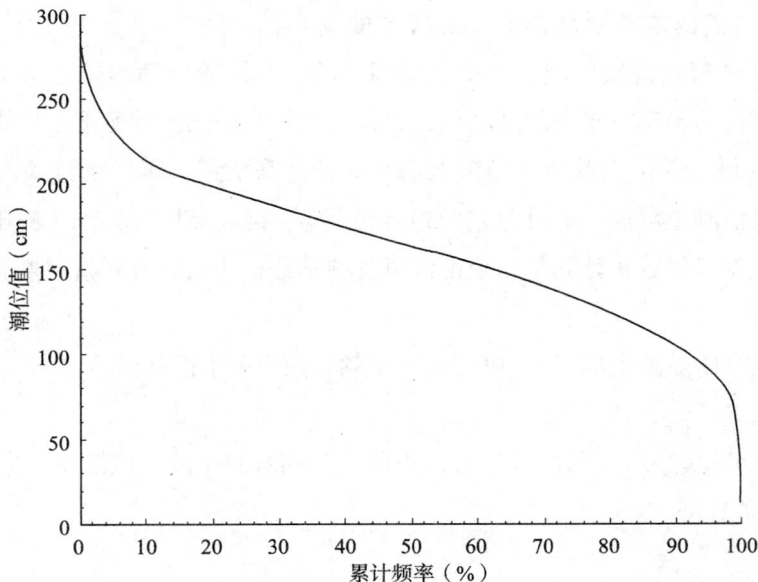

图2.13　五号码头设计高水位

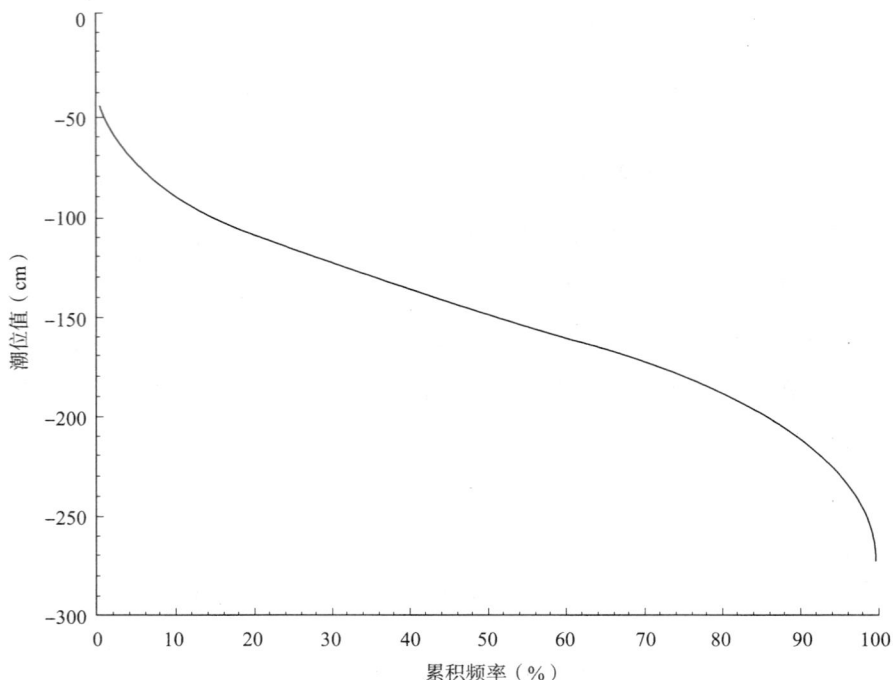

图2.14 五号码头设计低水位

### 2.5.3 极值水位 ▶▶

由于工程区域无长期验潮资料，为得到不同重现期的年极值高水位，同样需由大港的极值水位进行综合分析来得到。

#### 2.5.3.1 大港不同重现期水位及增水值

考虑到影响胶州湾底区域受历史风暴潮影响，利用胶州湾内验潮站实测数据进行重现期推算。为确定重现期的高潮位，选择五号码头验潮站的实测潮位资料和红岛临时验潮站资料，并调查及核实历史上出现的特殊高潮位。采用了青岛大港1984—2015年实测极值潮位数据，同时考虑1939年的百年一遇高潮位358 cm（85国家高程基准），按第Ⅰ型极值分布计算年高潮位极值及频率分布曲线和不同重现期高水位值。计算方法如下：

设有连续个年最高水位值$h_i$，则对应于年频率$p$的极值水位为

$$h_i = \bar{h} \pm \lambda_{pn} S$$

式中，$h_p$为与年频率$p$对应的高潮位值，正负号分别对应于高、低潮位，$\bar{h}$为$n$年极值水位$h_i$的平均值，即

$$\bar{h} = \frac{1}{n} \sum_{i=1}^{n} h_i$$

$\lambda_{pn}$为与年频率$p$及资料年数$n$有关的系数，可由《警戒潮位核定规范》附表D.1中查得，$S$为$n$年极值水位$h_j$的均方差

$$V = \mu v = \mu \left( U,\ V,\ W \right)$$

由上式计算出对应于不同频率$p$的极值水位$h_p$，将这些理论高潮位和理论频率绘制在概率格纸上；同时将观测极值水位和经验频率点也点在该图上，这样可以检验理论频率曲线与观测点的拟合程度。

经验频率可由如下求的，按递减的次序把年极值水位$h_j$排列起来，对应于第$m$项极值水位$h_m$的经验频率$p$可表示为

$$p = \frac{m}{n+1} \times 100\%$$

对应于理论年频率$p$（％）的重现期$T_R$（年）为：

$$T_R = \frac{100}{P}$$

在计算五号码头风暴增水时，采用逐时增水数据，资料时间是1991—2007和2011—2015的年增水极值序列，计算结果见表2.14和图2.15、图2.16。

表2.14　　　　　　　五号码头不同重现期极值高潮位（单位：cm）

| 站位（五号码头）基准面 | 重现期（年） | | | | | |
|---|---|---|---|---|---|---|
| | 2 | 5 | 10 | 20 | 50 | 100 |
| 综合潮位 | 256 | 277 | 291 | 304 | 321 | 334 |
| 风暴增水（85高程） | 83 | 103 | 116 | 128 | 144 | 156 |

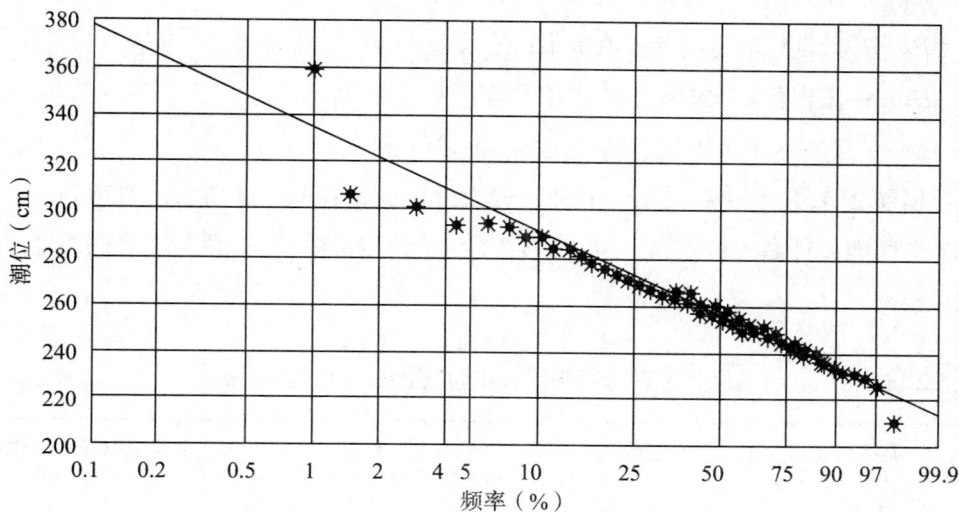

图2.15　五号码头高潮位年极值频率分布图

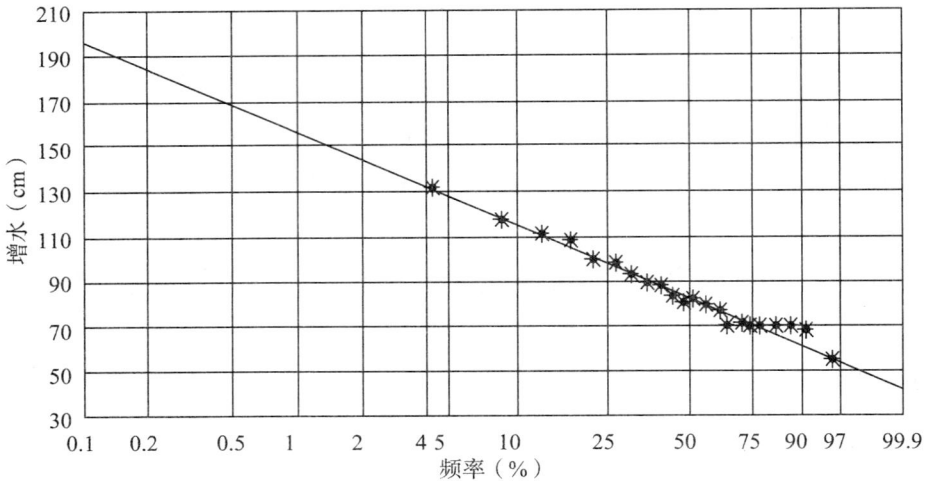

图2.16　五号码头风暴增水年极值频率分布图

#### 2.5.3.2　工程区不同重现期水位

重现期水位不同于设计水位计算，其要求的资料年限更长，此时短期的潮位相关关系已无法代表长期的极值相关关系。由于工程区不具备用极值同步差比的方法进行计算，而"K值法"无法体现胶州湾内不同区域风暴潮增水的差异，考虑到红岛和五号码头两地潮位过程、潮型、潮汐性质、潮高、增水规律等基本相同，故采用综合水位分析来进行计算。

即 $H_1 = H_0 + hs + \Delta$

式中，$H_1$——工程区对应重现期极值水位；

　　　$H_0$——大港相应重现期极值水位；

　　　$Hs$——工程区、大港设计高水位差值；

　　　$\Delta$——工程区、大港风暴潮最大增水值差值。

根据前文计算，大港处50a一遇高水位为321 cm，100a一遇高水位为334 cm。红岛、大港两地设计高水位差为7 cm（表2.13），经二路东、西岸段与五号码头增水差见表2.15。

表2.15　　　　工程区与五号码头设计水位统计表（单位：cm）

| 项目 | 五号码头 | 红岛 | 红岛与五号码头水位差 |
|---|---|---|---|
| 设计高水位 | 216 | 223 | 7 |

**表2.16          工程区东西端与五号码头极值增水统计表（单位：cm）**

| 大沽河径流＼计算点 | 五号码头（F） | 经二路西端（H） | 经二路东端（I） | Δ（H－F）增水差 | Δ（I－F）增水差 |
|---|---|---|---|---|---|
| 不考虑大沽河洪峰流量 | 127 | 170 | 147 | 43 | 20 |
| 大沽河50a一遇洪峰流量 | 127 | 171 | 147 | 44 | 20 |

**表2.17          工程区东西端不同重现期高水位（单位：cm）**

| 重现期 | 经二路西端 | | 经二路东端 | |
|---|---|---|---|---|
| | 50年一遇 | 百年一遇 | 50年一遇 | 百年一遇 |
| 五号码头重现期水位（$H_0$） | 321 | 334 | 321 | 334 |
| 工程区与五号码头设计水位差（hs） | 7 | | | |
| 与五号码头增水差（Δ） | 44 | 44 | 20 | 20 |
| 工程区重现期水位（$H_1$） | 372 | 385 | 348 | 361 |

本项目经二路西端处百年一遇高水位为385 cm，50年一遇高水位为372 cm；经二路东端处百年一遇高水位为361 cm，50年一遇高水位为348 cm。

### 2.5.4 小结 》》

（1）红岛和五号码头两地的潮型完全相同，潮汐性质一致，高潮不等也基本相同，红岛西大洋潮差较五号码头稍大。

（2）工程区的设计高、低水位分别为223 cm和–225 cm。

（3）经二路西端处百年一遇高水位为385 cm，50年一遇高水位为372 cm；经二路东端处百年一遇高水位为361 cm，50年一遇高水位为348 cm。

# 2.6    工程设计波要素

为了探讨海浪对胶州湾底的影响，利用SWAN数值模式和有限风区两种方法分别对工程区沿岸波要素进行模拟和计算。

### 2.6.1 波浪数值模拟 ▶▶

为了探讨海浪对项目区域（胶州湾底）的影响，利用SWAN数值模式对青岛沿岸进行模拟，同时推算重现期。

#### 2.6.1.1 模式设置

为正确计算青岛近海的波浪状况，模式区域覆盖渤海和黄海；采用三角形网格对模式区域进行划分，在山东近海进行加密，最高分辨率约100米。地形方面，近海水深采用海图数据进行插值，远海水深采用ETOPO 1 min数据模式地形。

海浪模式采用北海预报中心制作的中国海风场后报数据集作为驱动场，该数据集为WRF气象模式模拟的1993至2012年这30年期间的风场，风场分辨率为1/12°。

#### 2.6.1.2 模式结果与分析

利用SWAN模式输出结果，采用Pearson III型极值推算方法推算每个格点上不同重现期（2年、5年、10年、20年、30年、50年、百年一遇）的有效波高。

胶州湾湾口为一狭窄的海峡，是几乎全封闭的内海，外海的涌浪很难传入胶州湾内，且由于湾内水深和复杂地形变化的影响，波高不断衰减。至湾底5 m等深线以内的浅海区，基本不受外海波浪的影响。湾内极值波高远小于外海极值波高，胶州湾底部区域最大有效波高在1 m左右。

### 2.6.2 有限风区推算设计波浪 ▶▶

胶州湾为一半封闭的内陆海湾，湾口及湾的中部水域较深，5 m以深的水域面积不足整个海湾面积的三分之一，其西部、北部和东部水深较浅，另有大面积的浅滩占据着这些地区的岸边地带。

湾内的波浪主要由短风区形成的浅海风浪，其形成波浪的基本条件在于风速、风区及水深。风速越大，风区越长，加上相对较深的水域，则易形成大浪，反之则浪小。对于胶州湾湾底而言，可产生最大波浪的方向为SE—SW向。

#### 2.6.2.1 设计风速计算

按规范要求，对影响工程区的波浪，我们是利用气象资料（大风），风区、水深等参数进行计算的。在胶州湾，风速对推算波浪要素的影响至关重要，必须慎重地加以确定。

我们主要采用小麦岛海洋站1983—2013年的年极值（10 min平均风速）风速资料

作为基本资料，对各向极值风速进行频率分析计算，按P-Ⅲ型曲线点绘成频率分析曲线图，并摘取各方向百年、50年、25年、10年、5年、2年一遇的最大风速，列于表2.18中。

**表2.18　　　　　　　小麦岛各方位不同重现期最大风速（m/s）**

| 风向 ＼ 重现期（年） | 2 | 5 | 10 | 25 | 50 | 100 |
|---|---|---|---|---|---|---|
| SE | 14.5 | 18.3 | 21.6 | 25.2 | 27.0 | 29.0 |
| S | 14.3 | 16.6 | 18.0 | 19.3 | 20.5 | 21.3 |
| SW | 14.4 | 16.9 | 18.8 | 20.9 | 21.9 | 22.8 |

### 2.6.2.2　风区、水深计算

将影响本区的SE、S和SW向风浪计算的基本参数列入表2.19中。

**表2.19　　　　　　　胶州湾底各计算点风区、水深统计表**

| 点号 | SE 风区平均水深（m） | SE 风区长度（km） | S 风区平均水深（m） | S 风区长度（km） | SW 风区平均水深（m） | SW 风区长度（km） |
|---|---|---|---|---|---|---|
| K0 | 10.6 | 18.6 | 0.9 | 9.6 | —— | —— |
| K1 | 6.2 | 18.1 | 1.3 | 10.8 | —— | —— |
| K2 | 4.4 | 17.7 | 1.4 | 14.9 | —— | —— |
| K3 | 3.6 | 16.5 | 1.8 | 16.1 | —— | —— |
| K4 | —— | —— | 3.5 | 18.3 | —— | —— |
| K5 | —— | —— | 5.3 | 17.8 | 1.5 | 14.7 |
| K6 | 3.3 | 12.8 | 6.6 | 13.3 | 0.7 | 13.5 |
| K7 | —— | —— | 12.7 | 24.3 | 1.0 | 15.9 |
| K8 | 2.9 | 8.7 | 17.3 | 21.2 | 2.9 | 13.7 |
| K9 | 2.8 | 7.2 | 8.2 | 14.7 | 3.5 | 16.0 |
| K10 | 2.6 | 5.7 | 4.7 | 11.0 | 4.5 | 17.6 |

### 2.6.2.3 设计波要素计算结果

按《海港水文规范》的规定，风浪的计算依下式进行：

$$\frac{gH_s}{U^2} = 5.5 \times 10^{-3} \left(\frac{gF}{U^2}\right)^{0.35} \tanh\left[30 \frac{(gd/U_2)^{0.8}}{(gF/U_2)^{0.35}}\right]$$

$$\frac{gT_s}{U^2} = 5.5 \left(\frac{gF}{U^2}\right)^{0.233} \tanh^{\frac{2}{3}}\left[30 \frac{(gd/U_2)^{0.8}}{(gF/U_2)^{0.35}}\right]$$

式中，$H_s$—有效波高（m）；$T_s$—有效周期（s）；

$F$—风区长度（km）；

$U$—风速（m/s）；

$d$—水域的平均水深。

考虑到胶州湾湾底现状防潮工程建设情况，本报告中对大沽河以东至红岛南侧现状岸线外的波浪，50年、百年一遇高水位下的波浪进行计算，结果见表2.20。

表2.20　　　　　　　　　胶州湾底各计算点波高计算结果

| 计算点 | 组合 | 有效波高（m） |
|---|---|---|
| K0 | 50年一遇水位，50年一遇波高 | 2.4 |
| | 百年一遇水位，100年一遇波高 | 2.6 |
| K1 | 50年一遇水位，50年一遇波高 | 2.1 |
| | 百年一遇水位，100年一遇波高 | 2.3 |
| K2 | 50年一遇水位，50年一遇波高 | 2.0 |
| | 百年一遇水位，100年一遇波高 | 2.1 |
| K3 | 50年一遇水位，50年一遇波高 | 1.9 |
| | 百年一遇水位，100年一遇波高 | 2.0 |
| K4 | 50年一遇水位，50年一遇波高 | 1.5 |
| | 百年一遇水位，100年一遇波高 | 1.6 |
| K5 | 50年一遇水位，50年一遇波高 | 1.4 |
| | 百年一遇水位，100年一遇波高 | 1.5 |
| K6 | 50年一遇水位，50年一遇波高 | 1.8 |
| | 百年一遇水位，100年一遇波高 | 1.9 |

（续表）

| 计算点 | 组合 | 有效波高（m） |
|---|---|---|
| K7 | 50年一遇水位，50年一遇波高 | 1.9 |
| | 百年一遇水位，100年一遇波高 | 2.1 |
| K8 | 50年一遇水位，50年一遇波高 | 1.9 |
| | 百年一遇水位，100年一遇波高 | 2.2 |
| K9 | 50年一遇水位，50年一遇波高 | 1.6 |
| | 百年一遇水位，100年一遇波高 | 1.8 |

采用波浪数值模拟方法，计算大沽河口附近100a一遇Hs波高为0.7 m，最大值出现在西大洋，百年一遇波高为1.81 m。采用有限风区推算大沽河现状防潮工程东侧百年一遇Hs波高最大为2.6 m，西大洋百年一遇Hs波高最大为2.2 m。

由于采用有限风区推算时考虑波浪充分成长，其结果偏于保守，因此采用有限风区计算结果。本项目外侧海域50年一遇有效波高最大为1.5 m，H1%波高为1.9 m，百年一遇有效波高最大为1.6 m，H1%波高为2.1 m。

### 2.6.3 小结 ≫

（1）工程区设计波要素计算采用数值模拟和有限风区推算两种方法，其中数值计算采用SWAN模式，利用中国海风场后报数据集作为驱动场进行模拟计算。模拟过程中，风速和风向时刻变化，因此波浪难以充分成长，其计算的波高偏小，工程区最大有效波高在1 m左右。

（2）采用有限风区方法推算设计波要素是假定波浪充分成长，这在现实中很难达到，因此其结果偏于保守，为保证结构设施安全，建议采用有限风区波浪计算结果。本项目外侧海域50年一遇有效波高最大为1.5 m，H1%波高为1.9 m；百年一遇有效波高最大为1.6 m，H1%波高为2.1 m。

## 2.7 风暴潮安全分析

风暴潮灾害，主要是指由台风、气旋等强烈天气系统引起的海面异常升高，同时伴随产生的大浪造成的灾害。导致风暴潮的天气系统越强，风暴增水越强，潮位越高，岸边海浪越大，高潮位状态下海浪爬坡越高，风暴潮对岸堤和岸边建筑物或设施的破坏力和破坏程度越大。

风暴潮危害形式及危害程度不仅取决于潮位的高低和岸边向岸浪的大小，很大程度上还决定于承灾体的性质、承灾体密度、海堤高度、海堤质量以及预防措施是否到位等。本文仅对经二路高程安全进行分析。根据规划，经二路以胶州湾保护岸线为界可分为东、西两段，西段采用地面道路，东段为桥梁段，以下对两段分别进行分析。

### 2.7.1 地面段高程分析 >>

#### 2.7.1.1 规范要求

按照《海堤工程设计规范》（GB/T 51015—2014），对于滨海城市有景观要求的堤路结合海堤，当按照允许部分越浪海堤设计时，经论证在保证越浪水量对海堤自身安全和道路交通安全无影响，及堤后越浪水量排泄畅通的前提下，堤顶标高可适当放宽，但不计防浪墙的堤顶面高程仍应高出设计高潮（水）位0.5 m以上。

#### 2.7.1.2 高程分析

根据规划保护控制线外路段（丰和路以西）其外侧拟设置护岸、防潮闸等防浪设施，丰和路至规划十八号线之间路段外侧海域规划有湿地公园，对波浪有较好的掩护，因此地面路段部分可不用考虑波浪对道路的影响。因此，经二路西段（地面路段部分），在不考虑波浪影响下，路面高程、跨河沟桥梁上部结构下边缘顶高程应满足以下条件：

顶高程=百年一遇高潮位+百年平均海平面升高+富余量

根据第前文潮位分析结果，经二路工程西段（地面路段部分）百年一遇高潮位为3.85 m。根据2016年中国海平面公报，1980—2016年海平面平均上升速率为0.32 cm/a。富余量取0.5 m。

则，地面段顶高程 = 3.85 + 0.32 + 0.5 = 4.67 m。

### 2.7.2 桥梁段高程分析

根据经二路工可设计方案，为保护胶州湾保护线内的生态湿地，经二路东段（桥梁部分）自桩号K2+960至桩号K6+320范围内以桥梁方式跨越湿地，桥梁全长约3 360 m。为营造良好的景观效果，在K5+223处（中片区排水沟）设置主桥一座，主桥全长为240 m，并在主桥桥下预留游船通航条件，在最高潮水位下，通航净空不小于7 m。

#### 2.7.2.1 规范要求

根据《海港总体设计规范》，按照上部结构不受波浪力情况考虑，上部结构的下边缘高程$E_0$计算方法如下：

$$E_0 = \text{DWL} + \eta + \Delta_F$$

式中，

$E_0$——上部结构的下边缘高程（m）；

DWL——设计水位（m），设计高水位2.23 m，极端高水位3.45 m，百年重现期高水位为3.58 m；

$\eta$——水面以上波峰面高度（m）；

$\Delta_F$——富裕高度（m），0～1.0 m。

水面以上波峰面高度$\eta$可按下式计算：

$$\eta = \frac{(1+\alpha)H}{2} + h_s$$

$$h_s = \frac{\pi[(1+\alpha)H]^2}{4L} \cdot \coth\left(\frac{2\pi d}{L}\right)$$

式中，

$\alpha$——波浪反射系数，透空式结构取0；

$H$——波高（m），50年一遇$H_{1\%}$波高1.9 m，百年一遇$H_{1\%}$波高2.1 m；

$h_s$——波浪中心超出静水面高度（m）；

$L$——波长（m），取30 m；

$d$——水深（m），取3.5 m。

#### 2.7.2.2 高程分析

根据前文潮位分析结果，经二路工程东端（桥梁段部分）百年一遇高潮位为3.61 m。根据2016年中国海平面公报，1980—2016年海平面平均上升速率为0.32 cm/a。

经二路东段（桥梁部分），根据外侧湿地公园规划，存在有无波浪影响两种情况，分别计算如下：

（1）在考虑外侧规划湿地公园且对桥梁有掩护，无波浪影响时，富裕高度取0.5 m。则跨海桥梁上部结构下边缘顶高程应满足以下条件：

百年一遇高潮位+富裕高度+100年平均海平面升高=3.61+0.5+0.32=4.43 m。

（2）在外侧波浪可影响时，富裕高度取1.0 m。则跨海桥梁上部结构下边缘顶高程应满足以下条件：

百年一遇高潮位+水面以上波峰面高度+富裕高度+100年平均海平面升高=3.61+1.2+1.0+0.32=6.13 m。

### 2.7.3 小结 »

经二路规划位置最西端现状高程4.65 m，向东平缓下降，其东直至规划路桥分界处，除部分区域略高外，高程均保持在2 m左右，现状高程无法满足风暴潮防护安全要求，设计中应满足以下条件：

（1）经二路西段（地面路段部分）路面高程、跨河沟桥梁上部结构下边缘顶高程应在4.7 m以上。

（2）经二路东段（桥梁部分），在考虑外侧规划湿地公园且对桥梁有掩护无波浪影响时，跨海桥梁上部结构下边缘顶高程应在4.5 m以上；经二路东段（桥梁部分），在外侧波浪可影响时，跨海桥梁上部结构下边缘顶高程应在6.2 m以上。

（3）在经二路外侧海域规划湿地公园情况，护岸内侧预留一定空间保证越浪水量排泄畅通的情况下，风暴潮对经二路的影响较小。同时，为保证道路安全，建议在可能受大浪影响岸段前沿布设具有一定宽度的消浪平台进行消浪。

# 2.8 结论与建议

（1）工程区的设计高、低水位分别为223 cm和−225 cm（85高程）。经二路西端处百年一遇高水位为385 cm，50年一遇高水位为372 cm；经二路东端处百年一遇高水位为361 cm，50年一遇高水位为348 cm。

以8509号台风为例进行风暴潮数值计算，经二路段外现状虾池临海侧（C点）不同岸线情况下的最大增水值均为163 cm，经二路段西端、东端最大增水值分别为172 cm和148 cm。

（2）青岛地区严重台风风暴潮灾害多是风暴潮增水与天文大潮相遇，同时叠加向岸大浪联合作用造成的。台风风暴潮期间，受地形掩护胶州湾湾内波浪较湾外小，湾底区域水深较浅，风暴潮对胶州湾底区域破坏略小。

经二路选址现状最西端高程4.65 m，向东平缓下降，至K0西侧180 m处降至2.6 m，后保持至K0东侧80 m；向西继续平缓下降，K0东侧160 m处降至2 m，其东直至规划路桥分界处，除部分区域略高外，高程均保持在2 m左右；现状高程小于3.5 m，在极端天气条件下，泄洪不畅时，较低的位置能够上水、积水。

（3）经二路西段（地面路段部分）路面高程、跨河沟桥梁上部结构下边缘顶高程应在4.7 m以上。

（4）经二路东段（桥梁部分），在考虑外侧规划湿地公园且对桥梁有掩护无波浪影响时，跨海桥梁上部结构下边缘顶高程应在4.5 m以上；经二路东段（桥梁部分），在外侧波浪可影响时，跨海桥梁上部结构下边缘顶高程应在6.2 m以上。

（5）在经二路外侧海域规划湿地公园情况，护岸内侧预留一定空间保证越浪水量排泄畅通的情况下，风暴潮对经二路的影响较小。同时，为保证道路安全，建议在可能受大浪影响岸段前沿布设具有一定宽度的消浪平台进行消浪。

# 第3章

## ≪≪ 交通分析与预测

　　滨海市政道路往往位于城市边缘，一侧临海，在担负城市交通功能上有其独特性。对滨海市政道路进行交通量预测是道路建设前期工作中重要的环节，也是确定城市道路的技术等级、建设规模、社会经济评价、项目建议计划的重要依据。交通量预测的水平和质量关系到城市道路工程的可行性和必要性，也关系到是否能合理地确定工程建设标准和建设规模，还关系到是否能兼顾城市发展的前瞻性，保证城市道路在一定的年限内发挥作用。

　　现阶段交通量预测广泛采用四阶段法进行预测，即交通生成（Trip Generation）预测、交通分布（Trip Distribution）预测、交通方式分担（Mode Split）预测和交通分配（Trip Assignment）预测。该理论创建于20世纪50年代，目前这种方法较普遍运用在交通规划设计中，并被开发成软件，在交通规划中扮演重要角色。

　　这种方法还被广泛应用于大型的工程，但中小城市的道路规划使用还是较困难，主要是过程分析过于复杂，实际工程用模型模拟时参数很难选择。另外，四阶段法以居民出行调查为基础，需要采集大量的基础数据，并对这些数据进行处理，不仅要花费大量的人力物力财力，其处理后的数据可信度十分有限，这对交通量的预测水平有很大影响。

　　红岛经济区西片区位于胶州湾的湾底，近期规划目标为山东半岛综合交通枢纽，中期目标为综合型商业商务中心，远期目标为青岛城市副中心，功能定位决定了西片区未来将为岗位密集区。其整体呈现岗位密集、自身人口有限的特征，这一特征决定了西片区将吸引大量的外来就业人口，潮汐现象明显。

# 3.1　交通影响分析的相关研究

## 3.1.1　国外交通影响评价研究现状 >>

交通影响评价在英、美等发达国家应用十分广泛，并且产生了许多较为成熟的理论方法和经验。以下主要对美国的研究现状进行分析介绍。

美国交通影响评价的理论和方法都较为成熟，具有一定的代表性，且美国是最早明确开发商责任与义务的国家，对其征收交通影响费用。鉴于此，美国的交通影响评价体系和理论对于我国城市交通影响评价工作来说有很大的借鉴意义。

20世纪40年代至80年代中期，由于城市交通基础设施的大量建设，美国政府财政逐渐难以支持建设费用。美国政府希望能让土地开发商承担部分的交通基础设施建设费用，交通影响评价工作因而诞生。随着交通影响评价工作的施行，美国各城市逐渐明确了开发商的责任和义务，即开发商可以通过更改开发计划或者负担交通设施改善费用来确保所开发的项目对周边交通系统产生的影响在可接受范围之内。

20世纪80年代以后，美国逐渐对交通影响评价的理论体系和实施的具体内容与标准等都进行了深入而系统的研究。美国交通部和联邦道路局于1985年1月发布了美国建设项目《地块交通影响评价手册》（*Site Impact Traffic Evaluation Handbook*，简称 S. I. T. E）。次年3月，针对建设项目开发对交通系统的影响，为探讨土地利用与交通之间的关系，美国交通工程师学会（ITE）召开了相关的专题会议，建设项目的交通影响评价的重要性在这次会议上被首次强调。1988年下半年，美国交通工程师学会（ITE）技术咨询委员会发布总结报告 *Guidelines for Transportation Impact Assessment of Proposed New Development*；另外，ITE也向美国各地方政府推荐了建设项目交通影响评价研究报告 *Traffic Assessment and Impact Studies for Site Development*。这两份报告标志着交通影响评价理论走向成熟。

至20世纪末，美国政府先后出台了《Clear Air Act》和《Inter modal Surface Transportation Efficiency Act》等法案，目的就是协调土地开发与交通系统之间的关系。在美国，投资商在进行土地开发之前必须先委托相关咨询公司对建设项目进行交通影响评价，只有评价结果被地方政府通过了以后才能进行土地开发的下一个环节。由于项目的开发类型和规模不等，相应的交通影响评价方法和内容也有所差异，美国各州都依据自身的情况进行交通影响评价研究并建立了各自的评价方法和标准。

目前，各国对交通影响分析的研究主要集中在交通影响分析阈值、项目影响范围的确定等方面。下面主要介绍美国在这些方面的研究。

### 3.1.1.1 交通影响分析阈值的研究

美国政府对于土地开发的TIA阈值没有统一的规定，各地方政府要求也有所差别，即使是同一地方政府辖区内的不同区域，对TIA阈值的要求也不尽相同。

1986年，ITE位于美国的科罗拉多州和怀俄明州的分部分别对两个州的42个市和12个县进行了关于TIA实施情况的调查，调查结果显示各个县市的阈值指标和量值皆有不同。

ITE交通规划理事会于1988年推荐的交通影响分析阈值为：在通常的情况下，新开发项目在高峰小时产生的交通量超过100辆标准小客车（单向）。其推荐的理由如下：

（1）每小时100辆的交通量近似于信号交叉口每车道通行能力的15%。

（2）每小时100辆的交通量能够改变交叉口进口道的服务水平（LOS）。

（3）当每小时增加了100辆的交通量时，为了避免妨碍直行交通，需要增加左转弯或右转弯车道来满足交通需求。

根据高峰小时的高峰方向交通产生量阈值（每小时100辆标准小汽车），ITE交通规划理事会又提出了不同用地类型开发强度指标阈值。

1992年，伊利诺伊州的ITE分部进一步细化了阈值的相关标准，将阈值分为一般情况和特殊情况来考虑，并且根据高峰小时内高峰方向上的100辆标准小汽车出行限值，给出了一般情况下部分用地类型的开发强度指标，还规定了在一些特殊情况下必须要进行交通影响分析。

1994年，印第安纳州提出了三步骤交通影响分析流程。该流程将交通影响分析工作分为具体的三个步骤，在进行各个步骤之前必须先满足对应的阈值，即将阈值分为基本阈值、具体阈值和运行分析阈值三个不同层次的阈值。

### 3.1.1.2 交通影响范围的研究

本节所提到的影响范围指的是进行交通影响分析的区域，也可以称之为交通影响研究范围。美国ITE推荐的影响研究范围是能将开发项目所产生的80%交通量的出行终点包含在内。确定交通影响范围的方法大致分为两种，一种是同类设施法，一种是主观分析法。

（1）同类设施法。

同类设施法的思路是：与相邻的已有同类设施之间划分边界来确定研究范围。其中边界位置的确定方法如下：

$$L_0 / L_1 = t_0 / t_1$$

式中，$L_0$、$L_1$分别为用地开发项目和相邻的同类建筑；$t_0$、$t_1$为边界点分别到开发项目和相邻建筑的出行时间。在开发项目周边找到各个方位的多个同类设施，即可确定出新开发项目的交通影响研究范围。

当然，同类设施法在使用的时候也有其局限。首先，这一方法只适用于某类对于居民出行吸引具有竞争特性的开发项目。如商业建筑、工业建筑等，但对于公共建筑如政府部门、火车站等居民出行具有刚性需求特点的开发项目则不适用。其次，这种方法需开发项目周边存在同类建筑，如果不存在，则很显然这种方法行不通。所以，仅这一种方法是不够的，还需要其他方法相辅。

（2）主观分析法。

主观分析法主要是依靠交通规划人员的经验来判断研究范围。其大致的依据为：当出行生成量较小时，研究范围不仅应该包括开发项目相邻道路的主要交叉口，还应该包括因开发项目产生的交通量导致交通状况有明显改变的道路和交叉口。当出行生成量较大时，应根据交通方式划分来确定研究范围。当以公交出行的比例高时，应该考虑公交所经过的道路。

### 3.1.2 国内交通影响评价研究现状

相比于发达国家，我国的交通影响评价工作起步较晚。20世纪90年代，我国的一些城市对大型建设项目进行过交通影响评价，工作的重点主要集中在项目内部交通组织、内外的交通衔接、停车设施的满足情况以及对周边路网尤其是交叉口的影响等方面。由于缺乏相关经验，故当时的交通影响评价工作进行得相对较为简单。20世纪90年代后期，一些研究者开始关注交通影响评价工作的重点并对其中相关的技术问题进行研究，主要研究的内容包括：起评阈值标准、研究范围的确定方法、建设项目出行生成指标、交通影响程度评价标准、出行生成预测方法、出行分布确定方法以及交通分配方法等。

到了21世纪，随着城市交通问题的日益严重，土地利用和交通系统之间的关系逐渐被认识，交通影响评价工作的作用愈加地不容忽视。2005年1月1日起实施的《中华人民共和国道路交通安全法》第一章第五条规定，应建立、健全重大建设项目的交通影响评价制度；第三章第二十五条规定，大型公共建筑、民用建筑以及其他重大建设项目在立项时，应当由市交通主管部门组织进行道路交通影响评价。此外，对于会对交通环境造成重大不利影响的建设项目，立项主管部门应当不予立项。2010年3月31日，国家住房和城乡建设部发布了《建设项目交通影响评价技术标准》，并于当年9月1日起正式实施。在此之前，国内的许多大城市为指导交通影响评价工作而相继制定了有关交通影响评价工作的法规。例如，北京市于2001年10月发布了《北京市规划委员会关于对部分新建项目进行交通影响评价的通知》，规定了需要进行交通影响评价的相关实施要点、技术指标和实施要求；广州市在城市规划管理中规定了某些特定项目需要进行交通影响评价；除此之外，我国的其他一些省市也先后制定了交通影响评价的实施细则和相关要求。

### 3.1.2.1 交通影响分析阈值的研究

国内最早的TIA是1991年在上海静安区实行的交通影响分析。此次的TIA采用的是美国的交通影响分析体系。随来，北京、深圳等城市也陆续将TIA纳入交通规划当中，但都未对TIA阈值进行明确的规定。

后来，上海理工大学的黄肇义博士通过对美国TIA体系的研究，并结合国内的实际情况，提出了我国TIA阈值的确定原则。

（1）阈值应该与开发项目的类型和所处区位条件有关。具体来说，对于两个开发项目，两种影响阈值的因素有任一不同都会导致两个开发项目的阈值不同。

（2）开发项目产生的交通流量应按全天和高峰时段相结合。高峰时段道路状况能体现建设项目的最大影响程度，而全天的出行生成量将开发项目对周围路网的影响程度反映得更为全面。由于高峰时段道路状况能够反映道路网服务水平的最不理想状态，故在具体的交通影响分析当中，也常使用高峰时段的出行量来分析阈值。

我国住房和城乡建设部于2010年3月发布的《建设项目交通影响评价技术标准》对不同类型的建筑分别规定了其TIA阈值。

此外，国内的研究者对交通影响分析阈值也相继进行了研究。

北京工业大学的王丽等人将交通影响分析阈值分为基本阈值、具体阈值和运行分析阈值这三类。东南大学的张云颜将TIA阈值分为交通量阈值和规模阈值，探讨了二者之间的联系，并通过对交叉口的运行分析来确定交通量阈值。同济大学的蔡晓禹通过利用等效交通流的方法和交通流密度比指标来确定道路网的交通量阈值，并建立了道路服务水平和密度比的评分标准。北京交通研究发展中心的安居、陈燕凌等人对区域交通影响评价中用地面积阈值的计算方法和关键指标进行了研究。西南交通大学的马艳君设计了住宅项目交通影响评价系统，并在其中添加了阈值判断模块，该模块的应用避免了一些人的主观性和不公正性。

同国外的TIA阈值研究一样，大多数研究者也是将TIA阈值分为交通量阈值和规模阈值。其中规模阈值为基本阈值，交通量阈值为具体阈值。对于交通量阈值的研究，主要分析建设项目周围路网的主要交叉口的服务水平变化，并通过可接受服务水平来确定开发项目的交通量阈值。国内的研究者研究分析了交通量阈值和规模阈值二者之间的关系，通过交通生成率将二者联系在一起。即确定了交通量阈值以后，根据交通生成率推出某种类型的开发项目的规模阈值。

### 3.1.2.2　交通影响范围的研究

国内的研究者提出交通影响研究范围确定方法大多是针对所有类型的开发项目。这些方法都是从不同的角度对研究范围进行确定：

上海理工大学的黄肇义在其硕士论文里提出了确定研究范围的圈层外推法。该方法是假定开发项目的背景路网的路段等级、长度一致，且交通量在路网上各个方向上分布均匀。这种方法由于过于理想化，实际上很难使用。

北京工业大学的王丽、刘小明等人提出了烟羽模型法。该方法是根据协同学理论推导出的。它将开发项目产生的交通量对周围路网的影响类比于毒气在大气中的扩散，并以此建立扩散模型。这种方法需要确定的模型参数很多，实际中也很难使用。

北京工业大学熊琦等人根据项目开发前后对周围路网路阻的影响提出了基于出行时间的研究范围确定方法。该方法以出行时间作为研究范围的确定参数，以等时线作为形式确定研究范围。其不足之处在于交叉口的路阻难以确定。

石家庄铁道大学的朱卫华提出根据可达性理论确定研究范围。可达性概念易于理解，该方法在实际中也较易实施。

长沙理工大学的肖海波等人针对商业类型的开发项目提出了基于商业区位和出行时间的研究范围确定方法。

大连交通大学的宋微根据"零售引力法则"和"断裂点理论"，提出了商业类型开发项目的研究范围确定方法。

西南交通大学的马艳君借鉴圈存外推法的思想提出了定性与定量相结合的方法来确定研究范围。

孟维伟和段妍等人依据出行选择行为的影响，提出以路径出行时间可靠性确定交通影响范围的方法。

吉林大学的李莉通过建立基于速度和出行成本的路阻函数来确定可接受最大出行时间和最佳出行距离，并以此为基础确定研究范围。

除以上之外，我国住建部发布的《建设项目交通影响评价技术标准》中对不同规模的城市和不同规模的建筑项目的交通影响范围也进行了具体规定。

综上，国内外的交通影响分析大体一致，但我国的交通规划工作者并未完全照搬国外的方法体系，在阈值和研究范围的确定等关键技术方面依据国情而稍有改变。对于阈值的研究大多是基于交通预测进行的，由于交通预测本身就具有不确定性，故而加大了阈值的不准确性。国外的研究范围确定方法主要是通过大量实践所得经验的积累而总结出的方法结论，是主观和客观的结合；国内研究人员所提出的研究范围确定方法大多是主观建立的方法，主要是将路网抽象化，然后确定影响因素并据此建立模型。由于国内缺乏交通影响分析的经验积累，故而主观确定交通影响范围仍是主要的方法。目前现有的研究方法大多具有理论可行性，但实际操作中稍显复杂；或是操作上直截了当，过于粗放，对于交通影响分析工作来说皆有不便。

## 3.1.3 交通影响分析基础理论 >>

### 3.1.3.1 交通影响分析的基本原理

#### 3.1.3.1.1 城市交通与土地利用的关系

建设项目交通影响评价的理论来源于土地利用和交通系统之间的关系。但在传统的城市规划中，人们并没有清楚地认识到二者之间的关系，只是过分地强调交通是土地使用的衍生物。随着城市的不断发展，旧的规划观念导致的城市交通问题日益突出。交通系统和土地利用之间的互馈关系在人们对交通问题的不断探索过程中逐渐被了解。交通与土地利用之间相互联系，相互影响。

土地利用形态对项目的交通生成量和交通分布形态起着决定性作用，同时对交通结构也存在着一定的影响。不同的土地利用状况的城市在交通方面有着差别很大的体现。对于多中心城市，交通分布总体较为均匀；而在单中心城市中，交通的产生和吸引在市中心比较密集，而市中心边缘地带交通分布较为稀疏。如果城市中小区的土地开发强度过大，则会因为交通需求的增加过多而导致道路拥堵，于是便会要求公共交通出行比例增加；反之，则可能刺激个性化出行方式比例的增长。这便导致了交通结构的改变。

城市交通对城市土地利用的影响主要源于城市土地开发利用对于交通系统的依存性。沿交通线发展是城市发展的一个主要思路。道路交通是城市骨架，各种性质的用地如肌体一般依附于这些骨架，交通网络使城市的内聚力沿交通线辐射出来。城市交通的不断发展逐渐使城市结构和土地利用形态得到改变，城市中心过密的人口逐渐转移到其他区域，某些性质的用地变得更加集中，土地的功能划分更加明确。

城市交通系统和土地利用是城市的重要组成部分，二者都具有系统综合的特性。在土地利用和交通系统之间的互动关系中，土地利用造成了出行生成，土地利用和交通系统的形成产生了交通活动。保证土地利用和交通系统的协调发展就是要保证二者之间的有效平衡。

从另外一个角度来看，城市交通与土地利用的关系可以在交通设施建设和土地开发的协调中体现出来。一方面，由于土地利用是交通需求产生的原因，所以交通设施的建设程度将与土地利用状况相对应；另一方面，土地的可达性则因为交通设施的发展而得到改变。交通设施的供给则改变了土地的可达性，其相互作用关系如图3.1所示。

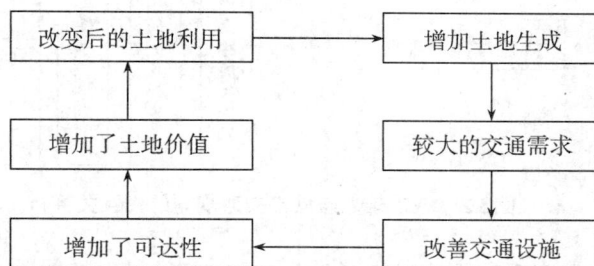

图3.1 城市利用与交通设施的关系

图中所示很清晰地表达了土地利用和交通设施之间的互馈关系。土地开发强度和交通设施的供给程度在一定范围内是呈正相关的，这个范围的极限便是通过交通设施的改建所能满足的最大交通需求。根据二者之间的关系可以了解到，城市土地的开发强度过小，会导致交通设施的落后和服务水平的低下，降低各个小区之间的可达性，同时也导致了土地价值的减小；土地开发强度过大，则会导致交通设施难以为继，造成交通系统的服务水平下降，从而也会降低各个小区之间的可达性，土地价值也会有所下降。正确处理土地利用和交通设施之间的关系便是保证交通服务水平和土地价值的一大前提。

### 3.1.3.1.2 城市交通规划与土地利用规划的关系

城市土地利用规划是城市交通规划的基本依据，交通规划不能脱离城市土地利用规划独自进行。从城市规划角度来看，土地利用规划是对制定地区的土地使用性质的规划，交通规划则主要是对道路、轨道等交通基础设施的建设和经营管理规划。一方面，土地利用规划决定城市基础设施和建筑的位置，也就确定了交通生成源的位置；另一方面，交通基础设施的规划建设也对建筑物位置的规划选择起了很大影响。可见，土地利用规划和交通规划之间有着密切的联系。现行城市规划与交通规划的关系如图3.2所示。

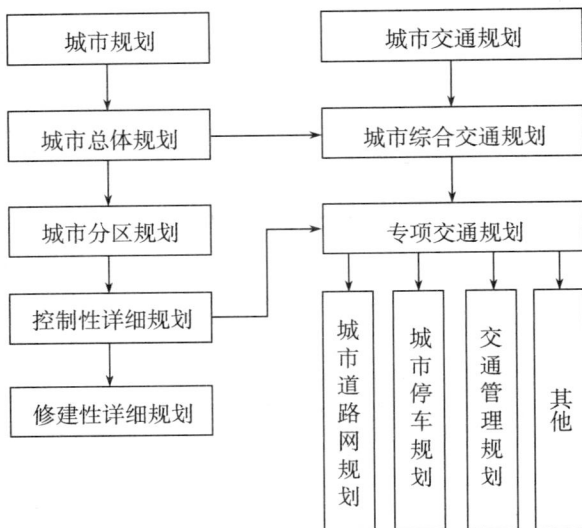

**图3.2 城市规划与城市交通规划的相互关系**

城市交通规划在宏观层面为城市长远发展制定了目标和政策，并提出了实现发展目标和政策的具体措施。交通影响评价则是城市交通规划在微观层面上的反映，属于具体化的交通规划。

交通影响评价是在认识土地利用与交通系统相互关系的基础上，运用现代交通规划的技术和手段协调土地利用与交通发展之间的关系。其工作主要基于以下两个方面，一是评价建设项目对交通系统的影响程度，并对此提出改善措施以使影响降到最小；二是明确划定开发商对此影响所应承担的责任与义务。

虽然出行需求预测在交通影响评价和城市交通规划中都是必不可少的一部分，

但二者在此部分却存在很大的不同。交通影响评价在预测交通需求时往往需要对周边路网中的路段以及交叉口进行具体的交通流量预测分析，甚至会具体到车道的分析，预测方法比较精细。而城市交通规划在进行出行需求预测时通常是对全局路网进行把握，而不会细致地对路段和交叉口进行具体的分析。因此，交通影响评价需要具体分析开发项目周边的道路等级、结构、交通状况以及其他基础设施条件等。

### 3.1.3.2 交通影响分析流程及内容

#### 3.1.3.2.1 分析流程

当建设项目规模或其交通生成量达到交通影响评价的起评阈值时，就需要进行交通影响评价。完整的交通影响评价应依据调查的现状交通量、土地利用情况、社会经济指标、交通系统情况等资料，研究分析新建的项目或土地利用变更对交通系统的影响程度并提出相应的方案。

国内的交通影响评价工作基本是参照发达国家的经验进行的，所以国内城市的交通影响评价工作虽然存在着些许差异，但框架流程大体相似，如图3.3所示。

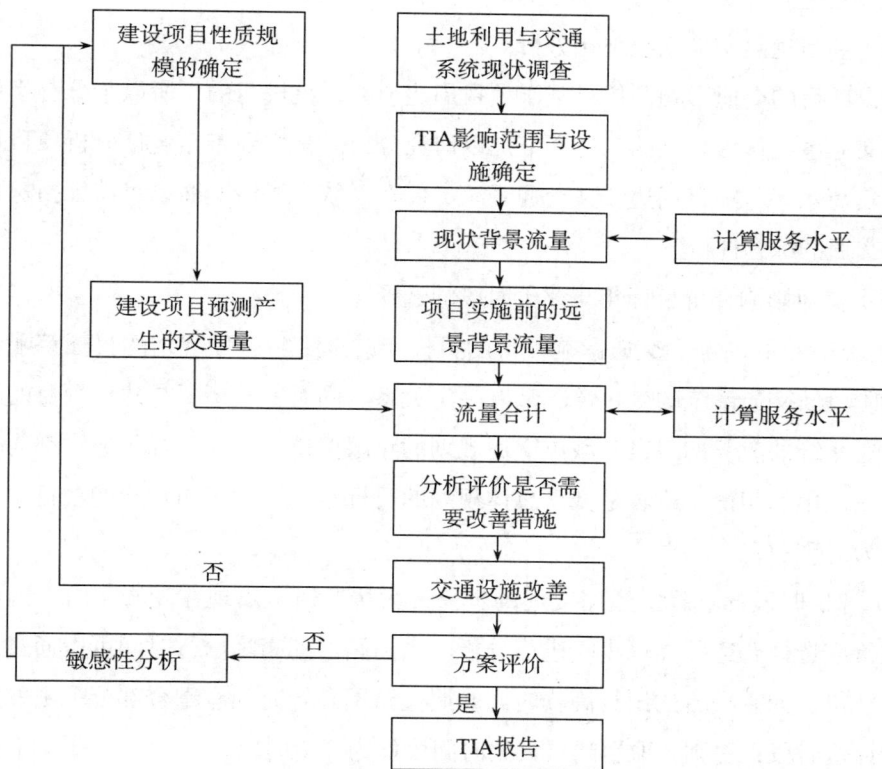

**图3.3 交通影响评价工作分析流程**

3.1.3.2.2 交通影响评价工作步骤

接下来主要介绍交通影响评价工作的内容和步骤。

（1）基础资料收集。

1）项目自身相关信息。包括项目来源及所处阶段、项目功能和性质、项目具体位置和边界、项目总平面图、项目经济技术指标和项目实施方案。

2）研究范围内相关资料的收集。包括项目研究范围城市规划资料、各类交通专项规划和研究范围地形图。

（2）土地利用和交通系统现状调查。

对研究范围内的土地利用状况和交通系统现状进行调查是交通影响评价工作的基础，也是使评价结果真实有效的依据。其主要内容包括土地利用现状、交通设施现状、道路现状服务水平等。

（3）确定研究范围。

根据建设项目的规模类型以及背景路网的情况，利用相关技术方法得到交通影响评价的研究范围。目前常用的方法主要是主干道围合法。

（4）项目道路交通系统现状分析。

建设项目的交通影响分析是基于项目周边道路系统进行的，所以十分有必要将项目道路交通系统作为独立的工作环节加以研究分析。其主要工作包括分析项目周边道路交通负荷水平、项目周边公共交通系统、停车系统、慢行交通系统特征指标分析以及现状交通的综合评价。

（5）交通影响评价目标年与评价时段的选择。

1）目标年的确定。交通影响评价的目标年的选定与区域规划的目标年限、项目的建设阶段及交通系统的变化情况都有一定关系。同时，它还要与建设项目的年限、道路交通系统的改善期限以及城市交通规划的年限保持一致。目标年通常都为项目全部建成或使用的年份，或者是城市总体规划的目标年。1～2年内建成的项目，预测年限一般为3年左右。

2）评价时段的选择。道路交通的负荷最大情况通常出现在高峰小时，因此交通影响评价应选择合适的高峰小时进行分析。当前路网的高峰出行时间可以通过现状调查分析获得。如果项目的出行高峰时间与周边路网高峰时间有重合部分，则取重合的时间为评价时段；否则，取影响较大的时间段作为评价时段。

（6）交通需求预测。

交通需求预测是定量确定建设项目在目标年诱增的交通量。其目的是分析开发项目可能导致的交通影响。现今在大城市普遍采用的交通需求预测方法主要是四阶段法。

（7）交通影响程度评价。

对研究范围内的路网服务水平进行项目建成前后对比分析，以评价项目对周边路网的影响程度，通常需要对关键交叉口、公共交通设施、项目内外部交通组织等进行评价。

（8）交通改善措施。

当建设项目对周边交通系统有显著影响时，应提出相应的改善措施，主要包括研究范围内交通系统改善、拟建项目内部交通改善等。改善措施在实施之前应当分析其对周边路网的影响程度，得出改善措施的可行性结果。

（9）结论与建议。

提出对建设项目建筑规模和周边路网交通设施的改善建议，内部交通存在的问题以及改善建议。

### 3.1.3.3　交通影响分析的技术关键

#### 3.1.3.3.1　起评阈值

不分项目性质以及项目规模对所有开发建设项目都进行交通影响评价，无疑会增加不必要城市建设成本。起评阈值明确了特定用地性质的建设项目进行交通影响分析的规模限值，对交通系统与土地利用的协调发展起到了基本的约束作用。起评阈值与城市的道路系统以及交通出行有很大的关系，不同规模的城市，其起评阈值应当有所不同，甚至在同一城市的不同区域，其起评阈值亦应当有所不同。国内现有的阈值确定方法只是笼统地定性界定阈值，且大多数只是凭专家的经验制定，阈值的确定缺乏科学的理论依据和可靠的实践论证。因此，提出一个科学有效的方法来确定阈值将十分有助于交通影响评价工作体系的完善。

#### 3.1.3.3.2　交通影响范围的选取

确定交通影响范围是进行交通影响评价的基本前提，交通影响范围的大小关系着评价的工作量，是进行交通需求预测的工作基础。合理的研究范围不仅能让预测、分析和评价的针对性更强，也可以避免评价成本过大。当前我国的交通影响评价工作中，由于基础数据的缺乏，干道围合法成了最常用的方法，即将建设项目周边的城市主干道或城市快速干道围合而成的区域作为研究范围。这种方法往往过于简单，不一定对所有类型的项目都适用，在使用时也常常需要经验的配合。因此，有必要进一步研究，找出一种科学有效且便于实施的影响范围确定方法。

### 3.1.3.3.3　交通需求分析

交通需求分析包括目标年背景交通量预测和建设项目交通量预测。预测背景交通量主要有如下三种方法。

（1）累加法。即将影响范围内其他所有可能的项目产生的交通量与现状交通流相叠加得到目标年背景交通量。这适用于交通增长适中、预测年限小于10年、区域内开发建设比较确定的情况。

（2）增长率法。可以根据影响范围内近几年的交通量历史数据确定平均增长率，也可以使用地区交通规划模型预测的增长率。此方法主要适用于影响范围内基本为建成区、居民出行方式基本固定的情况。

（3）交通模型法。如果建设项目所在地区进已经建立交通规划模型，则可选择交通模型法预测目标年背景交通量。此方法适用于建设项目规模较大、预测年限超过10年的情况。

建设项目的目标年交通量预测主要有回归分析法和类别生成率法。回归分析法是根据历史趋势预测未来交通量，该方法的使用需要建设项目所在地区拥有不同用地的出行生成特性的数据库。类别生成率法是选取与项目规模和性质类似的土地利用的出行率，类比推算建设项目的出行量的方法。

交通需求预测的可靠度直接关系到交通影响评价结论的准确性。在实际交通需求预测时，通常由于没有统一的交通需求分析技术体系和方法，未能使用统一的城市交通模型，使得交通需求分析过程具有很大的随意性。在这种情况下，往往同一个建设项目的交通影响评价结果，不同编制单位的评价结果存在着较大出入。另外，由于不同编制单位所掌握的基础资料不同，不可避免地出现对交通模型中的一些参数凭经验确定的现象，导致评价结果与实际偏差较大。更有甚者，一些编制单位会受业主的影响而采用较低的交通出行率或片面的提高了路网的承载能力。这些情况都会直接影响交通影响评价的可靠性。所以，完善交通需求分析技术体系及标准，实现城市交通资料的统一是十分有必要的。

### 3.1.3.3.4 交通影响程度评价标准的制定

实际上，只要有新建项目就会改变交通出行量，从而对交通系统产生一定的影响。但是，影响程度的限值和该限值下的开发项目规模限值等都没有很好的确定方法，这些都是交通影响程度评价标准需要重点解决的问题。从国内各城市的经验来看，各个城市基本没有明确的、可操作的衡量标准，大多是主观经验的判断。而建设项目交通影响程度评价标准在交通影响评价中具有十分重要的作用，它直接关系到建设项目的审批、资金投入以及建设时间。所以，研究制定建设项目交通影响程度标准，也是一个迫切需要解决的问题。

### 3.1.3.4 交通影响分析阈值的确定

交通影响分析阈值是建设项目进行交通影响分析的界限值，即建设项目达到何种规模时才需要进行交通影响分析。确定交通影响分析阈值是TIA体系内的一个重要问题。对所有的建设项目进行TIA，不仅增加了建设项目的开发成本，也会增加规划人员的工作负担。所以必须确定好TIA的阈值，以方便城市建设项目TIA的实施和发展。前文提到过，现有的阈值研究大多基于交通预测进行的，交通预测的不确定性也给阈值确定带来了一定偏差。本节将基于实际路网的负荷能力提出交通量阈值的确定方法。

### 3.1.3.4.1 交通量阈值的确定

从前述章节可以知道，TIA阈值中的交通量阈值在具体实施TIA时是在规模阈值之后分析的，规模阈值应该由规范来确定，而交通量阈值则是具体分析得到的。因为交通量阈值涉及开发项目对周边路网服务水平的影响，可以通过对服务水平等级的控制来量化道路网所能承受的交通增加量，即交通量阈值。

对于阈值的确定，主流思想是将阈值分为规模阈值和交通量阈值，只有在满足了规模阈值后才进行交通量阈值的分析。国内大多数的研究者将交通量阈值归结到项目本身，即根据交叉口的交通增加量上限得到项目交通量，再通过生成率模型推出项目的规模阈值。这一思路无疑是站在对阈值研究的角度上的，期望通过对设定的交叉口服务水平的研究得到项目的开发强度，以达到一种标准。而具体实践中往往是先已知规模阈值，再确定是否满足交通量阈值。

在交通影响分析中，建设项目的交通影响阈值与其背景路网的交通状况密切相关。如果说规模阈值是判断项目是否需要进行初步影响分析的标准，那么交通量阈值则作为是否需要进一步进行影响分析的标准。从另一个角度分析，规模阈值代表着整个城市或地区的宏观阈值标准，而交通量阈值代表着某一区域路网的微观阈值标准。所以对交通量阈值的分析必须是建立在对项目周边路网实际情况的基础之上的。

本节将探讨利用服务水平来限定行程时间，然后根据行程时间与道路容量的关系得到道路容量限值，最后得到建设项目的交通量阈值。

（1）基于城市道路容量的道路服务水平研究。

某一路段的容量等于该路段的流量和行程时间的乘积，所以在确定路段容量之前先设法得到路段的流量。对于道路来说，道路中的流量基本可以看作连续交通流，其交通流量只需任选某个道路断面即可观测得到；而城市道路基本由路段和交叉口组成，由于交叉口的存在以及城市路段距离短等原因导致城市道路交通流不是连续交通流，而是走走停停的间断交通流。对于城市道路，要观测其交通流则必须综合考虑路段和交叉口的影响，于是可以采用等效交通流的方法获取城市交通流的特性。

等效交通流的思想是将路段上行驶和在交叉口停止的间断交通流等效为车辆在道路上连续行驶的连续交通流，并对等效交通流计算分析得出其特性。道路中等效交通流的速度是车辆在整个道路上的平均车速，按式3-1计算。

$$V_t = \frac{l}{t} = \frac{l}{t_r + t_s} \qquad (3-1)$$

式中，$V_t$为平均车速；$l$为道路长度；$t$为行程时间；$t_r$为车辆行驶时间；$t_s$为车辆停止时间。

根据连续交通流理论：

$$Q = kv \qquad (3-2)$$

通过平均车速$v$和所观测到的匹配流量可以计算得到等效连续交通流密度$k$，同时根据$k$、$v$线性关系，利用实测的数据可以回归得到：

$$k = av + b \qquad (3-3)$$

道路的容量计算采用下式：

$$R = kl \qquad (3-4)$$

将式3-1和3-2代入式3-4中可以得到$R$-$t$关系模型：

$$R = bl + al^2/t \qquad (3-5)$$

进而根据行程时间获得道路容量，其中$a$，$b$为系数，且$a$为负，$b$为正。

从式3-5可以看出随着行程时间的增加，道路容量也在增加。不难理解，当道路上的车辆越来越多时，车辆的行驶速度会越来越慢，行程时间就会增加，如果以行程时间来衡量道路交通服务水平时，那么此时的服务水平会随着行程时间的增加而降低。所以说，服务水平要求越高，道路容量就会越小。

（2）交通量阈值的确定方法。

建设项目的开发所诱发的新的交通需求会对周边路网产生一定的交通压力，为了保证周边路网的服务水平处在可接受的程度，就必须对路网的负荷进行分析。交叉口在道路网中起着枢纽的作用，其交通量大、交通延误大、交通安全性差等特点使得许多研究者将其作为新增交通量影响的主要对象。现有的阈值确定方法主要是对交叉口的服务水平进行划定，而评价服务水平的指标大多采用交叉口的延误时间。计算交叉口延误的方法主要是采用一些公式和模型，由于交叉口的交通环境复杂使得这些公式和模型所需的系数和指标需要大量的实践数据来标定，而且某个区域由经验得到的系数和指标并不一定适用于其他的区域。而对于一个建设项目的交通影响分析来说，去确定这些系数指标需要很大的工作量。

于是有的研究者力求简化交通量阈值确定方法。本节基于道路容量的限值提出交通量阈值的确定方法。

1）基于距离项目出入口的两个（也可能是多个）交叉口选取6条路段L1～L6，交通流选择目标年高峰时段离开建设项目的交通流（以下所有的交通流量都是指高峰时段的交通流量）。

2）对所选取的L1～L6这6条路段分别进行车流量观测。其具体观测方法为：对于L1路段，假设其流量来源有3个，分别进入交叉口A。则路段A的车辆行程时间为车辆刚进入交叉口A时和通过路段L1刚进入交叉口B这一过程的时间，通过观测样本，取其时间样本平均值作为路段行程时间。流量则只需观测进入交叉口B的交通流量。利用所得的数据并根据上一节所述的等效交通流的方法，得出路段容量$R$和行程时间$t$的关系。

3）假设项目开发新分配到各个路段的交通流量与各个路段的目标年平均交通增长量成正相关，即对于年平均交通增长量大的路段，项目新产生的交通量分配到该路段的可能性也越大。具体表达式如式3-6。

$$I_i = \frac{W_i}{\sum_i W_i} P = \frac{V_i \sigma_i}{\sum_i V_i \sigma_i} P \qquad (3-6)$$

式中，

$I_i$——$i$路段由于项目开发新增加的交通流量；

$W_i$——$i$路段目标年的年平均交通增长量;

$V_i$——$i$路段在目标年的背景交通流量;

$\sigma_i$——$i$路段目标年交通量增长率;

$P$——项目开发产生的交通流量。

4）以行程时间作为道路服务水平的指标。对所选择的路段进行目标年行程时间评估，限定各个路段的行程时间限值，根据容量和行程时间的关系式可以得到路段容量的最大限值。某一路段最大限值的容量与其目标年背景路段交通容量的差值即为此路段的剩余交通容量限值。根据这一思路得到如式3-7。

$$I_i t \leq R_i \tag{3-7}$$

式中，

$t$——可接受服务水平下的路段行程时间;

$R_i$——行程时间$t$下的路段剩余交通容量。

根据式3-7可以得到路段i新增加的最大交通流量，然后根据式3-6便可以计算出项目开发的交通量阈值。

以往的交通量阈值确定都是先利用四阶段法进行交通量预测，然后根据分配到路网的流量对路段和交叉口进行延误分析以确定服务水平。其所需要确定的道路特性参数较多，尤其是交叉口延误分析较为复杂。本节所提出的利用等效交通流的方法直接得到道路流量特征，无须另外确定道路特性参数，且基于实际调查的数据得出的结论，可靠性有很大程度的提高。

### 3.1.3.4.2 规模阈值的确定

交通量阈值是在项目规模确定了以后对道路影响阈值的研究，是一种较为具体的阈值形式。但对于规范的制定来说，这种阈值形式较为复杂，需要一种简单直观的阈值形式，这就是项目规模阈值。规模阈值和交通量阈值的本质是一样的。规模阈值是指各种类型的建设项目进行交通影响分析所要求的最小规模，在已知建设项目交通量阈值的情况下，其规模阈值计算如式3-8。

$$规模阈值 = \frac{交通量阈值}{R_p} \tag{3-8}$$

式中，$R_p$为建设项目高峰小时出行产生率（pcu/（h·项目单位）），项目单位根据不同类型建设项目的基本规模参数（如建筑面积、住宅单元数等）确定。

由式3-8可见，城市道路状况和建设项目类型是决定项目规模阈值的关键因素。

同一类型的建设项目，其背景路网交通状况越差，交通量阈值则越小，规模阈值亦越小；背景路网交通状况相同的不同类型建设项目，$R_p$ 越大，则该类型项目规模阈值越小。建设项目的高峰小时出行产生率 $R_p$ 主要与项目类型有关，可以通过对现有的建筑进行出行调查获得。其调查的内容主要包含建筑规模、出行方式比例以及各出行方式出行总量，最后分析计算得出 $R_p$。国外的实践经验表明，建设项目 $R_p$ 在一定程度上还与其规模有关。因此，可以选取类型相同，规模不同的建筑进行出行调查，绘制出 $R_p$ 与建筑规模的关系曲线。

### 3.1.3.5 交通影响分析研究范围的确定

在交通影响分析流程当中，研究范围的确定是比较靠前的，也是后续交通量预测的必要前提。对于一个开发项目，其研究范围应该是开发项目所产生的交通量所能影响到的路段合围的区域。

如果这样的话，一个开发项目的研究范围应该很大，甚至包含了整个城市。越大的研究范围必定需要耗费越多的交通影响分析成本，把那些交通影响很小的区域也纳入研究范围之内无疑是不科学、也是不划算的，所以确定一个合理的交通影响分析研究范围就显得十分必要了。本节将着重介绍社会网络分析法（SNA），并试着将SNA法应用于研究范围的界定。

#### 3.1.3.5.1 社会网络与道路网络的类比

社会网络分析（SNA）是通过使用图论的概念来调查社会网络的一种方法，涉及网络的编码和制定以及测量它们的属性。一个网络是由一对集合（V，E）组成的，其中V是顶点的集合，E是连接一对顶点的线段（称为边）的集合，所以网络通常是由结点和线段所组成的。传统的数据评价方法和SNA方法的主要区别在于传统方法评估个人和属性，而SNA方法评估个体及其在整个网络中的关系。

社会网络分析法自形成以来已被作为工具运用在许多领域当中。其最初还是被用于社会科学利于当中，如用于研究个人和组织之间的多重关系以及社会科学和经济学中的知识传播规律。接着，有些研究者利用SNA方法全面分析全球企业间协作网络在化学制品、无线通信和高科技制造等领域生产专利数量之间的关系，并利用SNA开发了衡量企业创新水平和知识传播水平的模型。随着SNA在社会科学中越来越多的应用，SNA也逐渐被许多科学研究者所熟知，SNA概念已被用于研究化学和物理学中的分子、计算机语言学、数据组织、物理过程交互、流行病学、营销和时尚、网络、智能、协同过滤、操作行为以及其他领域。

社会网络分析法应用广泛，交通规划领域也不例外。前人研究发现，城市道路网与社会网络有着相似之处，下面给出社会网络分析中的主要概念以及对应在城市道路网中的类比。

（1）结点是社会网络中的个人或单位。在交通领域中，结点代表着所研究的元素，在本节中，结点代表着道路交叉口。

（2）边是两个结点之间的联系，由结点之间的关系组成。在交通领域中，连接两个交叉口的是路段，所以路段便是道路网中的边。

（3）联系强度。在社会网络中，联系强度即为边的值。在道路网络中，交叉口之间的交通流量可以等效于联系强度。

（4）方向是指连接的传递关系。在一个两节点网络中，一个结点传出信息，另一个结点接收信息，这一关系指明了两个结点之间的传递方向。

（5）无向网络是指网络中的结点对之间不论发起者和接收者，结点之间没有方向特征。如果研究不依赖交通方向的某种道路性能，则该网络的SNA模型是无向的。

（6）有向网络是指网络中的结点对之间有明确的发起者和接收者，方向明显。道路交通中的交通流方向就是其SNA模型中的方向。

（7）相邻结点是相对于某一结点而言的。某一结点的相邻结点便是与其共边的结点。

（8）结点度指的是某一结点的相邻结点数量。

（9）密度体现的是网络结点的连接情况。高密度表明网络中结点连接情况良好，很少有结构洞存在。如果两个结点之间缺少直接的联系，而必须通过第三个结点才能形成联系的话，那么网络中就存在了一个结构洞。

通过对比道路网络和社会网络可以发现二者之间十分相似。在分析道路网中的重要交叉口时，可以将社会网络分析作为理论基础。

### 3.1.3.5.2　社会网络分析法

社会网络分析法主要应用于分析网络中各结点之间的联系以及结点在网络中的地位，本节主要介绍SNA法在确定结点重要度方面的应用。判断结点重要度的指标主要包括结点强度、特征向量中心度和间距中心度。

（1）结点强度。

结点强度是结点度的加权情况。结点度计算的是某一结点的相邻结点数量，结点强度则是计算与其相邻的所有结点的联系强度之和。在交通网络中，结点之间的联系强度（即边的值）用交叉口之间的交通流量来表示。某一交叉口的结点强度则体现了该交叉口在道路网络中所承载的交通流量的大小，也体现了其在道路网中的重要程度。结点强度的计算公式如下：

$$P_v = \sum_{t \in M(v)} S_{vt}$$

式中，

$P_v$——结点$v$的结点强度；

$M(v)$——结点$v$的相邻结点集合；

$S_{vt}$——结点$v$与相邻结点$t$的联系强度（边值）。

（1）特征向量中心度。

在社会网络分析中，一个结点在网络中的重要性不仅与自己的重要程度有关，也与相邻的结点的重要程度有关。换句话说，某个结点的相邻结点在网络中的重要性越大，那么该结点的重要性也会随之变大。在道路网络中，如果某个交叉口相邻着交通路网中重要的交叉口，那么该交叉口在道路网络中可能比较重要。特征向量中心度的计算如下：

$$x_i = \frac{1}{\lambda} \sum_{j \in M(i)} x_j = \frac{1}{\lambda} \sum_{j=1}^{N} A_{ij} x_j$$

式中，

$x_i$、$x_j$——分别为$i$结点和$j$结点的特征向量中心度；

$M(i)$——$i$结点相邻结点的集合；

$N$——网络中的总结点数；

$A_{ij}$——$i$结点的邻接矩阵，当$j$结点是$i$结点的相邻结点时，值为1，否则为0；

$\lambda$——特征向量的特征值。

将上式表示为矩阵的形式如下：

$$X = \frac{1}{\lambda} AX$$

式中，$A$是网络的邻接矩阵，$X$是各个结点的中心度指数所构成的特征向量，特征向量的第$i$个分量代表$i$结点的中心度指数。

（2）间距中心度。

在社会网络分析中，反映中心度的另一概念是间距。它是指网络图中某一点与其他各点之间相间隔的程度，表示一个点在多大程度上是其他结点的"中介"。间距中心度测量的是一个结点在多大程度上能够控制其他结点，这类结点也具有沟通桥梁的作用。在道路网络中，假设联系强度越大，其间距越小，则可用流量的倒数来表示间距。间距中心度的计算如下：

$$B_k = \sum_{(i, j) \in V} \frac{P_k(i, j)}{P(i, j)} \Big/ \frac{(n-1)(n-2)}{2}$$

式中，

$B_k$——$k$结点的间距中心度；

$P(I, j)$——结点$i$与$j$之间的最短路径的数目；

$P_k(I, j)$——结点$i$与$j$之间包含$k$结点的最短路径数目；

$V$、$n$——分别代表网络中的结点集合和结点总数。

综上可以看出，SNA方法确定研究范围主要是将建设项目的背景路网作为研究对象，而没有主要考虑建设项目的区位、规模等因素。但在选择重要交叉口时，交通规划人员则可以将这些因素以及SNA方法得到的主要指标综合考虑，以决定哪些交叉口作为敏感交叉口，然后通过重要交叉口来界定研究范围。

### 3.1.3.5.3　小结

交通影响分析的研究范围某种程度上是针对道路交通而言的，所以一种确定研究范围的方法就是先确定建设项目背景路网中对交通量较为敏感的交叉口，然后人为地将这些敏感交叉口合理的连接起来，便形成了建设项目的研究范围。

建设项目的背景路网可以抽象为结点集合和边集合所组成的网络。先初步选取较大的范围，将背景路网抽象化，其中交叉口作为结点，连接交叉口的道路作为边，选择高峰小时流量作为交叉口之间的连接强度（权值），构成加权网络。然后根据SNA方法计算各个结点的强度（Strength）、特征向量中心度（Eigenvector Centrality）、间距中心度（Betweenness Centrality），并依据这三项指标对关键交叉口做出定性的判断。

## 3.2　交通量预测理论的研究

### 3.2.1　交通发生与吸引和交通分布预测分析

#### 3.2.1.1　交通发生与吸引预测分析

交通发生与吸引预测（又称出行生成预测），包括交通发生预测和交通吸引量预测。所谓发生交通量或吸引交通量指研究区域内由各交通小区发生和吸引的交通量。交通发生与吸引预测也能定义为城市各区域在某特定的时间段内的居民平均总出行次数。

##### 3.2.1.1.1　常用的出行生成模型

类别生成率模型、生成率模型和回归分析模型等是国内外经常使用的出行生成模型。

（1）类型分析模型。

类型分析法认为：在相同的类型家庭，认为他们的出行目的是相同的，所以他们家庭的出行数量也大致相同。出行率是指各种类型的家庭他们在单位时间内的行程的平均数目，同时假定到规划年各类家庭的出行率是始终不发生变化的。这时我们需要得到在远景未来规划年每一个分区范围内各种家庭的数量和出行率。计算公式如下：

$$P_i = \sum_s \alpha_x N_{si} = N_i \sum_s \alpha_s r_{si}$$

式中，

$P_i$——分区 $i$ 规划年每个单位时间出行产生量；

$\alpha_s$——全市规划年第 $s$ 类家庭的出行率；

$N_{si}$——第 $i$ 分区规划年第 $s$ 类家庭的数目；

$N_i$——第 $i$ 分区规划年各类家庭的总数目；

$r_{si}$——第 $i$ 分区规划年第 $s$ 类家庭的比例。

（2）生成率模型。

生成率模型的思想是：通过 O-D 调查，得出单位土地面积的交通生成和交通吸引量，假定交通生成和交通吸引量处于稳定，交通生成预测可通过预测年限各区域内的用地面积计算：

$$G_i = S_i \times a$$

式中，

　　$G_i$——各个交通小区未来交通生成量；

　　$S_i$——交通小区未来土地使用面积；

　　$a$——现状年单位土地面积交通产生、吸引交通量。

（3）回归分析模型。

该模型按照交通调查结果，串联起某些重要的影响因素和出行生成回归方程，进而利用方程预测交通生成。该模型通过的经济和社会变量为说明变量（包含人口数、员工数量、区域占地面积、学生数和各种车辆保有量等），把交通小区的出行生成量设置成被说明变量，继而找到它们（被说明变量与说明变量）两者之间线性关系，再对线性关系外推，进行交通生成的预测。

交通小区的发生、吸引交通量预测通常应用回归分析模型。该模型公式常采用下列几种形式：

1）$T_i = \alpha_0 + \sum_k \alpha_k x_{ik}$。

2）$T_i = \alpha_0 + \coprod_k \alpha_k x_{ik}$。

3）$T_i = \alpha_0 \exp \sum_k \alpha_k x_{ik}$。

式中，$x_{ik}$通常指的是交通区域内人口指标，如行业从业人口、固定常住人口等。

通过研究和实践得知，类型（1）式是预测（从精度、复杂和方便等分析）理想模型。可以看出，该分析的目的是为了找出对象区域的因变量和相关联说明变量两者之间的关系。这一关系的关系式中的回归系数$\alpha_0$，$\alpha_i$，…，$\alpha_i$常以最小二乘法获得。

该模型分析了交通生成和其主要影响因素之间关系，其影响因素只能是连续变量，并且定量指标，回归分析模型不能分析非定量指标的影响。

（4）其他模型。

其他预测方法还有：增长率法、时间序列法等。

增长率法是由现状年的各交通小区交通发生量和从目前现状年到远景设计的规划年的出行增长率的乘积获得。增长率法便于分析规划区外的区域的交通发生和吸引量，我们在规划区域交通生成预测的同时，还要预测规划区以外交通发生和吸引。通过增长率法的使用，交通发生和吸引量的增长率可以通过某些特征指标的增长率确定。

时间序列法通过时间序列分析交通增长，按照过去和现在的交通资料，使交通生成和时间的关系进行回归，通过回归方程分析交通量。时间序列法的使用，要收集历年交通发生或吸引的材料，并且预测交通量精度较低。

1）居民出行产生预测方法。

老城区和新建城区有着很多不相同的特色，老城区实际就是新城区发展若干年后的城区，在我国老城市相对较多，老城区和新建城区在交通生成和吸引预测分析中方法也不同。老城区经历了长时间的沉淀，市民的职业结构较稳定，不同城市之间的职业结构也大致相同。我们分析人们的出行次数、经济社会发展水平和工作时间制度，而不区别他们的职业岗位。

随着城市化的发展，我国新建城镇越来越多，新建城市中一切事物都是在不断变化和完善的，市民的岗位结构也是不断随城市的发展变化而调整的，交通生成预测在新城区要分析岗位结构对预测的影响。

2）居民出行吸引预测方法。

出行吸引包括按照住宅为目标的出行和不是按照住宅为目标的出行。类似于交通生成预测，出行吸引建模分为单位、学校，弹性和回程，其他的方法，如时间序列、回归法和吸引率法等，考虑精度低，一般不采用。单位、学校，回程出行吸引通常以各工种人数、学校师生人数和交通区域的人口作为回归模型的因变量。但是，交通区域的弹性吸引的因素具有极大的不确定性，在确定模型时很难实现，在实际操作中，为了便于分析，一般运用土地利用类别（商业交通、体育、卫生、旅游等）吸引率法。

在目前常用的情况下，吸引预测方法有两种：一是吸引的情况用土地面积替代；二是采用企业的劳动岗位吸引率来分析吸引情况，这个方法要收集和预测所在区域的企业劳动岗位数。相对来讲第一种方法较为容易，第二种方法相对烦琐，但二者都缺乏反应各交通小区的吸引特征，在使用过程中，会出现相同面积的土地和同样的劳动岗位区域，而这些区域的交通吸引量存在很大的差距。

土地规划、位置、建筑物的性质等决定着交通吸引量，这些因素又是复杂的关系，需要定性分析的因素比较多。吸引居民出行预测的程序和方法如下：

1）通过对居民出行进行调查统计，根据目前各区域的土地利用现状和交通区域对各出行的吸引进行回归分析，在回归分析的基础上建立土地利用和出行吸引的基本关系。

2）交通区域中的位置很大程度决定出行吸引，为了反应交通区域中的位置对出行吸引的影响，定义区位系数为反应交通区所处区域吸引的特征。区位系数主要通过把交通区域分为很多不同的小区，如把交通区域分为中心、东部组团、北部组团3个小区，然后比较各小区实际内在情况对交通出行和吸引的能力，根据相应能力的不同确定各小区的区位系数。

3）确定交通区特性系数。交通区内的用地规划和建筑物的类型都影响着交通出行吸引。所以，除了一般考虑的因素（如土地面积，位置等）影响交通出行吸引外，对交通吸引的影响，我们也应该考虑交通区域的特征的作用，因此，定义交通区特性系数为交通区域的特征。

4）交通区居民出行吸引预测。

利用土地总体规划、交通区域的交通位置和交通区特征，先分析交通区域特征系数、区位系数和远景的基本吸引权，然后计算各小区的交通吸引量公式如下：

$$A_i = \frac{y_i k_{i位} k_{i特}}{\sum_i y_i k_{i位} k_{i特}} \sum_i G_i$$

式中，

$A_i$——某种目的、交通区 $i$ 的出行吸引量；

$y_i$——某种目的、交通区 $i$ 的基本吸引权；

$k_{i位}$——某种目的、交通区的区位系数；

$k_{i特}$——某种目的、交通区的特性系数；

$\sum G_i$——某种目的的居民出行产生量。

### 3.2.1.1.2 出行生成模型的使用前提和不足

（1）说明变量的很小变化对模型影响都很大。在对居民出行回归做出分析时，获得的回归生成模型通常是截距较大，意味着该模型预测远景能力较低。并且使用该模型时要假定"各类家庭现在的出行率和未来规划出行率大致相同"。

（2）模型具有时间稳定性。类型分析模型分析交通出行生成是以家庭为指标，采用定量的分析方法，有较好的理论依据。但在出行生成点和生成量的定义时，只考虑由家庭为目标的人和货物的出行，没有考虑非家庭其他目标的人和货物的出行量，所以该模型分析不全面。

回归分析模型的缺点是影响因素过多的情况下，对模型的检验计算量比较大，同时考虑不同因素间的差异性较少。

### 3.2.1.2 交通量分布预测分析

交通分布的计算模型分两类：第一类用于短期交通分布的模型，该模型通常很简便，一般适用于不产生很大变化的交通网络情形下的短期交通出行分布预测；第二类通常用于产生很大变化的交通网络情形下的短期交通出行分布预测以及长期交通出行分布预测模型。两种模型均采用广义成本或烦琐的数学方法。以下主要介绍增长系数法和重力模型法两种预测方法。

#### 3.2.1.2.1 增长系数法

该法主要依靠交通区域间基年的实际交通分布状况，将远景预测年的交通生成量与吸引量按基年交通分配的比例分配至各路网，增长系数法主要运用宏观交通量分布，不受个别要素影响，适应性强，突出总趋势。如果基年交通分布有一点误差，未来交通分布会存在很大的差距。该方法有平均增长系数法、底特律法、佛莱特法等。

（1）平均增长系数法。此法是一种非常单纯的分析方法，计算简单，但是需多次迭代，所以使用还是较为普遍。

用公式表示为：$f = \dfrac{1}{2}\left( \dfrac{G_i}{G_i^{(0)}} + \dfrac{A_i}{A_i^{(0)}} \right)$

式中，

$G_i^{(0)}$、$A_j^{(0)}$——表示现状各小区发生、吸引交通量；

$G_i$、$A_j$——表示将来各小区发生、吸引交通量。

（2）底特律法。底特律法认为，从 $i$ 到 $j$ 的交通发生量，与区域 $i$ 的交通发生量的增长率成正比，同时还与该区域 $j$ 的出行吸引在全区的相对增长率成正比。

从 $i$ 到 $j$ 的交通量与小区 $i$ 的发生量的增长率及小区 $j$ 的交通吸引占全域的相对增长率成比例增加。

用公式表示为：$f = \dfrac{G_i}{G_i^{(0)}}\left[ \dfrac{A_j}{A_j^{(0)}} \Big/ \dfrac{\sum_j A_j}{\sum_j A_j^{(0)}} \right]$

式中，

$G_i^{(0)}$、$A_j^{(0)}$——表示现状各小区发生、吸引交通量；

$G_i$、$A_j$——表示将来各小区发生、吸引交通量。

（3）佛莱特法。佛莱特法为了获得增长率的修正依据，引入了一个和各交通区域有关的数量关系。佛莱特法的特点：两个交通区域之间的远景出行量，除了需要考虑两个区域的增长系数，还要综合考虑全影响区域内除两个交通区域以外的交通区域的增长系数；佛莱特法在分析时收敛速度快，准确度高，误差相对较低，得到广泛运用。

用公式表示为：$f = \dfrac{G_i}{G_i^{(0)}} \times \dfrac{A_j}{A_j^{(0)}} \times \dfrac{L_i + L_j}{2}$

其中，

$$L_i = G_i^{(0)} / \sum_j \left( t_{ij}^{(0)} \times \frac{A_j}{A_j^{(0)}} \right)$$

$$L_i = A_i^{(0)} / \sum_j \left( t_{ij}^{(0)} \times \frac{G_j}{G_j^{(0)}} \right)$$

式中，

$t_{ij}$——表示现状OD表中交通小区的交通量；

$G_i^{(0)}$、$A_j^{(0)}$——表示现状各小区发生、吸引交通量；

$G_i$、$A_j$——表示将来各小区发生、吸引交通量。

远景交通区域的交通分布交通量为：$T_{ij} = t_{ij} \times f$。

#### 3.2.1.2.2 重力模型

重力分布模型效法于牛顿的万有引力定律，假定交通区域间的交通量与各自交通区域的交通阻抗（距离、时间、费用）在广义上是反比的关系，和出行发生吸引量在广义上是正比的关系。该模型是交通分布中主要的模型，在运输网络有较大变化时的情形下预测未来交通出行分布。

由Casey首次提出重力分布模型，该模型运用之前，先标定其参数。

（1）简单模型。

1）模型。

基本的模型形式是：$t_{ij} = k \times \dfrac{G_i^{\alpha} A_j^{\beta}}{R_{ij}^{\gamma}}$

式中，

$t_{ij}$——从区间$i$到区间$j$分布交通量；

$k$，$\alpha$，$\beta$，$\gamma$——系数；

$R_{ij}$——交通区域i到交通区域j的交通阻抗。

2）参数标定。

线性回归方法确定，等式取自然对数：

$$\ln t_{ij} = \ln k + \alpha \ln G_i + \beta \ln A_j - \gamma \ln R_{ij}$$

此处$G_i$，$A_j$，$R_{ij}$，$t_{ij}$可从现状的分区调查数据中获取。待标定的参数有：$\ln k$、$\alpha$、

$\beta$、$-\gamma$，设：

$Y = \ln t_{ij}$，$X = (1,\ \ln G_i,\ \ln A_j,\ \ln R_{ij})$

$b_0 = \ln k$，$b_1 = \alpha$，$b_2 = \beta$，$b_3 = -\gamma$

则：$B = \begin{bmatrix} b_0 \\ b_1 \\ b_2 \\ b_3 \end{bmatrix} = (X^T X)^{-1}(X^T X)$

若取 $\alpha = \beta = 1$，则简化为：$t_{ij} = k \cdot \dfrac{G_i A_j}{R_{ij}^y}$

（2）单约束重力模型。

1）由于简单的重力模型无法保证：

$$\sum_j t_{ij} = G_i \sum_j t_{ij} = A_i$$

将简单重力模型带入上面第一个式子得：

$$k = \frac{1}{\sum\limits_j A_j / f(R_{ij})}$$

因此引入了单约束重力模型：

$$t_{ij} = \frac{G_i A_j f(R_{ij})}{\sum\limits_j A_j f(R_{ij})}$$

标定此模型时，不需要单独标定参数 $k$，只是要求标定 $f(R_{ij})$ 中的参数，标定 $f(R_{ij})$ 中的参数后，$k$ 可由 $k = \dfrac{1}{\sum\limits_j A_j / f(R_{ij})}$ 计算得出。

2）参数的标定。

令阻抗函数 $f(R_{ij}) = e^{-bRy}$，先给出参数 $b$ 一个假定初值，然后通过现状OD表与阻抗矩阵验证，若精度达不到要求，这时要进行分析，重新调整 $b$ 值，再进行验证，一直到精度符合要求为止。具体步骤如下：

步骤一：给 $b$ 一个初值，例如 $b = 1$。

步骤二：通过计算模型得出现状出行量的"理论值"，转化成现状理论分布表。

步骤三：先分别求出理论分布表与现状实际OD表的平均交通阻抗值，再求得它们的平均交通阻抗值相对误差。

步骤四：若误差<0，则理论分布量<实际分布量，是因为参数 $b$ 取大了的原因，这时减小 $b$ 值，取 $b=b/2$；若误差<0，则增大 $b$ 值，令 $b=2b$，返回步骤二。

算法结束。

3）补充说明。

对于单约束重力模型参数标定方法，还要做以下补充说明：① 上标定 $b$ 的方法完全适用于选取 $f(R_{ij})=R_{ij}^{-\gamma}$ 时关于 $\gamma$ 的标定。② 单约束重力模型是实际使用中，由于不能同时满足列与行的约束情形，所以一般不采用单约束重力模型。

（3）双约束重力模型。

1）模型。

双约束重力模型是指同时引进列约束与行约束系数的重力模型。

双约束重力模型：

$$t_{ij}=K_i \cdot K_j' \cdot G_i \cdot A_i \cdot f(R_{ij})$$

其中，

$$K_i=\left(\sum_j K_j' \cdot A_i \cdot f(R_{ij})\right)^{-1}, \quad (i=1, \cdots\cdots, n)$$

$$K_j'=\left(\sum_j K_j \cdot P_i \cdot f(R_{ij})\right)^{-1}, \quad (j=1, \cdots\cdots, n)$$

式中，$K_i$ 为行约束系数，$K_j'$ 为列约束系数。

2）参数标定。

以下是通过 $f(R_{ij})=R_{ij}^{-\gamma}$ 为例的参数标定算法。

步骤一：对参数 $\gamma$ 取某一初始值，通过设定已建立该模型的相似的区域的参数为初值，取 $\gamma=1$。

步骤二：通过迭代法计算约束系数 $K_i$ 和 $K_j'$。

① 先令各个列约束系数 $K_j=1$（$j=1, \cdots, n$）。② 把 $K_j'$（$j=1, \cdots, n$）带入上式，计算出各个行约束系数 $K_i$。③ 再计算得到的各个行约束系数 $K_i$（$i=1, \cdots, n$），带入上式，计算出各个列约束系数 $K_j$。④ 将先后两批约束系数进行对比，分析出相对误差是否<3%，如果是，执行步骤三；否则，返回至第二步。

步骤三：把计算得到的约束系数 $K_i$、$K_j'$ 带入上式，计算现状理论分布表。

步骤四：分别求得现状理论OD和实际OD分布表的平均阻抗。计算出它们相对误差是否<3%，如果是，接受假设的 $\gamma$ 值，否则执行步骤五。

步骤五：若相对误差<0，则表示理论分布<实际分布，由于参数 $\gamma$ 太大的原因，这时应该减小 $\gamma$ 值，取 $\gamma = \gamma/2$；若相对误差>0，则增加 $\gamma$ 值，取 $\gamma = 2\gamma$。返回第二步。算法结束。

## 3.2.2 交通方式划分和交通分配模型预测分析

### 3.2.2.1 交通方式预测分析

交通预测是为城市道路的规划设计提供依据，而交通发生和交通分布预测是以人或货物作为研究对象，城市道路直接的服务对象不是人或者货物，而是各种交通工具，所以我们要对交通发生量进行交通方式划分预测。

#### 3.2.2.1.1 影响居民出行方式的因素分析

每个人的出行都有着自己不同的出行方式，影响出行方式选择的因素是多样的。通过调查分析，在我们实际生活中，影响我们出行的因素主要有：

（1）交通政策。城市管理者经常对不同的交通工具采取不同的交通政策，对一些交通工具进行鼓励，同时限制其他一些交通工具，这就影响这交通方式。当对一种交通工具鼓励或对其他交通工具限制时，这种交通方式的比例会提高；相反，对一种交通工具限制或对其他交通工具鼓励时，这种交通方式的比例会降低。交通政策对不同的交通方式的影响是不同的，但对城市公共交通的影响较大，如轨道交通、公交和出租车。

（2）地理环境。自行车交通受地理环境影响较大。由于山区地形较陡，人的体力条件受限，所以在山区自行车的出行方式受到限制，同时在一些气候条件差的城市自行车出行同样有限；相反在地理条件好的地区，自行车出行受到很多人选择。

（3）居民收入和生活水平。交通工具的形式和拥有量由居民收入和生活水平的高低决定。例如当大数居民没有能力购买自行车时，自行车出行的比重受其拥有量的制约因而较小；随着居民生活水平的提高，当大数居民有能力购买自行车时，自行车出行比例自然会提高；而当大数居民有能力购买摩托车、小汽车时，自行车的比重自然会下降。

步行比重随着收入的增加而明显降低；随着社会经济生活水平的提高，选择小汽车的比例在今后一段时期会快速增长。

（4）公共交通服务水平。公交服务水平包括公交车辆的人均拥有率、线路网优化和线网密度、中转换乘方便程度、出行时间、出行费用、司机人员态度等。公交出行比例取决于公交的服务水平，服务水平越高，就有更多的人选择公交出行。

（5）出行时耗和出行距离。出行时耗和出行距离是决定出行方式的主要因素，若以出行时距（出行所需时间）代表出行距离，则出行时间在10 min以下（5～10 min）绝大多数为步行，如果需要步行的时间较长，选择步行的人会减少；自行车出行时间在10～20 min的比重最大；出行时间大于20 min以后，公交方式逐渐显示出优势，比重逐渐增大；随着出行时间增长，人们选择其他个体交通工具概率会提高。

各种出行方式的经济出行时耗（合适出行距离）：步行0～5 min（0～1.5 km），自行车5～20 min（0.5～4 km），公交大于15 min（>2 km）。

（6）居民年龄。年轻人和老年人在交通方式的选择各有自己的特点。70岁以上老人由于经济交通条件的限制多就近活动，15岁以下儿童多就近上学，其主要出行方式为步行，但随着公共交通舒适方便度的提高，地面公共交通将成为老年人和儿童的主要交通工具；26～30岁的出行者活力最旺盛，以自行车和公交为主；30岁以上，尤其是41～50岁的出行者是在社会上有一定地位或事业上有成就的人，使用小客车的比重高于其他年龄段的出行者。

（7）居民职业。不同的职业，对出行方式的选择具有其本身的特点。离退休人员的步行出行比例最高；学生主要以步行和自行车为主；公务员和个体劳动者，使用个体交通工具出行比例很高。

（8）出行目的。居民采用何种出行方式，同出行目的有很大的关系。分析国内其他城市的情况发现，由于上班出行选择上班地点的余地很小，所以以公交为主，步行比例较小；对于以购物和上学为出行目的的活动，大多于居住地较近，人们通常选择自行车或者步行；业务出行使用小汽车、摩托车、出租车等个体交通工具的比重较大，而通过步行的比例很少。随着经济活动的活跃和单位购置客车数量的增加，业务出行占整个出行的比例以及业务出行中使用小客车的比重都将大大增加，这也是我国小客车发展的先导。

（9）居民所在地区。不同地区由于其社会经济和土地使用情况不同，公交网发达程度不同，居民出行习惯不同，他们的出行方式就有很大的差异。

### 3.2.2.1.2　交通方式划分模型

常用的交通方式预测模型有概率模型、转移曲线模型、回归模型等。其中，转移曲线模型使用较为简洁，直观，通过运用转移曲线诺模图进行预测，美国、加拿大、英国等很多国家都有成系统的转移曲线。

转移曲线是先通过调查获得较多的调查统计资料，对调查资料进行分析，在资料数据分析的基础上建立不同交通方式的分担率与影响分担率的因素之间的关系，然后绘制出关系曲线，这样就可通过查关系曲线得到不同交通方式的分担率。

转移曲线是交通方式预测中广泛使用的方法，该方法虽简单、直观，但是绘制关系曲线是烦琐的，前期要做大量的调查工作，还要对调查结果进行统计分析。

同时，关系曲线变化相对较小，反映的数据不得超过调查的现状反映的结果范围。

### 3.2.2.2　交通分配预测分析

交通分配：依据道路网络的路线交通阻抗，将不同的交通区域的分布交通量分解到具体路线上的工作，称为交通分配。通常以路线长度、行驶时间或广义运转费用等路网参数来表征道路网的路线交通阻抗。交通分配预测理论是交通预测理论研究中最深入、取得研究成果最多的部分。

#### 3.2.2.2.1　概述

交通量分配已有的模型很多，一般分为均衡模型与非均衡模型两类。均衡分配模型，是通过沃尔卓普（Wardrop）两个重要原理创立的。

沃尔卓普第一原理：网络上的交通流是假定全部被使用的路线的行程费用和时间都相同且被使用的路线行程费用和时间是最节省的。沃尔卓普第一原理即用户最优均衡原理（User-Optimized-Equilibrium）。

沃尔卓普第二原理：在交通网络中，对不同的车辆进行的合理分配，使交通网络上全部车辆的总运行时间是最短的。沃尔卓普第二原理即系统最优均衡原理（System Optimized Equilibrium）。

交通网络上的交通需求与交通条件（供给）达成一种平衡称为交通网络均衡。

看似这样平衡状态是合理的，而要通过数学模型来表达求解却是非常困难的。有很多对交通问题研究感兴趣的学者都在这方面研究做出了努力，也取得了一定的研究成果。现在通常将常见的数学模型开发成应用软件，例如美国编制的TRANSCAD，英国编制的TRIPS，还有国内东南大学开发研制的TRANSTAR等。

这些软件中有着不同的模型，他们适合不同的分析情形。因此，交通量预测中，交通规划人员应针对不同的交通分配模型选用不同的模型参数。

非均衡分配模型，通常是指运用在非优化的启发式解法或其他近似解法的分配模型的模型。交通分配在实践中通常采用非均衡分配模型，该模型分析方法有容量限制交通分配法、多路径概率交通分配法和全有全无交通分配法等。

#### 3.2.2.2.2　非均衡分配模型

非平衡分配的方法不满足沃尔卓普原理，求解的方法简单，一般采用迭代计算求解。通过逐次的搜索OD对之间的最短路径，循环分配OD对之间的交通量，进行交通分配模拟，直到收敛，得到最终结果。

（1）最短路径的求解方法。

最短路径算法是交通分配各种方法中最基本的方法，交通分配过程中要反复运行最短路径算法。该法的设计是相关领域专家学者广泛研究的课题。其中主要包括两个内容：一个是确定两点间的最小阻抗，另一个是确定两点间阻抗的最短路径，其中前者是解决后者的基础。很多研究是把这两个问题分开考虑，设计的思路是只计算出最小阻抗或最短路径。这里采用弗洛伊德–沃肖尔方法，计算方法如下：

步骤一：初始化，令C=阻抗矩阵；对所有的节点 $i$ 和 $j$，令：$V_{ij} = i$。

步骤二：对所有的交叉点 $k$ 作：

对全部节点（包括交叉点和OD点）$i$（$i \neq k$），作对全部的节点 $j$（$j \neq i$，$k$），如 $C_{ik} + C_{kj} < C_{ij}$，则 $C_{ij} = C_{ik} + C_{kj}$，$V_{ij} = V_{kj}$。

算法结束。

从上述算法中可以看出，弗洛伊德–沃肖尔算法比较简单。如果该网络中有 $m$ 个交叉点数为 $n$ 的总节点，可知该算法中总的判断和赋值运算次数为 $m \times n^2$ 次。通过电脑的辅助，显然是很简单。

（2）全有全无分配法。

该法一般又称为最短路交通分配法或0–1分配法，是静态的交通分配方法的一种。使用全有全无分配法，令路权为常数，就是假定车辆的运行速度是在正常的交通量情况下的路段的设计速度。把交通网络中每个OD点对应的OD量完全分派到该网络中连接该OD点对的最短路径，其他路径上均不分配。把所有OD点对的OD量完全以上述分配方法全部分布到路网上以后，这样可以计算出所有路段、所有交叉口的交通量。全有全无分配法进行交通分配，通常忽略路段通行能力的影响，或者忽略在交通量过大的情况下，导致行车速度降低则有车辆可能选择其他路径的交通分配现象，所以，全有全无分配法又称为容量非限制分配法。

该法的优点是计算简便，思路明确。但是，全有全无分配法的分配结果也是不完全合理的，路网中交通量分配不均，和实际情况有很大的误差。特别是当路段和交叉口交通量比较大的情况下，把行驶时间当作常数分析显然是与实际不符的，因为此刻车辆的实际行驶速度达不到路段的设计速度。虽然全有全无分配法有很多的不足，但它是其他分配法的基础，全有全无分配法在交通网交通分配评价时意义较大。

全有全无分配法步骤：

1）确定路段行驶时间。对于现有道路，通过路段长度除以路段的设计速度来确定；对于规划道路，通过路段规划时长度除以该路段规划时的设计车速来确定。

2）确定所有OD之间的最短路径。

3）把两交通分区的OD量全部分配在路权小的路径上，其他路径为0，然后再把各OD对间的OD量全部分到交通网络上。

4）累计计算各路段（交叉口）的交通量。

该法也是以弗洛伊德–沃肖尔算法得出最短路径做基础，然后计算交通分配。

（3）容量限制分配法。

该法就是将区间的交通量分派到区间的最小路权的路径，它充分考虑到交通量对车辆行驶速度的影响，但路段出现交通量较大时，行驶速度会由于交通量的增大而降低，路权随着交通量的变大而变大。所以，通常将路权最小的路径先进行分配，当路径交通量增大到一定范围时，这时路段的路权不再是最小，交通量也将被分派到一些路权最小的路段。

容量限制法的步骤：

1）先把路网分解成网络，从"零流量"路段的行程时间进行。

2）分别对所有起点分区计算，找到车辆通过该交通网络时间最短的路径。

3）按最短路交通分配法，在区域路网上添加起讫点的交通模式。

4）对分配到各线路上的交通量进行计算。

5）根据交通量和车辆行驶时间的关系，将分派给路径的交通量重新计算路段行驶时间，找出最短时间路径。

6）根据最短路交通分配，重新把原来起讫点的交通模式运行步骤5）得出的路网中新的最短时间通路。

7）再次返回步骤4），继续分派，分派到交通量和行驶时间稳定时停止。

（4）多路径概率分配法。

通过出行者选择路径的习惯分析，出行者期望选择的路径是最合理的，如时间最短，速度最快，最便捷，称为最短路因素；但在实际出行中，由于交通网络具有一定复杂性，同时交通状况也存在一定的随机性，导致出行者在选择出行线路时很难确定路线是否最短，造成选择存在不定因素，称为随机因素。出行者的全部行程中都存在最短路因素和随机因素，他们选择的出行路线的路权差由这两个因素的主次地位决定。因此，通常运用Logit型的路径选择计算模型研究分析出行者选择路线的概率。

$$P(r, s, k) = e^{\frac{-\theta t(k)}{\bar{t}}} / \sum_{i=1}^{m} e^{\frac{-\theta t(k)}{\bar{t}}}$$

式中，

$P(r, s, k)$——在第 $k$ 条出行路线上OD量 $T(r, s)$ 的分配率；

$t(k)$——线路 $k$ 的路权；

$\bar{t}$——一个出行路线的平均路权；

$\theta$——分配系数；

$m$——有效出行路线条数。

交通网络通常情况是很烦琐的，通常包含几十甚至上百的交通节点，任意一个OD点对之间存在着许多相互区别的出行路线，特别是出行距离较长时选择的路线的机会较多。所以，在模型分配的时候，首要任务是找到每一OD点在交通网络对（$r$, $s$）的有效路径及有效出行路径。该法分配法时，假定有效路径（$i$, $j$）中路径终点 $j$ 比路径起点i更接近出行终点 $s$ 的路段，表示通过在有效路径上向前行驶则离出行终点更近。有效出行路线中的各段路段一定是由有效路段构成的，所有OD点所对应的出行量，只允许在它对应的有效出行线路上分配。

出行者目标是从出行起点 $r$ 来带出行终点 $s$，在路段中会通过很多交通节点，经过任意一个交通节点时都要面临选择，在交通节点连接的有效路段中，找到合适路段作为他们出行下一个路段继续出行。所以，通常在某个交叉口，可选择的有效出行路线数目等于这个交叉口所连接的有效线路的数目。在一般交通网络中，交叉口所连接的有效线路的数量为 3～5 条，而交叉口所连接的有效线路的数量通常2，少数情况下为1或3（如果交叉口所连接的有效线路的数量为1时，就没有选择的问题）。

在多路径概率分配法，$\theta$ 是无单位参数，$\theta$ 与交叉口提供选择的有效出行线路数目有关，通过对交叉口可选择的路径进行研究发现，当有两条可选择路径时，$\theta$ 取3.00～3.50；三条路径可选择路径时，$\theta$ 取3.00～3.75，$\theta$ 取值范围相对稳定。所以，在分配模型中 $\theta$ 通常取3.00～3.75。

多路径概率分配法很好地体现了路径选择中的两个因素，随机因素和最短路因素。事实上，如果对于出行者不同的路线路权一样，这种模型被称为随机分布模型，每一路线有着相同的概率被选择。如果其中一条路径的路权明显小于别的路径，称为最短路分配模型。

### 3.2.2.2.3　均衡分配模型

均衡分配模型：满足沃尔卓普第一、第二原理的交通量分配模型，称为均衡分配模型。通过使用两种最优均衡原理的理论分配网络，采用这种原理的还有动态交通模型和综合均衡模型等。当前国内外的研究现状中，均衡交通分配理论是发展最为迅速的。均衡分配模型和非平衡交通分配模型相比较，具有思路清晰、结果合理、结构严谨、适用于宏观研究等优点，但该模型的解是非常困难的，限制了其应用范围。

模型的建立：沃尔卓普均衡准则提出后，较长时期都没有合适的算法可计算符合这种均衡分配模型。Beckh mann后来提出了一个数学规划模型，以满足沃尔卓普准则。这一模型为分析交通分配奠定了理论基础。

Beckh mann均衡交通分配模型满足的基本约束条件为：通过取目标函数最小值的方法，求均衡分配的解。均衡分配模型如下：

$$\min Z\left(X\right)=\sum_a \int_0^{x_a} t_a\left(\omega\right)\mathrm{d}\omega$$

假定：

$$\sum_{k\in\varphi_{rs}} f_k^{rs}=q_{rs}\forall r,\,s$$

$$f_k^{rs}\geqslant 0\,\forall k,\,r,\,s$$

$$X_a=\sum_r\sum_s\sum_k f_k^{rs}\delta_{a,k}^{rs}\,\forall\alpha\in L$$

式中，

$X_a$——a路段上的交通流量；

$At$——a路段上的行走时间；

$At\left(\,\cdot\,\right)$——a路段的行走时间函数，因而$t_a=t_a\left(X_a\right)$；

$f_k^{rs}$——路径（r，s）的OD间的第k条路径上的交通量；

$c_k^{rs}$——路径（r，s）的OD间的第k条路径的行程时间；

$\delta_{a,k}^{rs}$——0–1变量，如果路段a在路径（r，s）OD间的第k条路径上，则$\delta_{a,k}^{rs}=1$，否则$\delta_{a,k}^{rs}=0$。

### 3.2.2.2.4 均衡分配模型的扩展

上面分析了各种均衡和非均衡交通分配模型算法和特点，由于出行者对路网交通情况的认识不足，他们对路径阻抗的预计可认为是分布在出行者群体样本上的随机变量。在这里，我们介绍一个近期广泛运用的交通分配模型—SUE（随机均衡分配模型）。

（1）随机用户均衡模型。

SUE：假定全部出行者在交通网络中都觉得自己所选择的路径是"阻抗"最小的

路径，没有出行者觉得他们可以依靠自己更换路径，能够降低其阻抗。这里的"阻抗"表示出行者的个人认知的阻抗，它是一个随机变量；出行者认知的最小阻抗路径不等于实际最小阻抗路径；某对OD点对（$r$，$s$）之间全部已选择的路径，通常也并确定存在相等的实际阻抗。选用任意路径k的概率，等于它的感知阻抗在（$r$，$s$）间的所有不同路径的感知阻抗中的最小的概率。此概率设为 $P_k^{rs}$，则k路径流量为：

$$f_k^{rs} = q_{rs} \cdot P_k^{rs} = q_{rs} \cdot Pr\left(C_k^{rs} \leqslant C_l^{rs}, \forall l\right)$$

称上式为SUE条件。

（2）数学模型。

对应于SUE的数学规划模型

$$\min： Z(x) = -\sum_{r,s} q_{rs} S\left[C^{rs}(X)\right] + \sum_a x_a t_a(x_a) - \sum_a \int_0^{x_a} t_a(w)\,\mathrm{d}w$$

式中，$S\left[C^{rs}(X)\right] = E\left[\min\{C_k^{rs}\}/C^{rs}(X)\right]$ 为以不同路径实际阻抗为前提的感知阻抗的数学期望，称期望感知阻抗；$C_k^{rs}$ 为（$r$，$s$）之间第 $k$ 条路径感知阻抗；$E$ 为数学期望符号。它是无约束极值问题，其解一定同时符合随机均衡分配模型条件、流量非负性以及流量守恒方程。

# 3.3  交通源分析

工程研究范围交通源主要为各地块出入交通及与片区东西向之间的联系交通。

经二路交通源主要考虑三部分：在相关规划指导下，东西片区及北侧土地开发等产生及吸引的到发交通和少量过境交通；道路南侧滨海带产生及吸引的观光交通。

## 3.3.1  过境交通分析 >>

区域属性分析：经二路向西串联河套旅游度假区，向东串联红岛片区，总服务面积约32 km$^2$，片区间存在少量过境交通量。

## 3.3.2  北侧地块吸引交通分析 >>

地块属性分析：经二路北侧地块从西向东主要为科技研发板块、CBD核心板块、健康服务中心、会议展览中心、市民健身中心、湿地公园等，总面积约10 km²。

### 3.3.3　南侧滨海观光交通分析 ▸▸

借鉴东海路现状观光交通量1 000 ~ 1 200 pcu/h，结合远期经二路沿线地块开发程度，经二路预测年限（2037年）内观光交通量取1 000 pcu/h。

# 3.4　交通量预测思路及方法

### 3.4.1　交通量预测方法 ▸▸

本次预测是以《青岛市城市总体规划》《青岛市北部新城总体规划概念方案》中对于城市的发展定位和交通发展趋势为依据，参照《青岛市城市综合交通规划》中居民出行调查等相关数据和其他交通出行特征，及《红岛经济区西片区综合交通规划》中对红岛西片区道路交通的规划预测结果，利用TransCAD软件，建立交通规划模型，预测区域主要道路相应年份的交通流量，并对改造工程方案进行评价分析。

#### 3.4.1.1　预测年限

经二路设计定位为城市主干路，根据《城市道路工程设计规范》（CJJ 37—2012），主干路预测年限为20年。根据区域开发和建设计划，项目竣工年定为2018年，预测基年为2018年，预测特征年定为2018年、2023年、2028年、2033年和2038年。

#### 3.4.1.2　预测方法

交通需求预测需结合社会经济发展预测、城市土地使用规划、数理统计方法、计算机软硬件手段等才能进行。

本次需求预测方法采用常规四步骤法，分交通生成、方式划分、交通分布和交通量分配。

（1）交通生成：交通生成是计算每个交通小区的交通生成量，它包括从每个小区有多少交通量出发和有多少交通量到达。

（2）出行方式划分：出行方式划分主要是指人们选用何种交通工具作为出行手段，包括小汽车、轨道、公交车、自行车、步行等。

（3）交通分布：这是指每一个交通小区与其他各个小区之间的交通联系量。交通分布多采用重力模型。重力模型采用的阻抗是综合成本，即各个小区交通联系量的多少取决于小区间的距离、时间和费用。

（4）交通分配：将上述得到的各个交通小区的交通分布量分配到相应的道路网络上成为交通分配。交通分配采用平衡分配法，即交通量分配的结果必须满足每个出行路径花费的成本和整个道路网络车流的出行成本均达到最低。

### 3.4.1.3　交通小区划分

交通小区是用地性质、居民构成、交通特点相似地区的结合体，是交通需求预测的基本单元。交通小区的划分遵循了以下原则：尽量不打破行政区划；分区内土地利用、经济与社会属性尽可能一致；尽可能以铁路、河流等天然屏障作为分界线；分区内的人口规模适当。

依据交通小区划分原则，以交通调查和用地规划为基础，建立交通预测模型。将规划范围划分成6个中区，46个交通小区。为便于现状与规划的对比以及交通预测分析，在划分交通小区时，将城市未来发展方向和用地规划考虑进去，使现状交通小区与规划交通小区保持一致。具体划分如下图所示。

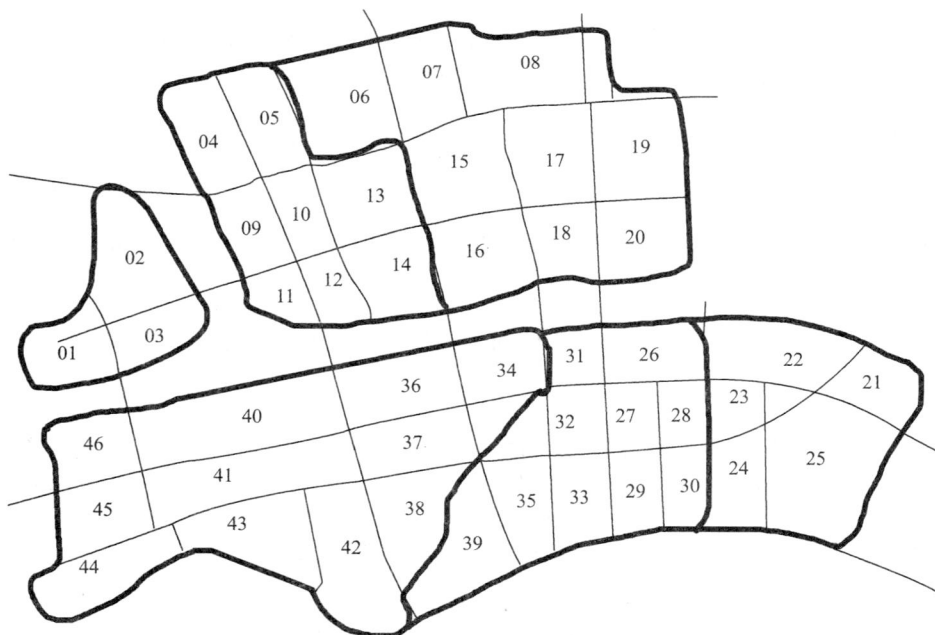

图3.4　交通小区及大区划分示意图

### 3.4.2 预测内容 >>

#### 3.4.2.1 交通需求生成

根据综合交通规划确定的区域人口及岗位，并结合相关出行特征系数，可以基本确定研究范围内的交通产生及吸引情况。

依据《红岛经济区西片区控制性详细规划》，西片区规划远期城市常住人口约36万，人口密度0.98万人/平方千米，人口密度较高；其中，交通小区20居住较为集中，人口密度最大，达到3.3万人/平方千米；交通小区3、11、19、21、13人口密度也较大，达到2万人/平方千米以上。

依据《红岛经济区西片区控制性详细规划》，西片区规划远期岗位约55万，岗位密度$1.5 \times 10^4/km^2$，职住比1.51；岗位密集区主要集中在景河路以东、丰和路以西区域，交通小区32、33岗位最为密集，达$10 \times 10^4/km^2$，交通小区27、35、18岗位密度次之，达到4万个/平方千米以上。

参照《青岛北岸城区（含红岛经济区）综合交通规划》相关预测成果，确定居民日出行率为2.5次/d，经二路沿线交通源居民出行生成量约16万人次/天。

经二路北侧地块吸引交通量采用定量分析的方法预测，定量分析在总体规划关于人口发展规模及分区产业和人口布局的基础上，通过用地性质和出行生成率进行计算，出行生成率参考《建设项目交通影响评价技术标准》和美国ITE的推荐值。由于项目周边地块仅明确用地性质，具体的建设计划和进程尚未明确。根据项目竣工年（2018年）和远期规划年限（2038年）进行预测，预计在2038年开发建设水平将达到规划目标的50%~60%。根据总体规划关于建筑高度的限制，可以对核心区的规划值进行控制，由此预测上述各类用地的出行产生量。

#### 3.4.2.2 交通方式结构

交通出行方式结构是影响交通系统整体结构和道路网络设施需求的关键因素之一。各种不同的交通模式具有不同的适应性和运行效率，各模式相互影响与制约，在交通系统中承担的客运比例不单纯受人为控制，具备自身内在的竞争和制约规律。城市尺度和结构形态、机动化发展趋势、公共交通发展政策，对未来交通方式结构具有决定性的判断。

结合项目影响区土地利用性质，参考《红岛经济区西片区综合交通规划》，对项目区域居民出行方式预测结果如下。

表3.1                                   居民出行方式结构预测结果

| 出行方式 | 公共汽车 | 小汽车 | 出租车 | 摩托车 | 非机动化 |
|---|---|---|---|---|---|
| 近期 | 30% | 30% | 5% | 4% | 31% |
| 远期 | 45% | 20% | 4% | 2% | 30% |

### 3.4.2.3  交通出行分布

交通出行分布预测是将各交通分区规划年的交通出行产生量转化成为各区之间的交通出行交换量的过程，本次预测采用双约束重力模型，考虑影响出行分布的区域社会经济增长因素和出行空间、时间阻碍因素，其具体形式为：

$$\begin{cases} T_{ij} = K_i K_j G_i A_j / f(t_{ij}) \\ K_i = \left[ \sum_j K_j A_j / f(t_{ij}) \right]^{-1} \\ K_j = \left[ \sum_i K_i G_i / f(t_{ij}) \right]^{-1} \end{cases}$$

$t_{ij}$——交通分区$i$、$j$之间的出行阻抗；

$f(t_{ij})$——交通分区$i$、$j$之间的阻抗函数；

$K_i$、$K_j$为平衡系数。

具体分布预测结果：

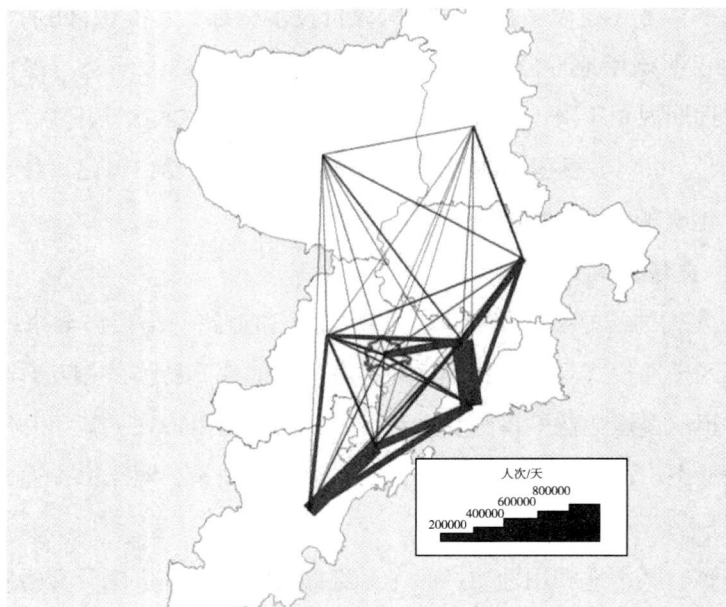

图3.5  西片区内部交通中区之间交通衔接强度分布示意图

### 3.4.2.3 交通出行分配

根据国内的实际应用情况，一般多采用非平衡模型。鉴于黄岛开发区的道路交通情况，本次分配预测采用容量限制—增量加载分配方法。该方法考虑了路权与交通负荷之间的关系，即考虑了交叉口、路段的通行能力限制，比较符合实际情况。

采用容量限制—增量加载分配模型分配交通量时，需先将OD表中的每一OD量分解成K部分，然后分K次用最短路分配模型分配OD量，并且每分配一次，路权修正一次。路权采用阻抗函数修正，直到把K个OD表全部分配到网络上。

## 3.5    交通量预测结果

根据以上条件，项目预测年限（2038年）内北侧地块生成机动车交通量和少量过境交通量预测值为1 855 pcu/h。借鉴青岛市东海路现状观光交通量1 000～1 200 pcu/h，结合远期经二路沿线地块开发程度，南侧滨海观光交通预测年限（2038年）内交通量取1 500 pcu/h。

按交通量预测结果，至2038年，经二路沿线交通预测流量见下表所示。

表3.2                        交通量预测结果（pcu/高峰小时）

| 交通量路段名 | 2018年 | 2023年 | 2028年 | 2033年 | 2038年 |
|---|---|---|---|---|---|
| 前海路—安和路 | 486 | 637 | 821 | 1 058 | 1 456 |
| 安和路—丰和路 | 171 | 225 | 288 | 374 | 574 |
| 丰和路—青威高速延长线 | 378 | 497 | 639 | 826 | 1 154 |
| 青威高速延长线—红岛经二路 | 153 | 202 | 259 | 335 | 522 |
| 总计 | 1 188 | 1 561 | 2 007 | 2 594 | 3 707 |
| 服务水平 | A | A | B | C | C |

经二路设计车速为50 km/h，根据沿线相交道路情况，交叉口影响修正系数预测为0.59，考虑其余修正系数后，双向6车道通行能力为5 295 pcu/h。

根据目标年交通量预测结果和道路通行能力，道路在预测年（2038年）的高峰小时交通量为3 707 pcu/h，服务水平为C级，采用双向6车道能满足远期交通增长需求。

# 第4章

<<< **总体方案设计**

## 4.1 建设条件分析

### 4.1.1 地理位置 >>

经二路位于红岛经济区西片区南段滨海区域，西起前海路，东端衔接红岛片区经二路，全长约6.7 km，沿线与胶州湾保护线相交，部分位于胶州湾保护线以内，继续向东与红岛片区现状经二路顺接。

### 4.1.2 地形地貌 >>

红岛经济区西片区原为盐田及虾池，现状地块以回填为主，除了滨水的湿地保护区及东部、西部的生态走廊，片区内大部分区域适合城市发展。目前片区周边区域及海湾区域景观视野通达，一览无余。

地形：沿线场区地形整体较平缓，周边分布有水塘、养殖池，坝埂错落，地面标高基本在0.5~2 m之间，坝埂及已回填区段标高在2~4 m之间。

地貌：场区原地貌属滨海浅滩，后经人工回填改造。地势整体较为平坦。

经二路沿线不存在既有建筑物，无须拆迁。其场区地下水对砼具强腐蚀性；对钢筋砼中的钢筋在干湿交替的环境下具强腐蚀性，在长期浸水的条件下具弱腐蚀性；对钢结构具有中等腐蚀性，故需对构筑物进行保护。土壤为盐碱土，植被需采取排盐碱措施。

## 4.1.3　水系

经二路周边现状为虾池等养殖区，无水系分布。

根据红岛经济区总体规划和路网规划，红岛经济区西片区共布置33条排水沟。西片区管线水入海口和滨海水系16#、17#、18#、19#水系入海口均建设泄洪挡潮闸。本次与经二路相交的规划河道从西至东为：古岸线水系、河套16#水系、河套17#水系、河套18#水系，河套19#水系及中片区水系。

## 4.1.4　管网情况

红岛经济区西片区仅在火炬路已按照规划实施综合管廊和直埋雨污水管线，其余道路基本未实施管线。

经二路道路沿线基本无现状管线。前海路至龙海路段现状管线为前海二路污水泵站至出口加工区污水处理厂的出水压力管和重力流进厂管，位于经二路北侧地块内。

## 4.1.5　工程地质概况

### 4.1.5.1　岩土层特征

根据钻探揭露，场区第四系主要由全新统人工填土（$Q_4^{ml}$）、全新统海相沼泽化层（$Q_4^{mh}$）及全新统洪冲积层（$Q_4^{al+pl}$）组成，场区基岩主要为白垩系青山群安山岩（$K_1Q$）。

本书使用的地层编号采用青岛市建委推广的《青岛市区第四系层序划分》标准地层层序编号，共揭示了5个主层，2个亚层，地层描述以层及亚层为单位。现将各岩土层分布特征及其物理力学性质按标准层层序分述如下。

4.1.5.1.1　第四系全新统人工填土层（$Q_4^{ml}$）

根据填土填料成分、物理力学性质的不同，划分为2个亚层，分别描述如下：

第1层：粗颗粒填土。该层在场区零星分布，有6个钻孔揭露该层，层厚0.70～4.00 m，层底标高0.00～3.49 m，杂色，稍湿-饱和，松散-稍密；以回填砂土、碎石、砖块为主，混黏性土，该层为近五年内回填，自重固结尚未完成，均匀性差，工程性状不稳定。

第2层：黏性土素填土。该层在场区分布较广泛，有10个钻孔揭露该层，层厚0.60～3.90 m，层底标高-1.01～2.09 m，褐色-黄褐色，稍湿-饱和，以软塑-可塑状态的黏性土为主，夹砂土、碎石砖块少量，碎石砖块粒径1～5 cm。该层为近五年内回填，自重固结尚未完成，均匀性差，工程性状不稳定。

4.1.5.1.2　第四系全新统海相沼泽化层（$Q_4^{mh}$）

第3层：淤泥质粉质黏土。该层在场区分布广泛，层厚3.50～9.20 m，层底标高−8.50～1.41 m，灰色−灰黑色，流塑−软塑，切面较光滑，韧性较好，颗粒均匀，手感细腻，含有机质、贝壳碎屑。该层地基承载力特征值$f_{ak}$ = 40～60 kPa，压缩模量$E_{s1-2}$=1～3 MPa。

4.1.5.1.3　第四系上更新统洪冲积层（$Q_3^{al+pl}$）

第4层：粉质黏土。该层广泛分布于场区沿线，黄色−黄褐色，可塑−硬塑，韧性较高，局部含姜石，粒径1～3 cm，夹有高岭土条带，见铁锰氧化物结核。该层地基承载力特征值$f_{ak}$=190～240 kPa，压缩模量$E_{s1-2}$ = 6～9 MPa。

4.1.5.1.4　基岩

本次勘察揭露深度范围内的基岩主要为白垩系青山群安山岩，总体上看埋深西浅东深。由于长期受内外地质引力的作用，场区内岩体物理力学性质在空间上发生了不同程度的变化，由上而下形成了物理力学性状各异的风化带。各风化带的分布及其物理力学性质分述如下：

第5层：安山岩强风化带。有6个钻孔揭露该层。其揭露厚度1.00～6.00 m，层顶标高−17.13～5.99 m，青褐色−紫褐色，斑状结构，块状构造。原岩矿物以斜长石、角闪石为主，含少量黑云母及辉石，矿物蚀变强烈，长石部分高岭土化。节理裂隙极发育，取芯不易，岩芯手搓呈砂土状−角砾状。该带岩体属极破碎的极软岩，岩体基本质量等级Ⅴ级。该带地基承载力特征值$f_{ak}$ = 400～500 kPa，变形模量$E_0$ = 25～30 MPa。

第6层：安山岩中等风化带。有6个钻孔揭露该层。其揭露厚度2.40～6.50 m，揭露层顶标高−23.13～4.59 m，紫褐色−青褐色，斑状结构，块状构造，以斜长石、角闪石为主要矿物成分，含少量黑云母及辉石，沿节理面见次生矿物，取芯多为块状，锤击声较清脆，易碎。地基承载力特征值$f_a$ = 2 000～2 800 kPa，弹性模量$E$ = 5～8×10³ MPa。该带为较破碎的较软岩，岩体基本质量等级Ⅳ级。

**4.1.5.2　地震效应及场地地基稳定性评价**

（1）区域稳定性。青岛市所处大地构造单元相对稳定，历史地震观测资料表明，自有记载以来，本市未发生过破坏性地震，以弱震、微震为主，且震中离散，无明显线性分布。

根据本地区有关区域地质资料分析，影响场区断裂均属非全新活动性断裂。本区不具备发生破坏性地震的构造条件，地震危险性主要受远场区"中–强"地震的影响，场区区域上属相对稳定地块。

根据《建筑抗震设计规范》（GB50011—2010）（2016年版），场区抗震设防烈度为7度，设计基本地震加速度值为0.10 g，属设计地震分组第二组。

（2）场地稳定性及建筑适宜性评价。勘察期间，未见滑坡、崩塌、泥石流等不良地质作用，但广泛分布有厚度较大的软弱土，场地稳定性及建筑适宜性一般，属对建筑抗震不利地段。

## 4.2 设计影响因素分析

### 4.2.1 周边用地控制

经二路周边用地主要由居住用地、商业用地、文化及教育用地、公用设施用地、运动场所用地、开放空间用地、道路与绿化缓冲用地等构成。

目前，此处已开发用地主要有市民健康中心、会展中心、市民健身中心等。市民健康中心位于经二路北侧，建筑面积约$31.8 \times 10^4$ $m^2$；青岛会展中心位于高新区火炬路以南、青威延长线以东、经二路以北区域，总占地面积约34 ha；青岛市民健身中心项目位于高新区岙东路以西、双积路南侧，紧邻规划地铁8号线，规划面积1 950亩。

### 4.2.2 现状道路建设情况

经二路位于青岛高新区西部创智岛群，是一条东西向城市主干路，西接前海路，东至环岛西路，全长6.7 km，继续向东与红岛片区现状经二路顺接。其道路西端起点规划线位北侧为现状前海路，为一条村庄道路，道路宽度约13 m；道路东端终点环岛西路—经二路交叉口已建成。除东西两端外，沿线无现状道路，线路途径区域大部分为养殖池，坝梗错落，有少量闸门等构筑物，无现状管线。道路距现状海岸线距离约为200～1 700 m。

### 4.2.3　防洪及防风暴潮要求

#### 4.2.3.1　防洪要求

根据"青岛市红岛经济区综合交通走廊防洪排涝专题研究"：

防洪标准：大沽河、桃源河防洪标准为50年一遇。

排涝标准：区域内排涝标准为10年一遇。

#### 4.2.3.2　防风暴潮要求

根据"红岛经济区西片区防风暴潮研究"：

风暴潮灾害，主要是指由台风、气旋等强烈天气系统引起的海面异常升高，同时伴随产生的大浪造成的灾害。导致风暴潮的天气系统越强，风暴增水越强，潮位越高，岸边海浪越大，高潮位状态下海浪爬坡越高。风暴潮对岸堤和岸边建筑物或设施的破坏力和破坏程度越大。

风暴潮危害形式及危害程度不仅取决于潮位的高低和岸边向岸浪的大小，很大程度上还决定于承灾体的性质、承灾体密度、海堤高度、海堤质量以及预防措施是否到位等。本书中仅对经二路高程安全进行分析。根据规划，经二路以胶州湾保护岸线为界可分为东、西两段，西段采用地面道路，东段为桥梁段，以下对两段分别进行分析。

4.2.3.2.1　地面段高程分析

（1）规范要求。按照《海堤工程设计规范》（GB/T 51015—2014），对于滨海城市有景观要求的堤路结合海堤，当按照允许部分越浪海堤设计时，经论证在保证越浪水量对海堤自身安全和道路交通安全无影响，及堤后越浪水量排泄畅通的前提下，堤顶标高可适当放宽，但不计防浪墙的堤顶面高程仍应高出设计高潮（水）位0.5 m以上。

（2）高程分析。根据规划保护控制线外路段（丰和路以西）其外侧拟设置护岸、防潮闸等防浪设施，丰和路至规划十八号线之间路段外侧海域规划有湿地公园，对波浪有较好的掩护，因此地面路段部分可不用考虑波浪对道路的影响。因此经二路西段（地面路段部分），在不考虑波浪影响下，路面高程、跨河沟桥梁上部结构下边缘顶高程应满足以下条件：

顶高程=百年一遇高潮位+100年平均海平面升高+富余量。

根据前文潮位分析结果，经二路工程西段（地面路段部分）百年一遇高潮位为3.85 m。根据2016年《中国海平面公报》，1980—2016年海平面平均上升速率为0.32 cm/a，富余量取0.5 m。

则，地面段顶高程=3.85+0.32+0.5=4.67 m。

#### 4.2.3.2.2　桥梁段高程分析

根据经二路相关规划情况，为保护胶州湾保护线内的生态湿地，经二路东段（桥梁部分）以桥梁方式跨越湿地，为营造良好的景观效果，在K5+223处（中片区排水沟）设置主桥一座，并在主桥桥下预留游船通航条件。

（1）规范要求。

根据《海港总体设计规范》，按照上部结构不受波浪力情况考虑，上部结构的下边缘高程$E_0$计算方法如下：

$$E_0 = \mathrm{DWL} + \eta + \Delta_F$$

式中，

$E_0$——上部结构的下边缘高程（m）；

DWL——设计水位（m），设计高水位2.23 m，极端高水位3.45 m，百年重现期高水位为3.58 m；

$\eta$——水面以上波峰面高度（m）；

$\Delta_F$——富裕高度（m），0～1.0 m。

水面以上波峰面高度$\eta$可按下式计算：

$$\eta = \frac{(1+\alpha)H}{2} + h_s$$

$$h_s = \frac{\left(\pi\left[(1+\alpha)H\right]^2\right)}{4L} \cdot \coth\left(\frac{2\pi d}{L}\right)$$

式中，

$\alpha$——波浪反射系数，透空式结构取0；

$H$——波高（m），50年一遇$H_{1\%}$波高1.9 m，百年一遇$H_{1\%}$波高2.1 m；

$h_s$——波浪中心超出静水面高度（m）；

$L$——波长（m），取30 m；

$d$——水深（m），取3.5 m。

（2）高程分析。

根据潮位分析结果，经二路工程东端（桥梁段部分）百年一遇高潮位为3.61 m。根据2016年中国海平面公报，1980—2016年海平面平均上升速率为0.32 cm/a。

经二路东段（桥梁部分），根据外侧湿地公园规划，存在有无波浪影响两种情况，分别计算如下：

1）在考虑外侧规划湿地公园且对桥梁有掩护、无波浪影响时，富裕高度取0.5 m。则跨海桥梁上部结构下边缘顶高程应满足以下：

百年一遇高潮位+富裕高度+100年平均海平面升高=3.61+0.5+0.32=4.43 m。

2）在外侧波浪可影响时，富裕高度取1.0 m。则跨海桥梁上部结构下边缘顶高程应满足以下：

百年一遇高潮位+水面以上波峰面高度+富裕高度+100年平均海平面升高=3.61+1.2+1.0+0.32=6.13 m。

## 4.3 总体设计思路及原则

### 4.3.1 设计指导思想

总体方案设计应遵循以下思路。

#### 4.3.1.1 总体方案以人为本，贯彻人性化设计原则

工程设计坚持"以人为本"理念，采取"公交优先"战略，大力提倡发展绿色交通、公共交通的出行方式。为保障行人过街安全、便捷及车行畅通、高效，需实现工程范围内无障碍设施系统、连续，道路通行范围的无障碍环境无盲区，同时充分利用道路断面设置公交港湾车站，实现道路通行能力最大化。

#### 4.3.1.2 总体方案以交通设计为指导，以道路畅通为目标，积极提高效率

在充分考虑传统道路工程设计的基础上，以交通设计为指导，详细分析了道路的交通使用功能。工程总体设计充分重视城市道路最基本的交通功能，以交通设计为基础，从道路立体空间构成、功能划分、道路横断面布置、道路功能设计等方面，通过量化分析各交通系统的供需，提出高效、便捷、合理、畅通的总体设计方案，达到功

能完整，疏解交通、均衡流量的目的。

### 4.3.1.3 道路设计坚持精细化设计，提升工程建设水平

工程设计过程中，全面推行"高品质设计带动高水平建设"的理念，坚持精细化设计，提升工程整体建设水平。

人行道、路缘石设计全面统筹考虑，附属设施精雕细琢。缘石充分凸显出精品意识，通过方案比选，最终采取局部流线型的设计，造型大方简洁，且又独特美观。

### 4.3.1.4 结构工程兼顾景观功能，有效降低投资的同时提升构筑物的生动性

桥梁的总体布置和结构选型应注意空间的比例并与所处景观相协调，以塑造空间结构的美感，创造清新、明快、轻巧、时代感强的建筑型式。

广泛吸取国内外先进经验和技术，优先选用便于施工、维修、养护的结构型式；同时，选用的结构形式必须在施工、使用过程中具有规定的强度、刚度、稳定性和耐久性。

### 4.3.1.5 管线工程充分考虑近远期结合，降低远期方案的实施难度

管线工程需做到近期与远期相结合，充分考虑两侧地块的发展需求，新设管线在满足近期使用的前提下，为远期发展预留一定的空间；做到整体与局部相结合，在完善主要道路管线的同时，做好与相交道路管线的衔接；做到充分利用现状管线，在校核现状容量及标高后进行利用，避免浪费。排水工程设计时沿线的雨水系统尽量采取分散排放的布置原则，污水系统尽量采用集中排放的布置原则、收集后经市政管网送往污水处理厂集中处理排放。

总体方案设计遵循以下原则：

（1）以区域的路网规划为指导，车行通道的功能定位为基础，确定总体方案。

（2）统筹考虑货运交通、公共交通、行人交通之间的相互关系，倡导人性化设计。

（3）坚持需要与可能相结合的原则，充分考虑工程实施的可能性、尽可能减少采取投资的措施，并在设计中注重环保与节能，以求最佳的投资效果。

### 4.3.2 总体设计原则 ≫

（1）以区域的路网规划为指导，道路的功能定位为基础，确定总体方案。

（2）在满足交通量和使用要求的前提下，遵循因地制宜、合理选材、方便施工、利于养护、节约投资的原则，对总体方案进行功能、技术等多角度比较，优选合理方案。

（3）坚持需要与可能相结合的原则，充分考虑工程实施的可能性、尽可能减少投资的措施，并在设计中注重环保与节能，以求最佳的投资效果。

# 4.4　工程对湿地保护区的影响研究

经二路东端穿越红岛经济区西片区生态湿地。生态湿地是自然界最富生物多样性的生态景观，是人类社会赖以生存和发展的环境之一，在调节气候、净化环境、防洪抗旱等方面起着不可替代的作用。

道路建设过程中的生态环境分析，可以分为调查生态环境的现状、评价生态环境、预测带来的生态环境的影响。当在建设道路需要经过自然保护区时，在评价带来的生态环境影响时需要着重关注以下几个问题：要知道保护区的性质和系统功能、依循对自然保护区生态环境保护的根本策略，即原始性、自然性和荒野性。在评价的时候，尤其需要注意以下两点：一是自然保护区生态系统的整体性，二是可持续性。根据生态学的相关理论和原理，对带来的影响需要科学、客观的评价，要特别注重对湿地、珍稀动植物和水源涵养区的保护。

## 4.4.1　湿地生态系统的功能 ▶▶

所谓湿地生态系统的功能，就是湿地生态系统中发生的各种物理、化学和生物学过程及其外在表征。湿地生态系统功能一般可以划分为三大类，即水文功能、生物地球化学功能和生态功能。不同的功能可以通过不同的指标表示出来。湿地水文功能是指湿地在蓄水、调节径流、均化洪水、减缓水流风浪的侵蚀、补给或排出地下水及沉淀物截留等方面的作用。生物地球化学功能是通过追踪化学元素迁移转化来研究生命与其周围环境关系的科学，其以研究地球表面化学过程为主。湿地的生态功能主要指湿地在建立生态系统可持续性和食物链维持力等方面发挥的作用。湿地一般都位于地表水和地下水的承泄区，是上游水源的汇聚地，具有分配和均化河川径流的作用，是流域水文循环的重要环节。水分输入与输出的动态平衡还为湿地创造了有别于陆地和水体生态系统的独特物理、化学条件。因而，湿地水文是湿地环境中最重要的因子。湿地位于陆地与水体之间，因而湿地对水量及其运动方式的改变特别敏感。如果自然和人类活动造成水分数量和质量的变化，这些变化就会反映在湿地生态系统的结构和功能上，进而引起径流的调节作用和维持生态系统生产力的作用发生退化，对区域环境产生不利影响。

### 4.4.2　国外研究进展 >>

湿地具有丰富的水资源、土地资源、生物多样性资源和矿产资源，因而自古以来人类就对湿地进行了各种形式的开发利用。19世纪末美国开始了湿地研究工作，主要研究了北部的淡水湿地和泥炭地，并且介绍了欧洲和苏联的沼泽与泥炭研究成就。对湿地的细致研究，主要始于20世纪60年代。20世纪80年代以来，是美国湿地研究的蓬勃发展时期，在继续推进湿地编目与制图的同时，高度重视湿地生态系统、结构与功能的研究，湿地保护研究尤为突出并促进了湿地政策与立法的研究。尤应指出的是，湿地管理的研究日益受到重视，例如密西西比河口的部分湿地已利用河水的涨落实现了人为控制，为储备能源和防止海域和湿地污染，美国墨西哥湾的大片油井已被封闭。加拿大的湿地研究则始于20世纪初，并成立了国家湿地工作组。1988年，加拿大出版了《加拿大湿地》一书，对其近年来的湿地研究进行了全面总结。

1971年2月，湿地及水禽保护国际会议在伊朗召开，会上通过了《国际重要湿地特别是水禽栖息地公约》，简称《湿地公约》，这是第一份、也是目前唯一针对一种特定生态系统的全球性公约，其职责是通过国家行动和国际合作对湿地进行保护和合理利用。截至2003年1月，《湿地公约》共有135个缔约方，1 235个湿地被列入国际重要湿地名录，总面积达$10\ 660 \times 10^4$ ha。

为保护湿地资源，国外在道路建设时会优先考虑以下三种处理方法：改线路避免对湿地产生影响、就地采取减缓措施减轻影响以及必要时在别的地方重建一个具有同样生态价值的湿地。但如果这三个方法都不可行，可以就地或在别处建立与原湿地具有不同生态价值的新湿地。

国外对道路环境影响的研究最早源于20世纪70年代，研究内容主要是道路对野生动植物带来的影响：Oxley等人最早研究道路是否会对小型的哺乳动物产生影响；Free等人研究道路是否会对昆虫造成影响；Laursen主要是研究道路是否会对鸟类的生存空间产生影响；Knutson研究道路是否会影响到动物的生活习性。20世纪80年代，荷兰等国大力推动了与道路建设相关的生态学的研究。20世纪90年代，出现大量有关道路对生态环境影响研究，Andrews，May，Reijnen等重点研究了交通网络廊道带来的影响，即干扰、分割、破坏区域自然生态系统，以及污染生态。

国外在保护区实践方面，有很多宝贵的经验可以借鉴。1970年，欧洲和美国开始为野生动物建立专门的桥梁与通道，帮助他们穿越道路。荷兰在生态道路建设方面，注重保护生物栖息场所，如，沿道路的相反侧，设置了供生物栖息的水塘。美国加利福尼亚州，有一个关于沼泽地恢复建设计划——德克特高速立交拓宽需占地1 800 m²，如果拓宽了，就会导致立交西南的1 700 m²的沼泽地消失。为了弥补这一巨大损失，计划恢复1 676 m²高质量湿地作为补偿，从而提高沿线沼泽地的整体资源利用价值。

### 4.4.3 国内研究进展 >>

中国湿地面积广大，仅次于加拿大、俄罗斯，居世界第三位，亚洲之首位，且类型多、分布广，从寒温带到热带，从沿海到内陆，从平原到高原山区均有分别。中国对湿地的研究起步较晚，20世纪60年代中国才开始对沼泽和泥炭资源进行考察和开发利用研究，主要研究了湿地分布、类型、成因、发育及资源存储量，分析了湿地水文、气候、植被、动物、土壤、化学特征等基本生态功能，探讨了湿地综合利用及建立人工湿地生态系统的途径，并且对湿地开发利用所造成的生态影响进行了初步评价。

20世纪70年代末开始，湿地基地建设得到进一步发展，东北师范大学建立了吉林省泥炭研究所，这是全国第一个专门性泥炭研究机构。20世纪80年代中期，"湿地"的概念开始在中国广泛流行。1992年7月中国正式加入《湿地公约》组织，1995年，我国制定了《中国湿地保护计划》《农业部湿地保护行动计划》，作为上述计划的重要组成部分，将湿地资源开发环境影响评价列为优先研究领域之一，明确提出近期目标是建立湿地开发环境影响评价方法学，提出湿地开发可持续发展影响评价的费用–效益分析方法。到目前为止，我国的湿地研究已经取得了举世瞩目的成就，我国在湿地方面的主要研究有滨海湿地研究、沼泽湿地研究、湖泊湿地、人工湿地研究等，如关于黄河三角洲土地资源开发对策研究、双台河口自然保护区植被方面的研究等。我国研究的主要成果有湿地资源的综合考察，湿地的生物多样性和珍稀动植物资源调查，人类活动对湿地环境的影响及湿地的保护与资源的持续利用研究，湿地生态系统的结构、功能与生物生产力的定位研究以及人工湿地的研究。随着道路建设范围的扩大，岳阳—常德道路、淮安—盐城道路、齐齐哈尔—大庆等许多道路都经过湿地，并对湿地产生诸多不利影响，如对湿地造成侵占、分隔，不同程度地破坏了原有水文水流，影响了湿地生物的生存环境等。但目前针对道路对湿地所造成的影响的研究尚处于起步阶段，对湿地受到的影响分析还不够系统化，目前还未见到这方面的专著。

20世纪80年代后期，我国开始了道路建设项目环境影响评价工作。交通部1987年颁布《交通建设项目环境保护管理办法（试行）》，这表明我国正式启动道路建设项目环境影响评价工作。同年，西安道路学院编写我国首本分析道路项目对环境产生的影响报告书《西安至临潼高速道路环境影响评价报告书》。之后，1996年交通部颁布了《道路建设项目环境影响评价规范（试行）》（JTJ005—96），2006年颁布了《道路建设项目环境影响评价规范》（JTGB03—2006），这些表明我国关于评价道路建设对环境影响的制度越来越完善。

道路生态保护的相关理论上面，蔡志洲首先提出了路界生态系统及工程的理论，并详细地说明了道路建设对生态环境造成的多种影响；根据生态学理论，师利明、罗德春提出要定量分析道路对环境的影响，其中生物的数量、植被生长量和物种的数量是三种主要的参数；董小林、毛文永等学者把道路对生态景观的影响进行了拓展，提出了一个综合评价道路景观的质量指标体系，利用这个体系可以综合评价道路造成的生态环境影响；2009年，毛文碧，段昌群等学者在前人理论的基础上深入研究了道路陆域生态学等国际前沿科学。

在保护区里面建设道路对生态环境产生的影响方面也有很多学者研究，如：赵琴、董博赦通过分析项目和项目所在区域的详细情况，提出小磨道路在选线的问题上，需要避让西双版纳国家级自然保护区，同时还提出了很多在自然保护区项目建设上特别要注意的事项；吴翠翠研究了济菏高速道路带来的影响，即是否会影响到稻屯洼湿地里面的生物多样性，在滞洪功能上面是否有造成不利影响等研究；曾治高等人主要是研究了洋太道路是否会影响到秦岭一带的大熊猫活动，以及大熊猫栖息地保护问题；韩娟等介绍了交通工程建设对零星湿地产生的破坏性影响，阐述了保护小型湿地的重要性，给出了工程建设对湿地影响的评价指标体系。

近年来，我国在生态道路建设上进行了一些实践。比如，有已经完工的宁杭高速道路江苏段，这是中国第一条生态高速道路，是按照可持续发展的理念建设的，还运用了国外的"珠链"设计理念，也就是原始植被结构不被改变，基本特征始终保持原有模样，在实施沿途绿化的时候，使用当地特有的百余种植物，从而有利于实现人与自然的和谐统一；2001年，新疆的著名的"巴音布鲁克天鹅湖"在规划的时候，周围建成了旅游生态道路；2003年的思小高速道路，设计原则是"勿挖宁填、勿挖宁隧、勿填宁桥"，从而在很大程度上降低了道路建设对生态环境产生的影响；2004年，交通部把云南的小磨高速道路、四川九寨沟到川主寺的高速道路、重庆雷崇高速道路等在内的一共6条高等级道路评价为全国的生态建设典型示范道路。

### 4.4.4 工程建设对湿地的影响分析 ≫

#### 4.4.4.1 道路对湿地的影响

道路建设是一项点多线长的带状开发行为，道路建设及过往车辆不可避免地会以各种方式对海洋湿地产生影响，其中对海洋湿地产生的最直接影响出现在桥梁和涵洞周围。道路与海洋相交处的结构如路基、桥涵隧道等都对河流和水生生态系统有很大的影响，这些影响可能是局部的，也可能通过改变上游—下游、河流—漫滩和河流—周边植被间的连通性而在较广的范围产生影响。填筑路基、修筑桥涵会对水流产生遏制作用，阻碍上游物质向下游流动，或引起物质沉降，而在涵洞水速过大的地方，使下游鱼类和其他水生动物很难向上游活动。

地表水与地下水之间的交换主要发生在有斜坡、水流发生变化的地方，如池塘与浅滩间的过渡带，这些地表水与地下水间的交换对河流系统有各种影响，包括引起水温变化，使水质较好的水进入河床等，这样的地区可被鱼类作为产卵地。但道路建设时为避免河水漫溢（河道横向向漫滩移动的自然趋势）冲刷道路，通常采用石头或混凝土砌筑河岸，这种河岸不但直接破坏了地表水和地下水间的交换，也会间接引起河流生态系统其他方面的改变。

此外，河道和漫滩之间的连通性也会被漫滩上的道路所切断，在发洪水时，高路堤路段经常会阻止水流流过，导致某些地方的漫滩上有机物和沉积物沉积，而其他地方河水中的物质却很少难以维持水生食物链，如果漫滩道路阻止水流进入河道分支，鱼类便不能在发洪水时把该分支河道作为避难所。此外，湖泊可能因沉淀物侵蚀形成污染带，河流也会因桥梁的建设而改道，所以道路和桥梁对河流的影响是不容忽视的。

道路建设在过湿地时常采用路基-桥涵结构，桥涵通常设置在地势低洼处，并在路基和涵洞结构的两侧都开挖沟渠，以利于排水，减少上坡面的积水。对北卡罗来纳州沿海平原的两个湿地进行的研究表明，可以从以下几个重要的、极易测得或评估的方面来有效评定道路横跨结构对湿地功能的影响：① 水位（也表明湿地面积的变化）和水深。② 树木密度、组成及死亡率。③ 草本植被厚度。④ 陆生/水生无脊椎动物。⑤沉积物和土壤中的磷、氮含量。在对北卡罗来纳州沿海平原湿地的研究中还发现上述的某些方面在道路横跨结构的上坡面和下坡面并不相同，有些则是随着离道路距离的变化而变化（较明显的是10 m到60 m范围内的变化），而在路基–桥涵横跨结构中增加桥涵的数目可以起到降低结构对湿地生态影响程度的作用，因此在湿地道路建设时要注重桥涵的设置。

道路网能够通过改变水文、水域的养分供给以及改变野生动物的活动方式，从而多方面影响湿地。湿地所起到的重要作用常常不是由单个湿地产生的，而是由很多湿地的累积作用共同产生的，换句话说，这些湿地以一种在功能上相互依赖的方式组成"湿地联合体"共同起作用，所以损失任何一个湿地都会使别的湿地甚至是所有湿地都受损失。例如，上游受损湿地的百分比与洪水百分比的增加正相关，湿地受损程度也与下游水体中污染物的降解及养分的输出相关。

而湿地作为生物栖息的重要区域，遭损毁或被分割均会对动物产生很大影响，因为很多动物本能地需要几个邻近的湿地来维持生存。

物种的多样性也与湿地2 km范围内植被覆盖率相关，道路建设影响湿地物种多样性，造成植被覆盖率降低，这种改变与损失对一部分湿地来说是一样的。后来的研究还发现，用三四十年前的道路密度评估当前湿地生物多样性水平要比用当前道路密度来评估描述得更准确。也就是说，道路对湿地生物多样性的影响可能要在三四十年后才能更多地表现出来。因此，道路建设对湿地产生的影响是多方面且较为长久的，当道路建设不可避免会对湿地产生影响时，须从生态角度出发，选取对湿地影响最小的通过形式和防护方式，并采取相应的影响减缓措施使影响降到最低。

### 4.4.4.2　道路的不同通过形式对湿地的影响

为消除和减轻道路建设对环境的负面影响，道路工程建设项目必须从设计阶段开始，重视环境保护工作。道路环境保护设计应以防为主，在工程设计开始即从主观上考虑环境保护问题，通过设计上的努力，达到避免引起环境破坏、污染进而保护环境和生态的目的，以防为主是主观活动，也是最经济有效的环境保护措施。

湿地周围的占地方式以及在各种地形的道路布设方式可能与湿地的实际大小一样重要，即使道路不靠近湿地，也会影响湿地生态环境。因而，在设计时要选择对湿地环境影响较小且切实可行的通过方式，在湿地恢复工程中，要针对产生的生态影响慎重选择防护措施。针对地形、地质及环境特点和道路建设对生态产生的影响，目前道路设计常用的通过形式主要是路基–涵洞、桥梁–涵洞和隧道三种。

### 4.4.4.2.1 路基–涵洞通过方式分析

路基由于其相对较低的造价，在以前的湿地道路建设中经常被采用，针对湿地过水情况，在路基形式中常结合涵洞。路基是道路的基本结构，是支撑路面结构的基础，与路面共同承受行车荷载的作用，同时承受气候变化和各种自然灾害的侵蚀和影响。涵洞是道路跨越水域、沟谷和其他障碍物时修建的单孔跨径小于5 m或多孔跨径之和小于8 m的构造物。现对路基–涵洞通过形式进行分析：

湿地路段的路基设计是在调查研究工作的基础上进行的，设计的最终目的是使路基在行车荷载作用和自然因素影响下具有足够的强度和稳定性。由于影响路基强度和稳定性以及引起路基沉降变形的主要原因是水，许多路基病害都是由水的侵蚀造成的，因此，在采用不同技术措施对湿地进行路基处理前，首先考虑排除影响路基的地表水和地下水，形成良好的排水系统，与地区排水规划相协调，并在施工中重视施工排水，防止因各种原因造成的水患给路基、路面施工造成不必要的损失。

排除地表水就是要截断水源，湿地的地表水主要是从高处流下，因此常在远离路线的地方加以引导疏通予以排除，最常采用的地面排水设施是边沟、截水沟、急流槽以及地表排水管等。对于高速道路和一级道路上的排水沟渠一般都要求铺砌防护，普遍采用浆砌片石加固，而水泥混凝土预制板块也开始广泛应用。

排除地下水常采取在路基两侧做深边沟的方法来降低路线处的地下水位。路基地下排水仍多用暗沟、盲沟、渗沟、渗井等，其特点是以渗透力式排水，当水流量较大，多采用带渗水管的渗沟。传统的沙砾料反滤层多改用有反滤功能的土工织物，近几年研制的带有钢圈、滤布和加强合成纤维组成的加劲软式透水管直径8～30 cm，也常用于地下排水网。在加固区设排水沟，构成比较完整的排水系统，也是软基处理的关键。

除对路基进行排水处理外，对道路路面也要设置排水系统，路面排水的任务是迅速排除路面范围内的降水，减少水从路面渗入，使之不冲刷路基边坡。雨水排出路面有二种方式：第一种是集中排水，在硬路肩外侧设置水泥混凝土预制块或现浇沥青混凝土的拦水带，以其与硬路肩路面构成三角形的集水槽流水，每隔20～50 m间距设一泄水口与路堤边坡急流槽衔接将雨水排到坡脚排水沟中；超高路段的排水通过设在中央带的圆形开口排水沟或雨水井进行排除；在西部降水量低的地区大多采用在中央分隔带设水槽排水。第二种是分散排水，多用于西北地区地势平坦、路线纵坡小于0.3%的长路段，除了硬化路肩和加固路基边坡外，在经过地下水位较高的绿洲地带，也要防止边坡上部的植草向上生长挡住横向排水出路造成路表积水，改进的方法是硬化路肩，设置路肩排水沟增大沟坡排水。

显而易见，道路建设路基路面的这些排水处理以及路基的填筑、护坡的处理都不可避免地会阻隔水文水流，改变湿地地表水和地下水的流动，从而影响湿地的生态环境。为减轻路基对湿地水文水流的影响，常采用路基底层换填碎石并与涵洞相结合的处理形式，但由于有的湿地水量随季节变化显著，在发洪水时路基的透水性不足以短时间内泄洪，因而道路路基会阻止水流通过淹没、破坏道路和造成湿地内泥沙、冲刷物淤积，并在涵洞处产生的较大水速，也使得涵洞处成为发生侵蚀和随后发生沉降的主要源，因此，若设计以路基形式过湿地一定要设计有足够的过水结构，使道路对水流不致产生过大的阻隔影响。

地表扰动和原生植被破坏也是路基工程对湿地产生的主要影响之一，这不仅会影响湿地原有生态，破坏湿地原有景观，还易诱发水土流失，造成湿地面积减少及污染湿地水体。路基的修筑改变了地层的天然平衡状态并暴露在空间不断受各种错综复杂的自然因素侵蚀，永久占地使被破坏的植被无法恢复，为防止路基坡面受地表水流冲刷、美化环境，还需要进行各种类型的防护。坡面防护常采用植物防护和工程防护相结合的方法，但植物防护路段养护期较长，且受当地后期养护条件限制，所栽种植被很难恢复到原有水平。工程防护路段防护效果显著，但不够美观，并会阻隔路基两边水文水流流通。除此之外，路基的永久性占地也使动物活动空间被分割，改变了湿地生物的活动领地，且过往车辆也对穿越道路的动物产生危险，并使湿地利用方式发生改变，影响了动物的觅食区。因此，为减少对湿地的占用、扰动，设计时湿地路段应尽量减少路基这种通过方式。

#### 4.4.4.2.2　桥梁-涵洞通过方式分析

随着对湿地生态保护意识的日益提高，目前常采用桥梁跨过湿地结构。桥梁是指道路跨越水域、沟谷和其他障碍物时修建的构造物。按照《公路工程技术标准》规定，单孔跨径小于5 m或多孔跨径之和小于8 m称为涵洞，大于这一规定值则称为桥梁。

由于道路建设点多线长，加之湿地资源分布广泛，因此道路建设时不可避免地会遇到河流、海洋。因为有水和沉积物，野生动物常常把海滨作为活动廊道，因此架桥时要从生态上考虑，尽可能减少对海滨的扰动，充分考虑桥址周边环境，尽量减少建设对环境的干扰，并注重桥与景的协调，最大限度地缩小施工场地。然而在很多情况下，由于对道路与河流如何相交的问题重视不够，而在桥涵与河流的交叉处对生态产生显著不利影响，例如改变河流流动主体、冲刷沉积物与增加沉降等。

此外，交叉处还会通过影响逐步沉降的方式对河流生态造成更敏感的影响。一般来说，交叉处下游的泥沙比上游的更细，一方面是由于路基材料沉积侵蚀引起泥沙沉积，更主要的是由于在下游水流流速减慢而引起累积沉降。桥梁和涵洞下游泥沙填埋了河底孔洞，使河底更光滑，从而改变了鱼类特别是大鱼的生活环境等。

道路与河流的交叉处最好在设计阶段尽早选定，并尽量避免道路与河流相交，使对施工场地造成的扰动和对水生生态系统产生的影响最小。当然，若道路不可避免地要与河流相交，一般情况下直接横跨要比斜跨对其造成的破坏要小，扰动区要少，但有的情况下若将斜跨河流的道路强行改为直接横跨，虽然影响到的河滨区域较少，有可能会对更多的区域产生扰动，因此一定要综合考虑。

道路通过湿地时为避免对陆生、水生野生生物栖息地或栖息水域产生影响，应对采用的工程方案与施工工艺进行必要的论证，在设计时根据动物的活动特性及其环境特征，设计生物通道。相对于路基形式，桥梁跨径大、占地小，对湿地扰动和植被破坏较轻，在过水时利于水流顺畅通过，对水流水文阻隔小，并能给水生动物提供活动通道。在湿地水流较少时桥底植被易于恢复，底部环境与周边环境较为一致，开放式的单跨或连续跨桥梁不仅符合动物通行廊道的尺度要求，还保证了视觉的开敞与贯通，使动物穿越其间胁迫感少，较适合大型动物通行，是最好的路下式生物通道之一，而涵洞底部环境更适合小型动物通行，所以道路建设若采用桥梁结合涵洞的形式过湿地将更有利于湿地生态。由于涵洞过小会限制水流，影响水生动物通行，因此也需要特别注意涵洞的设计。例如在对有洄游鱼类经过的湿地进行研究发现，涵洞处水流流速变化会影响鱼类洄游，鱼类通过涵洞的运动与水的流速是成反比例的，对鱼类阻碍作用的影响取决于一个涵洞能使多少水流通过，鱼类过最小涵洞的游速比通过桥梁或自然河流慢大约10倍。现在为使涵洞对水生生态系统的影响最小，已经使用了很多种涵洞设计，包括：① 对有鱼类洄游和产卵的河流，保持原来河底和坡面的拱形涵洞，比管道涵洞更好，因为宽底涵洞保持了原来河流的大部分特性，而且保证了干旱、低水位条件下水流的通过。② 大小合适的涵洞开口能确保上游水面保持在合适的高度，水流流速不至过快，不会妨碍鱼类通过。例如把涵洞按大小排列就是从生态上考虑，使正常水面不会比管道半径还高。在鱼类洄游期大量持续的水流流动对吸引鱼类并让鱼类通过是很重要的，如果通过涵洞的水流不能达到适合鱼类通过的流速，可能就需要使用能量消散装置，如挡板来消减水流流速。③ 在水流多变的地方可以使用多个涵洞。因为单个涵洞在水位较高时会产生过大的水速，但在水位低时却不能保证足够的水深，多个涵洞的底部可以建成不同的深度，以便在干旱条件下可以有水流通过。总的来说，多个小口涵洞的水流流速比单个大口涵洞慢，更适合洄游的鱼类。

桥梁和涵洞的另一个生态作用是，它不仅能给鱼类和其他水生生物提供栖息地，也能给特色植物和陆生动物提供生活环境，例如蝙蝠白天可以栖息于某些桥底。桥梁与涵洞相比，桥梁建设扰动区要比涵洞多一些，但建成一段时间后，桥梁对水流和水生动物活动产生的影响会更小。

但若将湿地路段的通过形式全部设计为桥梁则工程造价相对较高，因此桥梁也常与路基形式适当结合来降低造价。尽管桥梁比路基在施工时增加了部分投资，但对湿地产生的影响较小，环境效益较为显著。

道路桥涵构筑物要跨越河流、季节性水域、湖泊等水面时，桥位河段特征直接影响着跨河构筑物的布设与设计，跨河构筑物的建设又反过来引起河段特征的变化。不同的桥涵类型由于施工技术和过水特点，对水文水流所产生的影响也是不同的。

因此，在确定了桥涵方案时要从施工和生态需要来选择具体的桥梁和涵洞形式。

### 4.4.4.2.3　隧道通过形式分析

当交通路线需要跨越水域时，一般可以选择的方案有架桥、轮渡和隧道。当采用架桥方案时，需要考虑河道通航的净空要求，而桥梁受两端引线高程的限制，一时无法抬起必要的高度时，就难以克服净空限制这一矛盾。而轮渡方案限制了通行量，此时，采用水底隧道方案就可以解决净空限制和通行量小的矛盾。水底隧道方案的优点是不受气候影响，不影响通航，引道占地小，且战时不暴露交通设施目标等，越来越受到人们的青睐。但水底隧道方案的一个显著缺点是造价较高，且对地质条件有一定要求。

过去修建道路为节省工程造价，常常选择填筑路基、架设桥涵，而避开修建费用高昂的隧道，道路隧道为数并不多。但是，随着社会经济和生产的发展，高速道路的大量修建，环保意识的逐步提高，对道路的修建提出了较高的标准，道路经过动物栖息地时，首先考虑选线避开。如果道路经过的野生动物栖息地面积很大，必须穿过，就要在道路建设中把野生动物通道考虑进去，但为防止对地上动物栖息地的影响，以隧道方式从地下穿过最佳。

隧道位置的选择：隧道是埋置在地层内的结构物，受着地层岩体的包围。周围地层的地质条件对结构物应具备的构造形式和适宜的施工方法都有着决定性的影响。在选择隧道位置时，应力求选择在地质构造简单、岩性较好的稳固地层中，这样将对施工和运营有利，亦可节约投资。对岩性差的地层、断层破碎带、含水层等工程地质和水文地质极为复杂的严重不良地质地段，应避免穿越，以免增加设计、施工和运营困难，甚至影响隧道的性能和安全，发生意料不到的危害。选择隧道位置，最好不从富水区中通过，不得已时，也要尽可能地把隧道置于不透水层中穿过。道路以隧道形式通过对地表环境造成的扰动小，可以在最大程度上保留地表原状环境。但在湿地地区尤其是季节性湿地，地下水丰富，水量变化较大，隧道施工、养护较为困难，因此隧道形式在湿地地区不宜采用。

### 4.4.4.3 不同通过方式对湿地影响的比较

路基-涵洞、桥涵和隧道三种设计形式对生态的影响各不相同，其中以隧道形式通过对地表环境造成的扰动最小，但在湿地地区尤其是季节性湿地，地下水丰富，水量变化较大，隧道施工、养护较为困难，因此隧道形式在湿地地区不宜采用。路基对湿地扰动较大，对水文水流和动植物产生的影响较为明显，应尽量避免道路以路基形式过湿地。涵洞结构过水量不大，若只在湿地设涵洞作为过水结构，则发生洪水时无法及时泄洪，对湿地和道路通行影响都较大。桥梁扰动小、跨径大，对水文水流阻隔影响相对较小，也利于植被恢复和动物通行。道路以桥梁跨越的方式通过湿地，从环境保护角度看，是目前最为理想可行的工程措施，因此很多湿地路段道路都设计成桥梁形式，但是桥梁跨越的方式往往造价很高，通常由于跨越湿地的路段都在几千米甚至几十千米长度，这就给桥梁的大跨度设计、施工带来了巨大的麻烦。同时，桥梁施工产生的垃圾需要清运出湿地范围，这也需要耗费大量的人力、物力、财力。所以，目前道路过湿地完全以桥梁跨越的方式较少。若湿地路段较长，在可以满足过水的情况下，还要考虑工程造价和施工等原因，因此一般都采取其他措施如涵洞和有一定透水性的路基相结合，减轻道路对湿地产生的影响。在湿地路段的道路建设最终要以环境保护为宗旨，因此一定要做好湿地环境的实地考察，并根据不同通过形式对湿地所产生的影响进行方案比选，完善设计，从而做好绿化工程规划和设计工作。

## 4.5　景观设计理念及思路方法

经二路位于城市与大海之间，是城市与自然间重要的交互平台。本设计期望将整个城市与滨海大道相关联的城市节点、景观廊道、滨海滩涂、景观标识等进行统筹考虑。打破原有"道路绿化"式的思维局限，本次设计将滨海大道作为城市的有机组成部分进行考虑，强化其景观属性，使自然、城市、道路、景观有机地融为一体。

经二路在方案设计时主要借鉴了西方的视觉资源管理理论。

该理论在20世纪60年代中期到70年代初形成。当时在英美国家颁布的一系列法令中明确提出，强调保护景观视觉资源。比如美国国会通过的《野地法》（1964）、《国家环境政策法》（1969）、《海岸管理法》（1972）等；英国1968年通过的《乡村法》。这些法令的制定，标志着长期以来为人所享用但并不为人所珍惜的景观视觉资源，将与其他有经济价值的自然资源一样，具有法律地位。美国于1969年通过的《国家环境政策法》（简称 NEPA）清楚地表达了保护景观视觉环境的目标。这项法令是深化景观视觉环境研究的首要依据。根据这个法令，从联邦政府到州政府、行政区、城市和私人机构必须在他们的规划过程中认真地考虑审美因素。联邦道路管理的职能和主要目标之一是开发和保护自然资源中的审美主题，以期能在道路上提供给使用者一个赏心悦目的经历，并尽可能把构筑物对周围环境的视觉冲击减到最小。美国《景观道路指南》（*Scenic Highway Guidelines*）对于道路自然景观的考核也非常重视，包括沿线景色是否优美，是否有人工痕迹入侵，入侵程度高低和入侵比例多少等。

道路的视觉资源主要来源于两个方面：一是从路上看路侧；二是从路侧看路上。从路上看路侧是从驾驶员的视觉角度，在驾驶经过道路项目的过程中所能看到的视觉资源总合。通常景观设计角度所进行的研究就是针对从路上看路侧方面。从路侧看路上，不仅包括驾驶员从临近路段对道路主体本身的视觉资源管理，还包括道路附近的居民和游客对道路主题景观的视觉感受。通常绿色道路所进行的环保修复、边坡减少圬工绿化防护相关技术等，就是针对从路侧看路上方面。

滨海景观道路的视域景观设计核心就是对于道路视觉资源的管理。通过透景、借景、造景、遮景等手法，将视觉管理理论融入路线、路基、绿化等专业的设计中，获得最优的视域景观呈现。

### 4.5.1 滨海景观路设计理念 ≫

#### 4.5.1.1 总体布局理念

经二路的总体布局理念应从横向空间组织、纵向路段分类两个角度理解。

##### 4.5.1.1.1 横向空间组合布局

本工程从横向布局上需要综合车行系统、慢行系统、服务设施和视域景观带一并考虑。

车行系统：主要功能为自驾车、区域正常通过性交通提供载体，并适当考虑可能的非机动车混行情况。车行系统在设计上应选择与设计速度相匹配的线形指标和系统宽度，综合考虑通行能力、城市规划、环境敏感点等多个影响因素。受到地形及旅游资源分布的制约，以及对车行主线线形指标及通行效率的要求，单一的主线不足以满足对所有旅游资源的串联。车行系统更多以顺直主线加横向支线或连接线的鱼骨状体系出现。

慢行系统：主要为市政通勤、休闲性骑行、徒步、游憩等提供载体，包括满足步行需求的人行道和满足骑行需求的自行车道。在设计上需综合沿线功能需求和景观特点，灵活多变，采取不同的设计方案。结合主线路段自身情况，慢行系统可采用分离设置、仅设置在风景视野好的一侧、主线两侧并行设置等不同方式。慢行系统一般由人行道和自行车道组成，对于偏于郊野的路段，慢行系统可仅设置自行车道，供骑行为主，并接纳少量人行混行。慢行系统不仅本身可作为旅游活动的载体，同时作为车行系统的延展，可以将游客引导至车行系统无法到达的区域，更深入、亲近地感受沿线景观，是对旅游交通的一个重要补充。

视域景观带：包括车行系统和慢行系统中人视野所及的范围，是滨海景观道路的特色展示域，也是道路景观属性的集中体现。在设计过程中应充分考虑沿线视域效果，体现滨海景观道路的景观属性，能够使驾车行驶的过程也同时是赏景游憩的过程。

##### 4.5.1.1.2 纵向路段分类

纵向路段分类是指根据沿线路段特征，将纵向空间分为各类特色路段。一般路段都可以归类至滨海城市段、旅游观光段、景观过渡段这三个标准分类。本工程可归类为滨海城市段。以下对此三类标准路段特征和功能需求，分析设计侧重点，阐述与之对应的横向空间组织设计理念。

（1）滨海城市段。

海滨城市段穿越城市化和城镇化发达区域，以满足城市交通集散功能，兼顾游客慢行游憩需求为主，并在一定程度上反映沿线城市建设风貌。对于城市海滨段，在总体路线走向上以符合城市规划为主，路线的布置要利于沿线土地的开发利用。

车行系统在设计上要注重交通的流畅性，由于城市滨海路段路网密度较高，平交口密度大，设计时应考虑平交、横穿对主线通行能力的影响，设计上理论通行能力可以适度超前。

慢行系统宜采用集约的设计理念，与车行系统并行更利于土地的利用。在断面布置上宜采用边绿化带将慢行系统与车行系统隔离设置。滨海城市段机动车和非机动车的通行需求都相对较大，隔离设置有利于安全。

视域景观方面，绿化分隔带可选用较大的设计宽度，并对其中种植的植物有针对性地进行比选设计。在沿线合适的点可以规划一些景观小品，广场雕塑等。在配套系统的建设上，滨海城市段更多的是要将服务功能与城市规划融为一体，研究的侧重点在于城市规划的结合而非自身的配套建设。

（2）旅游观光段。

旅游观光段是串联沿线重要景点，以及路线沿线景观优美的路段。重视游客观光体验，服务于旅游是旅游观光段设计的侧重点。旅游观光段沿线往往具有较为成熟的景点，如庙宇、风景区、度假酒店等；或拥有较好的自然景观禀赋和开发潜力，如临海红树林、沙滩、林地、礁石、山岭等。

车行系统在设计上一方面要注意对景点的串联，方便游客达到景点，必要时配套以支线建设、辅助交通系统等；另一方面应借助沿线的自然景观禀赋，采用借景、透景、露景等设计手法，获得最佳的视域景观效果，力求达到"车行美景间，人在画中游"的设计目标。在设计上应注重行车视野内自然景观的展示，不应过分追求过高设计速度和线形指标，注重旅游体验和驾驶乐趣，尽量避免大开挖，保护沿线环境，保持沿线原有风貌。

慢行系统作为车行系统的补充，设置相对比较灵活，可以穿梭在沙滩、林间，亦可结合景区、公园规划一并设计。可以更贴近景点最佳视角，或深入车行系统不便进入的环境敏感点。

服务设施也是旅游观光段极为重要的部分，其规划设计水平、服务管理能力制约着路段的整体服务水平和旅游观光体验。

视域景观上以充分融入沿线自然景观为主。由于旅游观光段沿线自然景致就已非常优美，在视域景观方面结合路线设计，尽量提供一个开阔的视野，多角度展现自然景观。

断面及绿化设计以通透为主，尽量减少人为干预，最大限度保护和展现沿线自身的风景。

总体而言，旅游观光段是一个以车行道为树干、慢行系统及支线为树枝和根系、服务设施为树叶、景点为花朵和果实、风景资源禀赋为土壤的生态体系，是整个旅游道路最为核心的体现。

（3）景观过渡段。

景观过渡段是指沿线景观、旅游特色不突出，用以串联上述两类典型路段的部分。

对部分已建项目的利用路段就属于此类型：道路主体已基本建成，改建提升空间较小，同时现状视域景观条件一般，路侧旅游开发潜力也不大。

车行系统在设计上以通行功能为主，尽量使通行车辆快速通过。

慢行系统在设计上以与车行系统并行设置为主，节约用地。

服务设施的设计主要侧重以下三点：① 提供必要的临停功能为主。② 结合路段长度适当考虑加油、休息、补给等需求。③ 前方景区、目的地指引。

视域景观上以尽量统一和优化沿线建筑风格为主要思路。

综上所述，根据沿线路段典型特征，将纵向空间分为：滨海城市段、旅游观光段、景观过渡段三类，每个类型都有对应的横向布局思路。在具体路段设计时，首先根据沿线资源禀赋，判断所属类型，再应用上述类型的总体布局思路。

同时也应注意，由于沿线路段因素丰富，存在一个路段同时兼具多个类型特点，或同一路段在不同时期呈现出不同类型的主要特征。在总体布局上应结合各类因素综合考虑。

上述的滨海城市段、旅游观光段、景观过渡段的纵向路段分类给出的是三个较为鲜明的特征分段，在针对具体路段进行规划设计时，面对的因素和情况会更为复杂。在具体路段设计中可以结合具体路段特征情况，进行分段，并选用适合自身的主体局部和相应设计方案。

#### 4.5.1.2  车行系统设计理念

（1）三大属性统筹协调。

传统道路设计上主要考虑路线的通达性，项目自身造价、对周围经济带动等方面因素，在条件允许的情况下尽可能采用顺直的路线方案。经二路在总体定位上是"交通、经济、旅游"三大属性协调统一，除了道路通达性，驾车过程的景观效果、对沿线旅游经济的带动都同样重要。总体而言，车行系统设计应抛弃固有观念，不应过分追求高线形指标，而是结合路段特点统筹综合考虑，重点放在与自然环境的协调性上。

（2）有效串接。

深入分析沿线旅游资源，对岸线景观价值进行高、中、低分级。路线有效串接滨海已开发和规划开发的旅游区，尽量贴近景观价值高或中的岸线。

（3）最大环保。

遵循绿色道路建设理念，坚持"最大保护、最小破坏、全面恢复"的设计原则。沿线防风林、沙滩分布广泛，以对林地、沙滩最大保护为原则进行"近海不进海"的总体方案设计。城市路段结合海绵城市理念，采用生态环保的设计方案。

（4）与规划协调。

重视与沿线区域规划的协调，包括城镇规划、交通规划、土地规划、港口规划、旅游规划。深度理解规划意图，将本项目的设计与区域规划充分联动、融合起来。

（5）精心设计。

结合各路段禀赋特质，创新理念，有针对性地进行个性化精心设计，力求最大程度展现路段特色和文化背景，重点打造特色路段。

（6）充分利用已建段落。

路线设计应充分利用现有道路，尤其是跨海结构，进行利用或扩建升级，有效降低工程造价。

（7）重视景观。

重视道路景观设计，避免景观单调性。结合纵断面设计穿插低、高视点，并充分利用沿线景观，利用借景、透景、露景、造景等设计手法，绿化要摒弃将行车视线封闭在单调的"绿色长廊"中的做法，要秉持"美则透之、陋则蔽之"的设计原则，以露、透为主，遮蔽为辅，使沿线海洋、海滩、海湾、礁石、农田、果园等不同段落的自然风光自然而然地跃入眼中，并对城镇范围道路视域景观进行重点打造与提升。

（8）合理设置支线。

滨海景观道路是交通和旅游功能的有机融合，既要对重要旅游景点予以串联，又要满足交通便利的需求。对于一些离主线稍远的较好旅游景区和景点，要合理设置支线，在保证主线交通能力的情况下对景点进行连接。

#### 4.5.1.3 慢行系统设计理念

慢行系统是对满足步行需求的人行道和满足骑行需求的自行车道的统称。慢行系统在设计上相对于车行系统更加灵活丰富，呈现出因地制宜、灵活设计的特点。其设计理念主要体现在以下几个方面。

（1）宜合则合，宜分则分。

根据慢行系统和车行道之间的平面相对关系，可分为并行式和分离式。

并行式是指慢行系统依附于车行系统并行设置，两者同在一个道路断面内。并行式主要适用于对空间有集约化利用需求的路段，主要在城区、桥梁路段。

分离式是指慢行道与道路适度分离，进行相对独立的路线和断面设计。分离式主要适用于旅游条件较好但车行系统不宜进入的路段。

（2）宜宽则宽，宜窄则窄。

慢行系统断面设计要和其功能需求相适应。

对于兼有城区干道功能、距离集散点较近的慢行系统，通行需求上同时包含有人行和骑行功能，其断面组成应包括自行车道和人行道。慢行系统为获得较好景观，在展线至距离集散点较远的路段时，步行的需求相对较少，在断面设计上可以只考虑自行车道，少量步行可混行。对于骑行道已单侧分离，但沿主线同时有人行需求时，主线并行慢行道可以仅由人行道组成。对于横向空间限制的路段，也可仅采用人行道。

（3）宜用则用、宜改则改、宜建则建。

慢行系统在设计时具有充分的灵活性，对于现有慢行条件进行综合判定，选择相适应的处理方案。

慢行系统结合实际需求进行建设，不强行要求全线贯通。对于路段区域景观条件较差，休闲骑行价值不高，同时路侧城市率较低，人行需求不明显的路段，可不必进行慢行系统建设，但宜在硬路肩设计上适当考虑，少量骑行需求借用硬路肩混行。

（4）充分融入。

一方面，慢行系统在设计上自由度大，设计时应尽量融入周边自然环境，获得最佳的游览视角。另一方面，根据实际情况，可以将慢行系统和公园系统结合设置。

#### 4.5.1.4　视域景观设计理念

4.5.1.4.1　滨海旅游视域景观的理念

（1）传统的"绿色长廊"模式已不适应滨海旅游道路的要求。

传统的道路在两侧及中分带人工移栽大量植物，形成"绿色长廊"。驾驶员基本处在较为封闭的驾驶空间。人工植株将路侧本身优质的滨海走廊基础景观阻挡，视域景观较为单调，造价也较高。

（2）充分考虑海岸线这一滨海旅游道路特色元素。

海岸线景观对于提升项目视域景观的水平具有重要作用。在进行视域景观设计时，应充分考虑利用和展现海岸线这一特色元素。

（3）平原地区不宜过度追求行车观海，视域景观的构筑可从景观协调性和景观丰富性上做提升。

平原地区视野受限，行车观海效果一般，平原区滨海区域的土地开发价值高，过度追求行车观海，代价过大。同时，当道路主体和环境的协调性较好时，也可以获得比较好的车行视角景观。因此，对于基础地形以平原为主的路段，视域景观设计的重点应放在景观元素的协调性和丰富性。

（4）视域景观的设计方案要充分与路域基础条件相适应。

一方面，景观设计应更多侧重于已有景观资源的利用和展示，与基础条件相一致。

基础景观条件好的路段，予以提升展示；基础景观条件差的路段，应尽量快速过渡。应避免为做景观而做景观，人工造景代价过大，宜慎重采用。

另一方面，视域景观的设计方案宜充分结合沿线文化背景。可先对路段资源分析，确定路段设计主题，再结合主题对个案进行精细设计。

4.5.1.4.2　视域景观设计手法。

视域景观设计手法主要分透景、遮景两种。

对于自然景观条件优渥的郊野路段，应采用透景的设计思路。即减少人工对视域景观的干预，尽量少用人工绿化，即使需要复绿工作，也应以低矮草本和灌木为主。结合路线设计尽可能选取视野开阔的视点，展现区域现有景致。

对于路侧景观不良的路段，采用遮景的设计思路。即采用较为浓密深厚的园林式绿化对外侧视野进行遮挡。

### 4.5.2 景观设计的思路及方法 ≫

#### 4.5.2.1 规划设计与布局

**1. 土地规划方面**

从土地开发的角度出发，根据开发的性质和模式，分段或者分层对滨海道路进行规划布局，以点、线、面的方式进行滨海区土地利用的规划，同时处理滨海区与城市内部地区的关系，保证可达性、共享性。

**2. 交通规划方面**

从城市的整体交通战略规划入手，做好滨海区的性质定位，设计好滨海区与外围交通空间的相对关系、选线，保证外围交通能够便捷、高效地进入滨海区，同时处理好滨海道路本身的交通规划、处理好人车分流、立体交通、人性化设计，视觉分析。

**3. 景观规划方面**

在滨海区景观进行总体规划的背景下，还应注意对滨海道路的生产、生活、景观、旅游岸线的分配，景观节点的分布处理，滨海道路与岸线设计的关系，以及滨海道路整体界面与城市形象、城市天际线的相互关系。

**4. 分类研究**

针对滨海交通性干道、滨海步行道、滨海生活性道路、滨海商业性道路不同性质的滨海道路，采用不同的设计方法。

#### 4.5.2.2 经济、社会、文化要素

经济要素：任何开发和景观规划设计都是必须给城市带来效益的行为，无论是从城市形象上还是经济发展上，所以经济要素所需资金与所得收益之间的权衡关系是我们进行滨海道路景观开发项目时必须考虑的问题。根据城市的大小、经济发展的水平，对城市的人口规模、人员素质、人员的具体需要来进行开发和景观设计，因地制宜地进行城市建设。

社会要素：在进行开发过程中需把握好政府的支持和市场的利用，滨海开发建设可以通过市场经济来解决，同时能扩大公众参与的职能，利用好公众意见，更好地为公众服务。

文化要素：每个滨海城市都有自己的历史、滨海文化、人文气息、性格，对于不同城市文化的特点需要进行调查研究。

### 4.5.2.3　景观特色设计

#### 1．线形设计

滨海道路的线形设计主要是与地形、纵断面相结合，曲线和直线相结合，注重滨海道路的选线、方向，注重各种地形使用不同的横断面设计，对于交叉口空间的设计注重视线的关注点设计。对交叉口空间进行改造。同时，注重线形设计与道路功能和景观的吻合。

#### 2．绿化设计

主要在于海洋性树种的选择，乡土树种的选择，植物的多样性、多层次空间的搭配，垂直绿化的设计、植物的造景，同时根据道路两侧的景观设计的绿化配合，注重人性化设计。

#### 3．节点设计

通过对节点的性质入手，确定节点的设计方法，在利用滨水地段的同时，加强与市内节点的联系，突出滨海节点的文化特征和小品设计。

#### 4．防灾设计

滨海是灾害多发地段，主要在于防风、防潮、防海啸、防晒、防雾、防洪等方面，同时也要注意海平面上升和海岸侵蚀的危害和防范方法。

#### 5．人性化设计

滨海地带的人性化设计是很重要的一点，重要表现为滨海地区的共享性、可达性、亲水性。其共享性主要表现在规划和经营上；可达性包括了视线可达性和心理可达性，并通过各种措施实现；亲水性主要考虑多人活动和岸线形态的亲水性，并考虑护岸设计。

#### 6．生态设计

生态设计考虑道路建设、交通运输、廊道效应几个方面的生态影响，考虑如何保护自然地形的改变、自然山林的破坏和生物多样性的影响，同时对于道路施工上隔离噪声等方面的生态设计。

# 4.6　功能定位

　　高新区西片区紧邻胶州湾，属于北岸城区、红岛经济区范围，是青岛市确立"以人为本"的新型城市规划、全面建设小康社会、提高人民群众幸福感总体努力的一部分，是红岛经济区的主要开发区域之一。高新区西片区西北毗邻河套多功能服务区，并与相邻的高新区高新科技中心、红岛文化和公共服务中心一起形成红岛经济区未来发展的"黄金三角"及胶州湾新的中央商务区，未来更有望成为北部大青岛城市圈的门户。

　　结合城市发展战略及总体规划研究，高新区西片区总体定位为：新的城市滨水中心区。其具体功能定位为：具有丰富多样性的城市综合区，带来许多新的商机和就业机会；建立国际性的活动平台。

　　根据上位规划，经二路主要功能为旅游观光为主的联系性主干路，主要承担与红岛片区的交通联系功能，主要服务于沿线公共设施用地和商业用地、居民用地，南侧紧邻胶州湾海岸线，区域优势明显。因此，经二路功能定位如下。

　　便捷通道：青岛主城区与高新区西片区乃至胶东国际机场连接的便捷通道，同时也是青威路起点。

　　区域纽带：与红岛片区经二路相接，承担红岛片区与高新区西片区联系的交通功能。

　　域内骨架：片区内主干路，串联多个市级中心等公共设施，服务区域到发交通，构成高新区西片区南端城市特色流线，兼顾高新区西片区防风暴潮体系的完善，具有城市防灾功能。

　　轨交路由：轨道交通M8号线（五四广场至胶州北站）在高新区区域内途径经二路。

　　绿道载体：根据青岛市绿道规划（未批复稿），道路南侧为环胶州湾绿道，道路的建设将成为绿道实施的载体。

　　景观长廊：高新区西片区唯一的一条滨海市政道路，充分利用道路与海岸之间的景观宽度，打造滨海景观廊道。

## 4.7　线路走向

### 4.7.1　既有规划情况 ≫

　　根据《青岛红岛经济区西片区综合交通规划》和《青岛红岛经济区西片区控制性详细规划》，规划共形成"五横七纵"的主干路网。其中，经二路位于西片区最南端，是与红岛片区南部组团联系主通道，同时承担滨海景观功能，道路红线宽度40 m，双向6车道，中间预留8 m快速公交建设条件。

　　根据上位规划，红岛经济区南部（胶州湾高速以南）贯通性横向道路主要有田海路、双积路、经三路以及经二路，横向路网间距约560 m，分布较为均衡。

### 4.7.2　线位控制因素 ≫

#### 4.7.2.1　路网规划

　　根据《青岛红岛经济区西片区综合交通规划》，经二路研究范围内共规划准快速路、主干路、次干路及支路相交道路，分别为前海路、经三路、龙海路、安和路、兴和路、景和路、丰和路、规划十八号线、青威高速延长线、环岛西路等。

表4.1　　　　　　　　　　经二路沿线主要规划相交道路一览表

| 路名 | 道路等级 | 红线宽度（m） | 车行道宽度（m） | 车道数 | 人行道宽度（m） |
|---|---|---|---|---|---|
| 规划前海路 | 次干路 | 24 | 15 | 4 | 4.5×2 |
| 规划经三路 | 次干路 | 24 | 15 | 4 | 4.5×2 |
| 规划龙海路 | 主干路 | 35 | 26 | 6 | 4.5×2 |
| 规划安和路 | 准快速路 | 45 | 35 | 8 | 5×2 |
| 规划兴和路 | 次干路 | 24 | 15 | 4 | 4.5×2 |
| 规划景和路 | 主干路 | 35 | 26 | 6 | 4.5×2 |
| 规划丰和路 | 主干路 | 35 | 26 | 6 | 4.5×2 |

（续表）

| 路名 | 道路等级 | 红线宽度（m） | 车行道宽度（m） | 车道数 | 人行道宽度（m） |
|---|---|---|---|---|---|
| 规划十八号线 | 次干路 | 24 | 15 | 4 | 4.5×2 |
| 规划青威高速延长线 | 准快速路 | 45 | 35 | 8 | 5×2 |

除西端终点处环岛西路—经二路交叉口及红岛片区经二路已按规划建成外，其余均未实现规划。

#### 4.7.2.2 胶州湾岸线保护

经二路研究范围内规划线位全长约6.7 km，根据规划线位走向，陆域段长约3.4 km，该区段位于胶州湾保护线以外；同时海域段长约3.3 km，该段线位穿越胶州湾保护控制线，线位距离胶州湾保护控制线最远距离约1.3 km。

依据《青岛市胶州湾保护条例》，第十九条"胶州湾保护控制线向陆地一侧，楼山河以南至团岛湾头、洋河以南至凤凰岛脚子石、胶州湾保护控制线与经二路红岛西侧相交处至大沽河区间距离三十米范围内，其他区域距离一百米范围内，除景观、交通需要外，不得新建、扩建各类建筑物、构筑物"。第二十七条"在胶州湾湿地保护范围内，禁止下列行为：（一）房地产开发；（二）工业生产；（三）建设宾馆等永久性建筑和大型游乐设施；（四）开垦、填埋湿地，采砂、取土；（五）倾倒、堆放垃圾；（六）排放生活污水、工业废水；（七）排放湿地蓄水或修建阻水、排水设施；（八）引进外来生物物种；（九）放牧；（十）破坏湿地保护设施；（十一）其他改变湿地属性、破坏湿地行为"。

从规划线路走向角度分析，经二路东段长约3.4 km，位于胶州湾保护线范围内。依据《青岛市胶州湾保护条例》第十九条"胶州湾保护控制线范围内，除景观、交通需要外，不得新建、扩建各类建筑物、构筑物"，经二路属于市政交通工程，不违反《条例》规定，具备实施的可行性。

#### 4.7.2.3 北侧地块控制

经二路沿线北侧地块基本已完成出让，并开工建设，主要包括青岛市民健康中心、市民健身中心、会展中心等，其中市民健康中心及以西地块用地红线均按照规划经二路红线出让，部分地块，如市民健康中心、奥体中心等已开工建设。

### 4.7.3　线位设计 ≫

设计道路线位与上位规划线位一致，保持规划路网整体衔接格局，并与已建及规划道路路网有效衔接：道路西端与现状前海路相交，东端与红岛段现状经二路顺接，全长约6.7 km；道路约3.4 km长度位于胶州湾保护控制线范围内。

线位优点：红岛经济区整体路网布局基本实现规划，道路线型平顺，可直接接入红岛片区已建经二路，对周边已建及已批复地块基本无影响。

线位缺点：位于胶州湾保护控制线以外段较长，对滨海景观环境产生一定影响，且施工难度较大。

## 4.8　总体方案

### 4.8.1　总体方案设计 ≫

根据上位规划，经二路规划为城市主干路，通过交通功能、路网特征及交通分析预测，确定经二路车道数为双向6车道。经二路因穿越胶州湾保护控制线的特殊性，以岸线为界设计分为两种形式，保护岸线以西段采用地面道路，以东段采用桥梁方案。

道路自西端前海路起沿规划线位以地面道路形式敷设，地面道路红线宽度40 m，双向6车道，中央设8 m宽绿化分隔带；进入胶州湾保护控制线以内区域采用双向6车道整体式高架，跨越湿地后接入红岛片区现状经二路，全长约6.7 km，其中地面道路段长约3.4 km，桥梁段长约3.3 km。

地面道路单幅宽度约20 m，具体布置为5 m（人行道）+0.25 m（路缘带）+3.5 m×3（机动车道）+0.25 m（路缘带）+4 m（中间分隔带）=20 m，道路红线宽度40 m，与规划一致。

桥梁整体采用预制组合箱梁的形式，中部区域采用大跨径桥梁，设计成为区域重要的景观标志。

结合道路规划，桥梁采用双向六车道，断面具体划分为：0.5 m（人行栏杆）

+3 m（人行道）+2 m（非机动车道）+11 m（车行道）+1 m（分隔带）+11 m（车行道）+2 m（拉索空间）+2 m（非机动车道）+3 m（人行道）+0.5 m（人行栏杆）=34 m。

方案优点：

（1）桥梁部分通过退池还海进行占补平衡，能够相对降低对胶州湾岸线的影响，减小对湿地景观的破坏，保护湿地整体生态的完整性。

（2）桥梁标准段采用节段预制拼装箱梁的形式，用架桥机逐跨吊装预制节段进行拼装，之后进行桥面铺装，可以尽量减少施工作业对胶州湾保护控制线以内湿地景观环境的破坏；桥梁宽度变化桥宽段采用现浇箱梁，以适应施工需要；引桥在西侧起桥段、规划十八号线桥梁起桥段和青威高速延长线起桥段采用现浇空心板结构，以有效降低梁高增加桥下净空，确保梁底标高满足防风暴潮需求。

（3）能够保证经二路与规划横向相交道路的转向衔接及交通疏解功能。

（4）通过中部区域大跨径连续钢构桥设计，既能保证通航需求，又能将节点设计成为区域重要的景观标志，并于远期湿地公园设计融为一体，整体提升区域环境品质。

（5）投资相对较低，施工难度较小。

### 4.8.2 地面道路与桥梁衔接处节点方案比选

地面道路与桥梁衔接处位于丰和路与规划十八号线之间，结合多项控制因素，对此处节点进行方案比选，确定最优方案。

#### 4.8.2.1 方案比选考虑因素

（1）依据《青岛市胶州湾保护条例》，第十九条"胶州湾保护控制线向陆地一侧，楼山河以南至团岛湾头、洋河以南至凤凰岛脚子石、胶州湾保护控制线与经二路红岛西侧相交处至大沽河区间距离三十米范围内，其他区域距离一百米范围内，除景观、交通需要外，不得新建、扩建各类建筑物、构筑物"。由于胶州湾保护控制线位于丰和路与规划十八号线之间，胶州湾保护控制线以南需建设桥梁，不宜设置为道路。

（2）经二路北侧的康复中心土地已划拨给康复中心，且康复中心与经二路出入口已批复开口，因此，为平交康复中心出入口，此处需建设地面道路，以顺接康复中心出入口。

#### 4.8.2.2　方案比选

##### 4.8.2.2.1　方案一

为平交康复中心出入口，此段道路建设为地面道路。

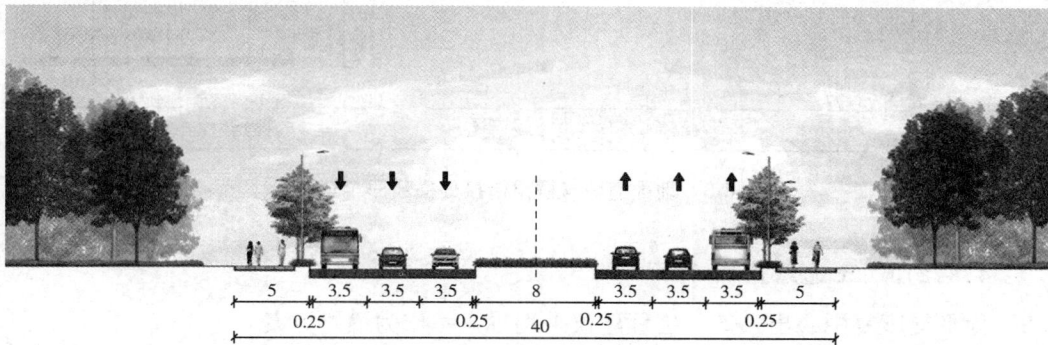

图4.1　地面道路横断面示意图

##### 4.8.2.2.2　方案二

为保证胶州湾保护控制线以南区域不设置构筑物，于丰和路以东全部设置为桥梁。由于康复中心已划拨，桥梁与小区出入口顺接难度较大，所以不建议采用。

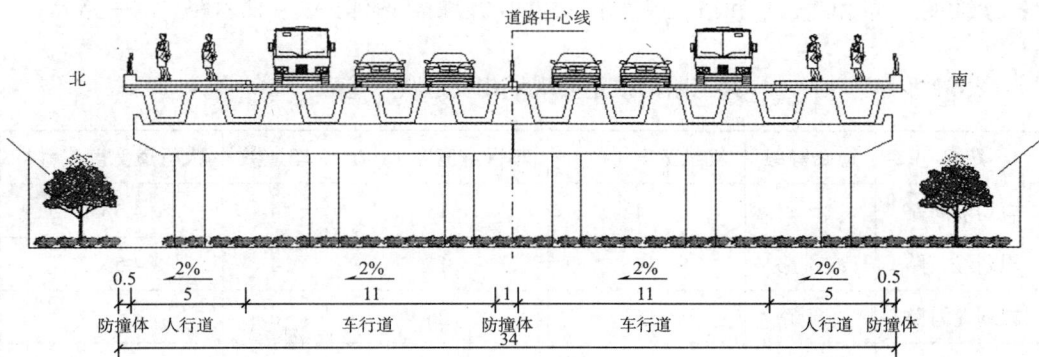

图4.2　桥梁横断面示意图

##### 4.8.2.2.3　方案三

由于胶州湾保护线截至丰和路，且为保证与康复中心出入口顺接，本次设计北半幅路设置为地面道路，南半幅路设置为桥梁，此方案可能造成路基不均匀沉降，且施工难度较大，因此不建议采用。

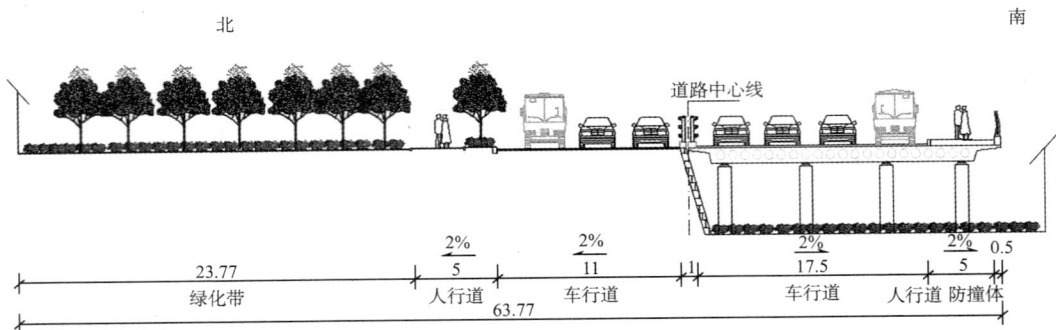

图4.3 地面道路与桥梁衔接处横断面示意图

北　　　　　　　　　　　　　　　　　　　　南
道路中心线

2%　2%　　2%　2%　0.5
23.77　　　5　　11　1　17.5　　5
绿化带　人行道　车行道　车行道　人行道 防撞体
63.77

#### 4.8.2.3　比选结论

为平交康复中心出入口，工程建议采用方案一作为最终方案。

### 4.8.3　横向道路调整方案 ≫

#### 4.8.3.1　规划基本情况

根据红岛经济区西片区综合交通规划，经二路研究范围内共规划准快速路、主干路、次干路及支路相交道路共19条，主要相交道路包括前海路、经三路、龙海路、安和路、兴和路、景和路、丰和路、规划十八号线、青威高速延长线、西六路、南一路等。

表4.2　　　　　　　　经二路沿线主要规划相交道路一览表

| 路名 | 道路等级 | 红线宽度（m） | 车行道宽度（m） | 车道数 | 人行道宽度（m） |
|---|---|---|---|---|---|
| 规划前海路 | 次干路 | 24 | 15 | 4 | 4.5×2 |
| 规划经三路 | 次干路 | 24 | 15 | 4 | 4.5×2 |
| 规划龙海路 | 主干路 | 35 | 26 | 6 | 4.5×2 |
| 规划安和路 | 准快速路 | 45 | 35 | 8 | 5×2 |
| 规划兴和路 | 次干路 | 24 | 15 | 4 | 4.5×2 |
| 规划景和路 | 主干路 | 35 | 26 | 6 | 4.5×2 |
| 规划丰和路 | 主干路 | 35 | 26 | 6 | 4.5×2 |
| 规划十八号线 | 次干路 | 24 | 15 | 4 | 4.5×2 |

（续表）

| 路名 | 道路等级 | 红线宽度（m） | 车行道宽度（m） | 车道数 | 人行道宽度（m） |
|------|---------|------------|--------------|-------|--------------|
| 规划青威高速延长线 | 准快速路 | 45 | 35 | 8 | 5×2 |
| 规划西六路 | 主干路 | 35 | 26 | 6 | 4.5×2 |
| 规划南一路 | 主干路 | 35 | 26 | 6 | 4.5×2 |

规划西片区共形成"五横七纵"的主干路网，其中龙海路、安和路、景和路、丰和路、西六路、南一路为"七纵"主干路网的组成部分。各主要道路基本情况如下。

（1）龙海路。西片区北部居住组团与南部出口加工区、滨海创新区联系的主通道之一，道路红线宽35 m，双向6车道，两幅路。

（2）安和路。城市准快速路，道路红线宽45 m，双向8车道，实现胶州与西片区衔接。

（3）景和路。高铁红岛站交通疏解主要通道之一，同时承担西片区北部居住组团与南部商业商务组团的联系，道路红线宽35 m，双向6车道，两幅路，穿越红岛站部分为2个12 m框构涵，道路分幅通过。

（4）丰和路。高铁红岛站交通疏解的主要通道之一，同时承担西片区北部居住组团与南部商业商务组团的联系，道路红线宽35 m，双向6车道，两幅路，穿越红岛站部分为2个12 m框构涵，道路分幅通过。

（5）西六路。西片区南部市民健身中心、会展中心疏解主通道之一，道路红线宽35 m，双向6车道，两幅路。

（6）南一路。西片区南部市民健身中心对外疏解主通道之一，通过上下匝道上下胶州湾高速，实现与东岸城区的快速联系。道路红线宽35 m，双向6车道，两幅路。

此外，根据规划，青威高速道路城区段为《青岛市城市总体规划》确定的北岸城区重要的对外交通通道，是青威高速道路与胶州湾高速道路之间的连接段，位于北岸城区的西侧，预留宽度50～60 m。其中，西片区范围内青威高速道路城区段为城市准快速路等级，断面控制在45 m，双向8车道，是中央商务区连接青岛市高快速路网体系的对外主要通道之一。

#### 4.8.3.2 横向路网规划调整建议

根据前述经二路总体方案，为降低对胶州湾湿地的影响，海域段道路推荐采用桥梁方案。考虑到横向道路中的青威高速延长线、规划西六路、规划南一路等三条道路均同样涉及进入胶州湾岸线保护线范围内建设问题，本次方案设计同步对三条道路的总体布局和建设形式进行了论证，推荐取消规划经三路以南的西六路、南一路。具体分析如下。

### 4.8.3.2.1　规划西六路

规划西六路南起经二路，北至田海路，道路全长约1.6 km，道路红线宽35 m。规划道路基本功能定位为西片区南部市民健身中心、会展中心疏解主通道之一。其中，经三路以南段500 m位于胶州湾岸线保护线内，对于本段道路，建议规划取消，主要理由如下。

（1）道路两侧无接入交通需要。

根据规划，胶州湾岸线保护线以南区域为湿地公园，两侧无地块开发建设项目，道路两侧没有接入交通需求，同时也没有市政管网配套的接入需要。

（2）可满足区域交通组织需要。

根据路网规划，道路在田海路—锦海路段规划为支路，受现状胶州湾高速和规划机场高速阻隔，道路向北不能贯通，因此，规划西六路为片区的南北连通道路，主要承担道路两侧的市民健身中心、会展中心、奥体中心等地块的交通集散功能，不承担显著的路网连通功能。

从区域对外交通组织看，经三路以南段取消后，区域去往红岛及东岸城区的交通，经过西六路集散后，可便捷地通过田海路、经三路转换后，向东、西方向疏解；可通过双积路快速向高新区方向疏解；可通过青威高速延长线、南一路等道路转换后，快速进入胶州湾高速和规划机场高速，实现快速对外疏解。

（3）可降低不利影响、节约路网建设投资。

从工程实施角度，取消经三路以南段，一是避免在胶州湾岸线保护线内建设道路、降低对湿地生态环境的不利影响；二是可减少湿地范围内桥梁建设体量，节约工程投资。

### 4.8.3.2.2　规划南一路

规划南一路南起经二路，北至田海路，道路全长约2.2 km，道路红线宽35 m。规划道路基本功能定位为西片区南部市民健身中心对外疏解主通道之一，通过上下匝道上下胶州湾高速，实现与东岸城区的快速联系。其中，田海路以南段约1.17 km位于胶州湾岸线保护线内，对于经三路以南段道路，建议规划取消，主要理由如下。

（1）道路两侧无接入交通需要。

根据规划，道路东侧为红岛片区与西片区之间的生态间隔带，无地块开发建设项目。道路西侧在胶州湾岸线保护线以南区域为湿地公园，无地块开发建设项目，道路两侧没有接入交通需求，同时也没有市政管网配套的接入需要。

（2）可满足区域交通组织需要。

根据路网规划，南一路北端规划通过匝道接入胶州湾高速道路，道路向北不能贯通，主要承担道路西侧奥体中心等地块及区域交通向胶州湾高速的交通集散功能，北向连通是其主要功能方向。从区域对外交通组织看，经三路以南段取消后，区域去往红岛及东岸城区的交通，经过南一路集散后，可便捷地通过田海路、经三路转换后，向东、西方向疏解。

（3）可降低不利影响、节约路网建设投资。

与西六路相同，从工程实施角度，取消经三路以南段同样可降低对湿地生态环境的不利影响，节约工程投资。

综合上述分析，推荐取消规划经三路以南的西六路、南一路，并据此进行本次横向道路衔接方案设计。两条道路的规划布局和实施方案，建议结合区域控规调整和经三路方案设计另行详细研究。

## 4.8.4 沿线节点方案 ≫

### 4.8.4.1 立交规划情况

根据红岛经济区西片区综合交通规划，西片区共规划9处立交，其中3处全互通立交，2处半互通立交，4处跨线立交，从而实现西片区与周边城区的快速交通转换。

根据规划，经二路沿线道路节点均采用平面交叉方式衔接。

### 4.8.4.2 青威高速道路延长线节点

青威高速延长线向北直接联系青威高速道路，并通过规划互通立交联系胶州湾高速道路和规划机场高速道路，是西片区及北岸城区重要的对外交通通道，也是西片区中央商务区连接青岛市高快速路网体系的对外主要通道之一，道路功能突出。结合路网规划，本次在规划确定节点平交的基础上，比选了平面交叉口和立体交叉口两个方案。

#### 4.8.4.2.1 平面交叉方案

方案要点：设置为"T"型平面信控交叉口，根据交通量预测和建设条件，进行交叉口渠化展宽，满足交通转换需求。对于胶州湾岸线保护线以南段的青威高速延长线，与经二路相同，采用桥梁形式敷设，路口区域采用"桥接桥"形式。

该方案的方案优点在于：工程规模小、投资较立交方案低。其不足之处在于不能实现快速交通转换。

#### 4.8.4.2.2　立体交叉方案

方案要点：综合考虑路网形态和交通需求，采用东向北和北向东两条定向匝道连接，实现青威高速延长线与经二路东向的直接快速联系，主要满足西片区及青威高速来向车辆与红岛片区及东岸城区之间的连通需求。

该方案的优点在于：采用定向匝道实现了主要交通方向的快速交通联系。其不足之处在于：工程规模大、投资高。

相对于立交方案，平交方案有以下优势：

（1）符合规划定位，适应尽端交通节点的功能需求。路网规划中确定了青威高速由北向南功能主次递减的要求，对于经二路节点，推荐采用平面交叉方案。

（2）总体规模较小。在胶州湾岸线保护线以南段，较之方案二，方案一桥梁面积减少12 000 m²，工程投资降低约6 500万元。在降低工程投资的同时，可减少对胶州湾湿地的不利影响。

（3）景观效果好。立交方案桥梁最高点高程约23 m，较之平交方案增加约10 m，对青威高速延长线景观通廊有一定的遮挡，也不利于市民健康中心及周边的观海景观。

交通量预测方面，青威高速延长线建成后，道路饱和度为C，青威高速延长线与经二路交叉口采用平面交叉口能够满足交通转向需求。

综上分析，推荐采用平面交叉口方案。

#### 4.8.4.3　西端起点顺接方案

经二路沿线现状仅有前海路为现状道路，因此为保证近期路网顺畅通行，经二路与现状前海路近期采用平面交叉口顺接，道路红线宽度由东端经二路40 m过渡至西端前海路14 m。

远期仍按照经二路西延段规划线位实施。

### 4.8.5　其他路口渠化方案　≫

#### 4.8.5.1　交叉口组织方案

在取消规划西六路、南一路的基础上，本次研究范围内共17条主要相交道路，其中准快速路2条，主干路3条，次干路5条，支路7条，主要有前海路、经三路、龙海路、安和路、兴和路南段、景和路、丰和路、规划十八号线和青威高速延长线等。规划全部采用平面信号灯控制路口方案进行交通组织，沿线相交道路交叉口交通组织形式如下表所示。

**表4.3　　　　　　　经二路沿线相交道路交叉口交通组织形式一览表**

| 序号 | 路名 | 桩号 | 规划红线宽度（m） | 道路等级 | 交通组织 |
|------|------|------|------------------|----------|----------|
| 1 | 前海路 | K0-152 | 24 | 次干路 | 信控 |
| 2 | 经三路 | K0+223 | 24 | 次干路 | 信控 |
| 3 | 龙海路 | K0+640 | 35 | 主干路 | 信控 |
| 4 | 安和路 | K1+870 | 45 | 准快速路 | 信控 |
| 5 | 兴和路南段 | K2+066 | 24 | 次干路 | 信控 |
| 6 | 景和路 | K2+267 | 35 | 主干路 | 信控 |
| 7 | 丰和路 | K2+904 | 35 | 主干路 | 信控 |
| 8 | 规划十八号线 | K3+472 | 24 | 次干路 | 信控 |
| 9 | 青威高速延长线 | K3+940 | 45 | 准快速路 | 信控 |
| 10 | 环岛西路 | K6+596 | 38.5 | 次干路 | 信控 |

#### 4.8.5.2　交叉口渠化设计

交叉口是道路网的联结点、道路交通的咽喉，其设计是否合理将直接关系到道路交通的安全与畅通。考虑到平面交叉口的通行能力在同等通行空间的情况下小于路段，为满足交通的需求，必须在交叉口范围内对车行道进行拓宽。

4.8.5.2.1　设计原则及总体要求

设计遵循以下基本原则。

（1）根据规划和实际交通需求分析，经二路沿线交叉口采用平交形式。

（2）交叉口拓宽进出口车道以提高通行能力，尽可能与路段通行能力相匹配，以充分发挥路网的整体通行能力。

（3）交叉口交通组织要处理好机动车与行人交通的关系，既使行人能安全通过交叉口，同时也减少机动车在交叉口的延误时间。

设计总体要求：

（1）保证主要方向交通通行顺畅。

（2）交叉口车道数局部增加，避免左转、直行、右转之间的相互影响。

（3）合理组织机动车、行人的通行流线，避免相互干扰造成安全隐患。

（4）在进行交叉口拓宽渠化改造时考虑设置左右转专用车道，并设导流岛疏导交通，以提高交叉口通行能力，满足车辆通行要求。

（5）交叉口按照《城市道路交叉口设计规程》（CJJ152—2010）的要求进行设计，对交叉口进出口道车道进行相应展宽。

（6）平面交叉口转角部分视距三角形范围内物高不得高于1.2 m。

#### 4.8.5.2.2　进口道设计

（1）进口道车道数。

① 车道数按照进口道通行能力与路段通行能力相匹配的原则增加。② 用地限制条件下，主干路进口车道数不低于下表要求。

表4.4　　　　　　　　　　　　进口道拓宽车道数取值

| 交叉口类型 | 车道数要求 | | | |
|---|---|---|---|---|
| 主–主交叉口 | 路段车道数 | 2 | 3 | 4 |
| | 进口道车道数 | 4 | 5 | 6 |
| 主–次交叉口 | 路段车道数 | 2 | 3 | 4 |
| | 进口道车道数 | 4 | 5 | 6 |

（2）展宽段长度。

无特殊条件限制，主干路进口道展宽段长度取40 m，渐变段长度满足大于1∶15渐变率要求。

（3）车道宽度。

① 与主干路、次干路相交路口处，经二路方向进口道均设置专用左转和专用右转车道。② 横向道路交叉口根据道路等级需求展宽左转和右转专用车道。③ 右转车道数根据流量确定，并按转向比例、远期交通量预测确定车道数。④ 进口道宽度取3.25 m。⑤ 在设置右转导流岛情况下，右转车道（缘石段）单车道宽度取6 m，双车道宽度取9 m。

**表4.5**　　　　　　　　　　**交叉口进口道车道宽度表**

| 进口道车道数 | 2 | 3 | 4 | 5 | 6 | 7 | 8 |
|---|---|---|---|---|---|---|---|
| 道路宽度 | 8 | 10.25 | 13.50 | 16.75 | 20 | 23.25 | 26.50 |
| 路缘带宽度 | 0.25 | 0.25 | 0.25 | 0.25 | 0.25 | 0.25 | 0.25 |
| 车道宽度 | 3.75 | 3.25 | 3.25 | 3.25 | 3.25 | 3.25 | 3.25 |

### 4.8.5.2.3　出口道设计

（1）出口道车道数。

① 出口道车道数与上游各进口道同一信号相位流入的最大进口车道数相匹配。② 在不能确定信号相位配置的情况下，出口数最少车道数取上游进口道直行车道数+横向右转车道数。③ 设置公交车站时，出口道另行展宽。

（2）展宽段长度。

按照车道数进行相应展宽。

出口道的总长度由出口道展宽段和展宽渐变段组成。出口道展宽段长度由缘石转弯曲线的端点向下游方向计算，不设公交停靠站时，长度为40 m；设置停靠站时，再加上公交停靠站所需长度。出口道展宽满足大于1∶15渐变率要求。

（3）车道宽度。

出口道车道宽度3.5 m。

**表4.6**　　　　　　　　　　**交叉口出口道车道宽度表**

| 进口道车道数 | 2 | 3 | 4 | 5 | 6 | 7 | 8 |
|---|---|---|---|---|---|---|---|
| 道路宽度 | 8 | 11 | 14.5 | 18 | 21.5 | 25 | 28.5 |
| 路缘带宽度 | 0.25 | 0.25 | 0.25 | 0.25 | 0.25 | 0.25 | 0.25 |
| 车道宽度 | 3.75 | 3.5 | 3.5 | 3.5 | 3.5 | 3.5 | 3.5 |

经二路与沿线道路相交路口均为T型路口，经交通量预测，远期经二路道路饱和度为C级，因此，本次与贯通性准快速路、交通主干路及次干路衔接，均采用地面平交路口，并进行相应渠化，保证路口通行能力及通行效率。

### 4.8.6　公共交通组织 ≫

除桥梁段外，道路全线拓宽设置公交港湾车站，车站在间距400～700 m之间，车站设置结合交叉口出口道做一体化展宽设计。

交叉口范围外的车站全部设置成港湾式，车道宽度为3 m；站台长度根据公交线路情况分别采用30 m和45 m两种，满足两辆车同时停靠需求；减速段长度取20 m；加速段长度取30 m。本次工程共设计公交港湾车站6对。

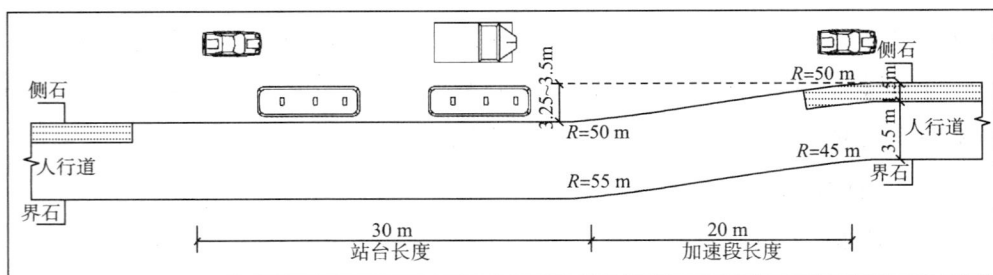

图4.4　港湾车站设置示意图

### 4.8.7　人行过街设施设计 ≫

#### 4.8.7.1　设计原则

（1）科学、合理地规划设计行人过街设施，保障行人过街安全、便捷、有序。

（2）原则上首选平面过街形式，中小学、车站等人流密集区域前宜采用天桥形式。

（3）有利于协调道路车行交通组织、提高道路通行能力。

#### 4.8.7.2　主要技术标准与采用形式

（1）在居住、商业等步行密集区域过街设施间距不宜大于250 m；在工业区等步行活动较少区域过街设施间距不宜大于400 m。

（2）过街设施距公交车站不宜大于80 m，最大不大于120 m。

（3）过街设施距中小学校、医院正门不宜大于80 m，最大不大于150 m。

（4）过街设施距居住区、大型商业设施、公共活动中心的出入口不宜大于100 m，最大不大于200 m。

（5）以下情形设置过街安全岛：

① 进出口道机动车道达6条或人行过街横道长度达16 m时，沿人行横道中央设置

过街安全岛，安全岛的宽度不小于2 m。② 单幅路宽超过16 m时，在设置中间分隔带的情况下，增设右转导流岛，导流岛兼作行人过街安全岛。

### 4.8.7.3　人行过街设施总体布局

工程范围内全线共布置各类人行过街交通设施14处，全部结合道路交叉口设置人行过街横道14处（每个路口按1处计）。总体布局情况如下表。

表4.7 人行过街设施总体布局汇总表

| 大桥以南段 | | | |
|---|---|---|---|
| 序号 | 相交道路 | 过街方式 | 间距（m） |
| 1 | 前海路 | 车行信号灯 | |
| 2 | 经三路 | 车行信号灯 | 372 |
| 3 | 龙海路 | 车行信号灯 | 416 |
| 4 | 经二路一支路 | 车行信号灯 | 243 |
| 5 | 经二路二支路 | 车行信号灯 | 220 |
| 6 | 经二路三支路 | 车行信号灯 | 261 |
| 7 | 经二路四支路 | 车行信号灯 | 182 |
| 8 | 经二路五支路 | 车行信号灯 | 192 |
| 9 | 安和路 | 车行信号灯 | 132 |
| 10 | 兴和路南段 | 车行信号灯 | 196 |
| 11 | 景和路 | 行人过街信号灯 | 202 |
| 12 | 经三路二支路 | 车行信号灯 | 188 |
| 13 | 经三路二支路 | 车行信号灯 | 266 |
| 14 | 丰和路 | 车行信号灯 | 182 |
| 平均间距 | | | 235 |

### 4.8.7.4　路口人行平面过街设计

结合路口渠化和人行横道布置，设置路口人行过街安全岛。为压缩交叉口面积、尽量将停车线前提，安全岛布置为直线式，采用下沉式布置，宽度不小于2 m，长度不小于5 m，人行道与安全岛端部之间距离不小于2 m。

人行过街安全岛端部应设反光装置。

#### 4.8.7.5 平面过街交通组织

平面过街交通组织的原则是既要考虑车辆与行人的交通方便，更要保证主要道路交通畅通。沿线交叉口行人采用单独信号灯控制，利用车行信号灯中的直行相位穿越交叉口；行人过街红灯时间不宜大于140 s，绿灯时间不宜小于30 s。

表4.8　　　　　　经二路及沿线干道过街最长红灯时间（s）

| 道路等级 | 一次过街 | 二次过街 |
| --- | --- | --- |
| 主干路 | 110 | 120 |
| 次干路 | 90 | 110 |

表4.9　　　　　　经二路及沿线干道过街最短绿灯时间（s）

| 双向车道数 | 一次过街 | 二次过街 |
| --- | --- | --- |
| 4~6车道 | 25~35 | 20~30 |
| 8~10车道 | 35~45 | 25~35 |

### 4.8.8　统筹建设道路 》》

为保证经二路与沿线相交道路规划及设计成果匹配，实现道路沿线统一设计、统一建设、统一开发的目的，根据建设单位意见，将经二路沿线相交道路部分区段纳入本次研究范围。

纳入本次研究范围的龙海路南起经二路，北至规划十二号线，长约610 m，规划道路红线宽35 m，车行道宽26 m，人行道宽9 m，规划为城市主干路。

纳入本次研究范围的规划十八号线南起经二路，向北长约180 m，规划红线宽24 m，其中车行道宽15 m，人行道宽9 m，规划为城市次干路。

纳入本次研究范围的青威高速延长线南起经二路，向北长约330 m，规划红线宽45 m，其中车行道宽35 m，人行道宽10 m，规划为城市准快速路。

# 第5章

## ≪≪≪ 道路工程

经二路西起前海路、东至环岛西路，与现状经二路红岛段相接，全长约6.7 km。其中，陆域路约3.4 km，海域路约3.3 km。道路规划红线40 m，双向6车道，单幅车行道宽度为11 m，中央绿化带宽8 m，两侧人行道各5 m。

## 5.1 平面设计

本次经二路及部分相交道路在满足相关规范及要求的前提下，进行平面设计，具体参数详见下表。

表5.1 道路平面设计参数表

| 道路名称 | 道路长度（m） | 平曲线设置数量 | 最小圆曲线半径（m） |
|---|---|---|---|
| 经二路 | 6 712.590 | 6 | 600 |
| 临时路 | 100.121 | 1 | 70 |
| 龙海路 | 613.086 | 1 | 2 000 |
| 规划十八号线 | 180 | – | – |
| 青威高速延长线 | 334.745 | – | – |

在工程起点处与现状前海路衔接，衔接段道路中心线较规划向北调整，涉及跨古岸线水系桥梁按规划实施，其余范围内道路待水系西侧规划路网实施时同步完善。

# 5.2 纵断面设计

道路竖向设计结合现状地势地形、防洪排涝、排水及桥梁通航需要进行控制。桥梁段根据桥梁结构要求，标准段高程不低于6.73 m。全线设计最大纵坡3%，最小纵坡0.2%，最小竖曲线半径为1 070 m。经二路沿线现状高程在0～8.34 m之间，沿线主要为水塘及虾池；地势中间低，两端高，东端环岛西路为地势最高点；纵断面设计时结合路基处理，在满足防洪排涝要求的前提下尽量保证填挖方平衡，以减少投资。另外，工程沿线与15条道路相交，纵断设计时需保证近期与现状道路进行顺接。经二路周边相交道路结合规划及防洪排涝标高控制。

表5.2 道路纵断面参数表

| 道路名称 | 变坡点设置数量 | 道路中心线最高点标高 | 道路中心线最低点标高 | 道路最大纵坡度 | 道路最小纵坡度 | 最小竖曲线半径 |
|---|---|---|---|---|---|---|
| 经二路 | 13 | 21.081 | 4.6 | 3% | 0.2% | 1 070 |
| 龙海路 | 2 | 7.863 | 5.3 | 3% | 0.215% | 3 000 |
| 规划十八号线 | 1 | 8.542 | 5.948 | 1.701% | 0.3% | 5 000 |
| 青威延长线 | 0 | 7.763 | 5.25 | 0.677% | 0.677% | – |

# 5.3 横断面设计

## 5.3.1 道路横断面设计 ≫

结合相关规划，本工程道路横断面设计如下所示。

（1）地面道路段：经二路（桩号K0−216.121−K3+056段、桩号K6+332.181−K6+596.590

段）、龙海路全线。

① 经二路桩号K0−216.121−K3+056段道路标准横断面布置如下：20 m（绿化带）+5 m（人行道）+11 m（车行道）+8 m（中间分隔带）+11 m（车行道）+5 m（人行道）=60 m（绿线）。② 经二路桩号K6+332.181−K6+596.590段道路标准横断面布置如下：3 m（人行道）+11 m（车行道）+1 m（中间分隔带）+11 m（车行道）+3 m（人行道）+2 m（行道树绿带）=33 m（绿线）。③ 龙海路道路标准横断面布置如下：17.5 m（绿化带）+4.5 m（人行道）+13.5 m（车行道）+4 m（中间分隔带）+13.5 m（车行道）+4.5 m（人行道）+17.5 m（绿化带）=75 m（绿线）。

（2）跨湿地桥梁段：经二路（桩号K3+056−K6+332.181段）、规划十八号线全线、青威高速道路延长线全线。

① 经二路桩号K3+056−K6+332.181段道路标准横断面布置如下：0.5 m（桥梁防撞体）+5 m（人行道）+11 m（车行道）+1 m（桥梁防撞体）+11 m（车行道）+5 m（人行道）+0.5 m（桥梁防撞体）=34 m（绿线）。② 规划十八号线道路标准横断面布置如下：20.5 m（绿化带）+0.5 m（桥梁防撞体）+4 m（人行道）+7.5 m（车行道）+7.5 m（车行道）+4 m（人行道）+0.5 m（桥梁防撞体）+10 m（绿化带）=54.5 m（绿线）。③ 青威高速延长线道路标准横断面布置如下：0.5 m（桥梁防撞体）+5 m（人行道）+14.5 m（车行道）+1 m（桥梁防撞体）+14.5 m（车行道）+5 m（人行道）+0.5 m（桥梁防撞体）=41 m（绿线）。

### 5.3.2 路拱横坡及超高

横坡：车行道采用2%直线式双向横坡，坡向人行道侧；人行道采用2%直线式单向横坡，坡向绿化带侧。

超高：道路全线不设超高。

# 5.4 路基、路面及人行道设计

## 5.4.1 路基

根据建设单位提供的地形图及地勘报告，结合现场调查情况：经二路沿线大部分地段分布有鱼塘和虾池，路基顶面设计标高根据道路纵断设计确定。其最低标高控制在4.7 m以上。路基处理宽度根据管线横断面确定（最外侧管线外出2 m），经二路（桩号K0−216.121−桩号K0+040段）路基处理宽度为49 m；经二路（桩号K0+040-K0+640.081段）路基处理宽度为59 m；经二路（桩号K0+640.081−K3+056段、桩号K6+332.181−K6+596.590段）路基处理宽度为60 m；龙海路路基处理宽度为61 m。合计全长约4.012 km。

结合高新区软弱地基处理的工程实例，考虑周边建设工程地质、水文地质条件及现状回填料等实际情况确定路基处理方式。

### 5.4.1.1 软土地基处理的研究

5.4.1.1.1 软土的工程性质

（1）具有高压缩性。

软土孔隙比大，一般大于1.0，具有高压缩性的特点，压缩系数$a_{1~2}$在1.5~2.0 MPa$^{-1}$之间，部分软土甚至更高，压缩模量$E_s$<4 MPa，由于土颗粒的矿物成分对其压缩性有明显影响，在其他物理性质指标相同情况下，软土液限指数越大，压缩性越高。

（2）透水性低，固结时间长。

软土透水性很低，土的竖直向的渗透系数$K_v$小，一般小于10$^{-6}$ cm/m$^3$数量级，沉降速度慢，固结完成所需时间较长，当有机质含量高时，$K_v$值更低。软土在荷载作用下，需要相当长的时间才能达到较大的固结度，因此很多压密加固法都不能在短期奏效。软土的渗透性存在明显的各向异性，渗透系数水平向常比竖向的大。

（3）抗剪强度小。

多数软黏土为近代水下细颗粒沉积而成，含水量大，孔隙比高，同时抗剪强度很低。软土的固结快剪黏聚力小于15 kPa，内摩擦角小于10°；而快剪黏聚力仅小于10 kPa，快剪内摩擦角仅小于5°。

（4）具有结构性。

由于沉积环境的影响，一般软土都是结构性沉积物，常具有絮凝状结构。天然结构一旦被破坏，即使重塑，强度也会有较大的降低。软土被扰动之后，随着静置时间的增长，其强度能有所恢复，但极缓慢且很难恢复到原有的强度。

软土图样的切削、钻取、搬运、制备，常使土样结构受到不同程度的破坏，导致试验结果偏低，不能准确反映土的实际强度。因此，测量软土强度尽量采用原位测试方法，如十字板剪切试验、标准贯入试验等方法进行测定，或将原位测试与室内试验互相比较补充。

（5）通常存在硬壳层。

这是地表部分被大自然风化、洗淋形成的。该硬壳层具有较高的强度、较强的结构性，中等或低的压缩性。硬壳层一旦被破坏，加荷侧向位移、初期沉降、差异沉降均较大，由此来确定填筑临界高度。一般情况下，当路堤高度2 m时，可以充分利用硬壳层，不进行软土处理。

（6）具有流变性。

软土在长期荷载作用下，即使荷载保持不变，由于土骨架黏糯蠕变，土体也会发生随时间而变化的变形。这种特性随黏土颗粒含量越大表现越明显。试验表明，濡变的速率随土中剪应力值而变化，通常较小。当剪应力大于不排水强度的70%时，蠕变速率保持不变或渐增直至破坏；当剪应力低于不排水剪切强度的50%时，减速蠕变趋于稳定。

### 5.4.1.1.2　软土地基处理技术的研究现状

多年来，国内很多专家和学者对软土地基处理的研究做了大量的工作。龚晓楠教授编制了《地基处理手册》，研究了黏土结构性对力学性质的影响及形成原理、复合地基理论等；东南大学刘松玉教授编制了《道路地基处理》，介绍了适合高等级道路工程地基处理的技术与方法；沈珠江、叶书麟、林宗元、白冰、高大钊等专家都开展了许多软土基础处理方面的研究。目前，地基处理已成为岩土工程和土力学领域的一个主要分支学科，国际岩土工程和土力学协会有专门的地基处理学术委员会。该委员会于1984年成立，目前已召开多次学术讨论会，并在1988、2000和2008年编著出版了《地基处理手册》的第一版、第二版和第三版；1990年开始出版地基处理杂志，提供了地基处理技术交流的园地。国内常用的地基处理规范有建设部的《建筑地基处理技术规范》（JTJ 79—2012）、交通部的《道路软土地基路堤设计与施工技术规范》（JTJ 017—96）、《道路路基设计规范》（JTG D30—2004）和《道路路基施工技术规范》（JTG F10—2006）等。

随着我国国民经济的快速发展，需要在软土地基上修建的道路数量越来越多。同时，工程设计、施工和项目管理人员对软土地基的处理也开始高度重视。近年来大量的工程实践已积累了诸多经验，软土地基的处理技术不断完善，处理方法多种多样。根据处理方式的不同可将其分为物理处理和化学处理；根据处理对象的不同分为饱和土处理和非饱和土处理，黏性土处理和砂性土处理；按处理深度划分为浅层处理和深层处理；按时间划分为临时处理和永久处理等。

近40年来，国外在地基处理技术方面发展迅速，从解决有利于土的排水和排水固结的方面，发展了土工合成材料、砂井预压和塑料排水带；从解决提高土的抗剪强度方面，发展了土的加筋法；从解决加强深层密实处理方面，采用加大击实功的措施，发展了强夯法和震动水冲法等。近年来，伴随着我国现代化建设，国内的地基处理技术也得到了飞速发展。为了适应工程建设发展的需要，从国外先后引进了强夯法、深层搅拌法、高压旋喷法、土工合成材料、EPS轻质填料法等多种地基处理方法。工程技术人员根据引进的国外处理方法还发展了很多新的地基处理技术，如真空联合堆载预压法、排水粉喷桩法、刚性桩复合地基法等。

### 5.4.1.1.3 软土地基常用处理方法

当天然土基较为软弱，其承载力和变形不能满足工程要求时，或在地震作用下有可能产生失稳、震陷、液化时，需要人工对天然地基进行加固处理后方能修建路基。在满足工期的前提下，应从技术可行、经济与工艺的配合以及衔接合理等方面，合理地选择地基处理方式。

（1）垫层与浅层置换法。

垫层与浅层置换法采用物理力学性质较好的岩土材料置换天然地基中部分或全部软弱土层，以形成双层地基或复合地基，达到提高承载力、减小工后沉降的目的。

此方法的优点：施工方便，可就地取材，不需要特殊的机械设备，工期短，见效快，实践经验丰富且费用较低。此方法应用广泛，适用于各种软弱土地基的浅层处理。

高新区西片区工程建设施工期通常较为紧张，在保证工程质量的前提下，既需要经济高效的处理措施，又要保证工期的时限。高新区软土大面积分布，软土层厚的区域达到 10 ~ 20 m，土基承载能力弱，有时甚至机械不能直接施工，选用垫层与浅层置换法可以在地基中形成硬壳层，允许机械施工并承托上部荷载。此方法取材方便，能有效彻底地改变不良地基土，同时工期较短的特点使得此方法在高新区的地基处理中广泛应用。

（2）加筋法。

加筋法是在地基中铺设加筋材料（如土工织物、土工格栅等），形成加筋垫层，以增大压力扩散角，提高地基稳定性。目前很多工程中常使用此方法，即在垫层中铺设强度高、耐久性好的土工材料，使土与加筋材料形成整体，提高地基承载力。

高新区西片区的软土天然含水量高，空隙大，压缩性大，抗剪强度低，容易产生地基破坏和较大的沉降和不均匀沉降，将土工合成材料设置于软土地基和路堤之间或路堤填土层之间，加筋路堤填土，提高路堤的稳定性，减小差异沉降。

（3）排水固结法。

排水固结法是基于土的固结原理而发展起来的一种软土地基处理方法。饱和软黏土地基在荷载作用下，孔隙水压力升高，随着孔隙水压力消散，孔隙中的水被慢慢排出，孔隙体积慢慢地减小，地基发生固结变形。同时，其有效应力逐渐提高，地基土的强度逐渐增长。

排水固结法包括砂井预压法、加载预压法等。

1）砂井预压法。采用砂井作为排水通道、缩短孔隙水排出的途径，在砂井顶部设置砂垫层，砂垫层上部再加荷载以增加土中附加应力。附加应力产生超静水压力将水排出土体使软土提前固结，以增加地基土的强度。

砂井排水的效果在很大程度上取决于土的性质，对泥炭土、有机质茹土和高塑性土等土层，其次固结沉降占相当大的部分，砂井排水的效果不大。

此方法需要大量的粗砂，青岛高新区砂资源缺乏，采用此方法材料和运输成本很高，因此高新区较少采用砂井预压法。

2）加载预压法。预先在拟建软土地基上施加一定的静荷载，使地基土压密称为加载预压。加载预压是常用的软土地基处置方法，适用于容许工后沉降标准较低或路堤填土高度不大的一般路段。加载预压又分为堆载预压、真空预压或真空联合堆载预压。

堆载预压法施工便捷，但土方量大，工期较长，对于能提供充足预压期的工程，可采用此方法。真空预压法的使用应慎重，当软土层中有透水夹层，且水源补给充足而进行封堵又十分困难时，较难达到要求的负压值，不宜采用此方法。此方法处理费用高，应做出较详细的经济分析之后再决定是否采用。此方法在高新区市政道路建设中的应用取得良好效果，应用较为广泛。

（4）密实法。

密实法是指采用爆破、夯击、挤压和振动等方法，对松软地基土进行振密和挤密，使地基土体密实以达到提高地基承载力和减小沉降的目的。

1）强夯法。强夯法是一种将十几吨的重锤，从几十米的高处自由落下，对土进行强烈夯击的方法。强大的冲击能，在地基土中形成冲击波和动应力，使地基土压密和振密，以达到加固地基的目的。

强夯法主要用于加固砂土和碎石土、低饱和度粉土和黏性土、湿陷性黄土、杂填土和素填土等地基，不适用于饱和度较高的黏性土、淤泥和淤泥质土。

高新区分布着大面积的软土，地下水埋深较浅，软土层较厚，地基土含水量高，而且强夯法施工作业噪音影响周围环境，一般用于远离中心区的地方。由上可知此区域较适合采用强夯法的处理方式。

2）砂石挤密桩法。采用振动沉管法等在地基中设置碎石桩，桩体对周围土层产生挤密作用。被挤密的桩间土和密实的砂石桩形成砂石桩复合地基，达到提高地基承载力、减小沉降的目的。

砂石挤密桩法较适用于挤密松散砂土、粉土、素填土和杂填土等地基。

（5）加固土桩法。

加固土桩法是用带有搅拌、回转与喷粉的机械，将软土地基某一深度某一直径范围内的软土，用固化材料予以改良、加固形成的土桩。加固土桩常用的固化材料有水泥、石灰等，这些固化材料可以是浆状、也可以是粉状。常用的加固土桩有水泥搅拌桩、高压旋喷桩、石灰桩等。搅拌桩体与四周软土组成复合地基，较大地提高地基承载力、地基强度，减少压缩变形，同时还能阻止地下水的渗透。

此方法适用于处理淤泥、淤泥质土和黏性土地基。水泥搅拌桩和高压旋喷桩的复合地基强度更高，处理后可大大降低地基沉降量，常用于高填土或桥头地基的处理。当需要处理的有机质土、地下水具有腐蚀性时，必须通过现场试验确定其适用性。

高新区以淤泥质黏土和粉质黏土为主，含水量多为25%～45%，孔隙比多大于1.0，适宜采用加固土桩法处理地基。水泥搅拌桩和高压旋喷桩的处理强度高，投资也较大，在天高新区多用于高填土或桥头地基的处理，尤其在桥头处理差异沉降中取得了比较理想的效果。

#### 5.4.1.1.4　软土地基的沉降计算

地基沉降包括三部分：瞬时沉降$S_i$、固结沉降$S_c$和次固结沉降$S_s$。

（1）瞬时沉降$S_i$。瞬时沉降$S_i$指在加荷瞬间，孔隙水来不及排出，空隙体积没有变化即土不产生体积变化，但荷载使土产生剪切变形。

对处于弹性变形阶段的地基，其瞬时沉降计算：

$$S_i = \frac{pb\,(1-u^2)}{E_i}\,\omega$$

式中，

$p$——路基地面的平均压力；

$b$——路基宽度；

$u$——可取0.5；

$E_i$——弹性模量，$E_i = (500 \sim 1\,000)\,Cu$；

其中，$Cu$为不排水抗剪强度；$\omega$——沉降影响系数。

（2）固结沉降$S_c$。固结沉降$S_c$指土体被压缩后，孔隙水排出，空隙压力转为有效应力，体积被逐渐压缩产生的变形。一般用分层总和法计算。

分层总和法是假定地基土是直线变形体，外荷载作用下的变形只发生在有限厚度的范围内，将压缩层厚度内的地基土进行分层，分别求出各分层的应力，然后用土的应力应变关系式求出各分层的变形量，总加起来即为地基的沉降量。

1）采用$e$-$p$曲线时，先计算各土层的平均自重应力$p_{i1}$和附加应力$p_{i2}$，查出对应的空隙比$e_{i1}$、$e_{i2}$，求得该分层的压缩变形量$\Delta S_i$为：

$$\Delta S_i = \frac{e_{i1}-e_{i2}}{1+e_{i2}}\,\Delta h_i$$

再将分层的压缩变形量叠加起来，即得到地基的最终沉降量$S_c$为：

$$S_c = \sum \Delta S_i = \sum_1^n \frac{e_{i1}-e_{i2}}{1+e_{i1}}\,\Delta h_i$$

式中，

$n$——计算沉降范围内的分层总数；

$\Delta h_i$——地基中分层厚度；

对于地基压缩层厚度，一般根据附加应力$\sigma_1$与自重应力$\sigma_2$之比为0.1～0.2。对于软土地基一般取0.1。

2）采用压缩模量法，主固结沉降按照下式计算：

$$S = \sum_1^n \frac{\Delta P_i}{E_{si}} \Delta h_i$$

式中，

$E_{si}$——各分层压缩模量；

$\Delta P_i$——地基中各分层中点的附加应力。

（3）次固结沉降$S_s$。这一变形阶段是土中孔隙水完全排除，土固结已经结束以后发生的变形，一般认为是土骨架黏滞糯变所致。

$$S_s = \sum_1^n \frac{C_{ai}}{1+e_{1i}} \lg \left( \frac{t_2}{t_1} \right) h_i$$

式中，

$C_{ai}$——第$i$层分层土的次固结系数；

$t_1$，$t_2$——分别为排水固结所需的时间以及计算次固结所需的时间。

（4）总沉降量。鉴于以上计算沉降的复杂性，为此《道路路基设计规范》中规定，总沉降量宜采用下式计算：

$$S = m_s \times S_c$$

式中，

$m_s$——沉降系数，为经验数值，与加荷速率、地基条件、荷载强度等因素有关，一般取值为1.1~1.7；

$S_s$——主固结沉降。

总沉降量的计算还可采用瞬时沉降$S_i$、固结沉降$S_c$和次固结沉降$S_s$之和计算。

（5）考虑不同变形时间的沉降计算。地基最终沉降量计算只是地基沉降问题的一个方面，另一方面便是地基随时间变化的方面，这主要由土的固结理论的阐述。在外荷载作用下，土中的孔隙水排出，土体因体积变化而压密的时间过程是土的固结。

在沉降控制要求中，《道路路基设计规范》中规定以路面设计使用年限（沥青路面15年，混凝土路面30年）内的残余沉降（简称工后沉降）来进行控制。这一固定时间段的沉降量需要考虑固结因素，可采用太沙基一维固结理论计算。任意时刻地基的沉降量：

$$S_t = ( m_s - 1 + U_t ) S_c$$

$$或 S_t = S_i + S_s + U_t S_c$$

式中，$U_t$——地基平均固结度，采用太沙基一维固结理论计算。

对于砂井、塑料排水板等竖向排水体处理的地基，固结度按巴隆给出的太沙基-伦杜立克固结理论轴对称条件固结方程在等应变条件下的解计算。

### 5.4.1.1.5　软土地基的稳定计算

评价软土地基稳定性通常采用静力极限平衡法理论。先假定一个潜在的滑动面，然后通过对滑动面上的滑动土体进行静力平衡分析，求出作用于滑动面上的法向应力和剪应力，得出滑动面上的抗剪强度。滑动面的稳定安全系数即为平均抗剪强度和平均剪应力之比。假定 $n$ 个滑动面，在这 $n$ 个滑动面中取安全系数最小的滑动面作为最危险滑动面，其对应的安全系数即为土坡的整体稳定安全系数。

土坡的稳定安全度使用稳定安全系数 $K$ 表示，它是指土的抗剪强度 $\tau_f$ 与土坡可能滑动面上产生的剪应力 $\tau$ 间的比值。

计算软土路堤的稳定常采用瑞典圆弧滑动法中的固结有效应力法、改进总强度法，有时也采用Janbu普通条分法或者简化Bishop法，验算时需要分别计算施工期和运营期的稳定安全系数。施工期的荷载仅包括自重，运营期的荷载除自重外还包括路面荷载和行车活载。工程设计中计算土坡稳定一般采用电算法。当计算的稳定安全系数小于表中所列控制标准时，应针对稳定性采取地基处理设计。

## 5.4.1.2　方案比选

### 5.4.1.2.1　方案一：真空和堆载联合预压

真空和堆载联合预压是真空预压和堆载预压相结合的一种方法。在黏土层上铺设砂垫层，然后用薄膜密封砂垫层，用真空泵对砂垫层和砂井抽气，降低地下水位，固结地基；同时，在砂垫层上方堆土或砂石，预先完成部分或大部分地基沉降，并能加速排水。

场地整平后，铺五层荆芭形成作业面，填筑30 cm厚砂垫层，安装塑料排水板，排水板采用1 m×1 m正三角形布置，外露50 cm，沿排水方向弯折，排水板安装完成后，再填筑20 cm厚砂垫层。用塑料薄膜密封砂垫层，用真空泵对塑料薄膜以下进行抽真空处理，真空泵空抽吸力不应低于95 kPa。在抽真空20～30 d后进行堆载预压，分层施加荷载并碾压，堆填砂性土至路基设计标高。

主要设计参数：荷载强度暂定80 kPa，分级加载，每级荷载40 kPa，加载速率暂定为4 kPa/d，堆载时间6个月，真空预压边缘大于路基坡底范围，膜下真空度应稳定保持在86.7 kPa以上，排水板深度范围内土层的平均固结度应大于90%。

施工前需要先做试验段，以明确加载速度等参数。荷载施加过程中要加强监测，防止施工过程中的发生地基失稳。

真空和堆载联合预压沉降约1 m，处理后地基承载力约150 kPa，具体数值以现场监测数据为准。

### 5.4.1.2.2 方案二：强夯置换

首先将临时道路整平，填1.5 m厚石渣整平形成作业面。强夯施工，将夯坑填平，继续强夯，循环上述步骤，直到形成满足要求的桩体。

强夯置换法处理地基，必须通过现场试验确定其适用性和处理效果。

主要设计参数：夯击能取3 000～4 000 kN·m，采用正方形布点，夯点间距为3.5 m，夯击次数应根据试夯的夯击次数和夯沉量曲线确定，同时应满足最后两击的平均夯沉量不宜大于50 mm，夯坑周围地面不应发生过大的隆起，不因夯坑过深而发生提锤困难。本次夯击次数暂定为9～11次。夯击遍数应通过试夯确定，根据工程经验，本次暂定夯击遍数3遍，最后再以低能量满夯2遍，时间间隔一般不少于7～10 d。置换深度应达到淤泥层以下0.5 m。强夯置换设计参数应根据试夯进行调整，具体夯击能、夯击次数、夯点布置等各项参数通过试夯确定。

本工程拟用桩式置换，宜采用级配良好、粒径大于0.3 m的颗粒含量不超过30%、抗剪强度高的石渣，以保证置换桩质量。置换深度约为6～8 m。

经计算处理后复合地基桩土面积置换率约0.26，强夯置换地基承载力特征值应通过现场单墩静载荷试验确定。

处理完成后回填砂性土至路基顶面设计标高。

### 5.4.1.2.3 方案三：水泥搅拌桩

是利用水泥作为固化剂的主剂，是软基处理的一种有效形式，利用搅拌桩机将水泥喷入土体并充分搅拌，使水泥与土发生一系列物理化学反应，使软土硬结而提高基础强度。

首先将临时道路整平，填1.5 m厚石渣整平形成作业面。水泥搅拌桩施工，直到形成满足要求的桩体。

主要设计参数：

地基处理采用水泥土搅拌桩（干法），平均有效桩长为8 m（桩底位于持力层内1 m），桩径为0.6 m，布桩间距1.1 m，采用正三形布置，置换率为0.22，掺加42.5#普通硅酸盐水泥。粉喷桩水泥量根据地基含水量大小，采用水泥喷入量40～60 kg/m³之间。含水量40%以下时，水泥用量为45 kg/m³；含水量40%～60%之间，水泥用量为50 kg/m³；含水量为60%～70%之间，水泥用量为55 kg/m³；含水量为大于70%时，水泥用量为60 kg/m³。

单桩承载力特征值150 kPa，桩间土地基承载力70 kPa，复合地基承载力136 kPa>120 kPa，满足路基处理要求。

### 5.4.1.2.4 方案四：预应力混凝土管桩法

预应力混凝土管桩在现有软土路基处理中应用广泛。其单桩承载力高、对持力层起伏变化大的地质条件适应性强、施工速度快、工期短、成桩质量可靠、监理检测方便等特点，适应了软土路基沉降控制的要求。

预应力混凝土管桩抗腐蚀性能说明：从钢筋混凝土遭腐蚀性破坏的机理可知：① 当腐蚀介质通过毛细孔渗透道混凝土内部就会与水泥水化产物反应，生成膨胀性或无胶凝性产物（硅胶和铝胶），引起混凝土溃散破坏。② 氯离子腐蚀钢筋，造成混凝土膨胀破坏。而预应力混凝土的以下特点使得其具有很高的抗腐蚀性：① 强度高。预应力混凝土管桩生产选用$C_3A$含量小于8%的硅酸盐水泥，并且水泥针对管桩的许多特殊要求而生产，胶凝材料用量一般在450～500 kg/m³之间，混凝土强度等级要求C80以上。② 水灰比低，密实度高。预应力混凝土管桩的设计水灰比在0.3左右，经过离心成型混凝土水灰比进一步降低，密实度大大提高，因而具有很高的抗腐蚀性能。③ 预应力混凝土管桩在生产中采用磨细砂（$Si_2O$≥90%，比表面积≥4 200 cm²/g）掺加技术，进一步提高了管桩的抗腐蚀性能。加磨细砂有活性效应，在压蒸条件下磨细砂与氢氧化钙反应，能够减少钙矾石的生成速度和总量，另外加细磨砂有微集料效应，即超细掺和料及其反应产物能填充毛细孔，起到阻断离子扩散、降低混凝土渗透性的作用，超细掺和料与其反应产物能减小水泥石和集料之间的薄弱过渡区，提高界面的强度和密实性。

到目前为止，预应力管桩在我国沿海地区应用广泛。在山东沿海地区，烟台世贸中心、烟大轮渡、烟台市世纪华庭、青岛丽东化工、青岛大炼油工程储运设施桩基工程、青岛北海船厂船体联合工场、青岛蔚蓝群岛、青岛海湾大桥第十二标段等许多工程中得到了应用，这些地区地下水具有强腐蚀性。通过相关检测报告得到管桩在工程应用中强度损失率、重量损失率以及外观要求均符合标准，为耐蚀性。

预应力管桩处理深厚软基路段及路堤段方案设计：适用于深厚软基路段及填方路

段地基处理。预应力混凝土管桩采用PHC-A300-70桩，按正方形布置，桩距2.0 m，施工时制定合理的打桩顺序。为提高管桩对地基的挤土效应，管桩采用十字形桩尖，施工前必须进行成桩试验。处理深厚软基一般路段时，首先对地表杂填土进行1.5 m清表，对基底进行冲击碾压处理后进行管桩施工。处理填方路段时首先对地表杂填土进行0.3 m清表，对基底进行冲击碾压处理后进行管桩施工。桩顶标高低于处理表面0.3 m。每个管桩桩顶设置桩帽，管桩各部分施工完成后，桩顶加铺0.3 m碎石垫层。路基横坡2%，以道路行车道边线向外延伸0.5 m，以1∶1进行放坡，人行道下路基填土回填，按照人行道结构要求进行处治。

**表5.3** 路基处理方案比选

| 方案比选 | 工期（月） | 造价（元/m²） | 优缺点 |
|---|---|---|---|
| 真空和堆载联合预压 | 6月 | 400 | 造价较低，工期长 |
| 强夯置换 | 约3月 | 720 | 造价高，工期短 |
| 水泥搅拌桩法 | 约2月 | 760 | 造价高，工期短 |
| 预应力混凝土管桩法 | 约1月 | 900 | 造价高，工期短 |

真空和堆载联合预压造价低，工期长，堆载后可以作为施工便道；强夯置换成本较高，且由于淤泥较厚，在强夯过程中可能出现石渣扩散难以成桩的情况，工程可控性较差，强夯置换夯击能较大；水泥搅拌桩成本高，施工可控性较差，对管线敷设也存在一定影响；预应力混凝土管桩成本高，管桩留在道路以下，存在资源的浪费。经过与建设单位对接，初步确定项目建设周期为1年，考虑到路基处理完成后距路面结构施工有较长时间，满足真空和堆载联合预压工期的时间要求，综合考虑以上因素，建议采用方案一真空和堆载联合预压法为路基处理方案。

路基处理宽度满足管线所需宽度，路基处理完成后顶面回弹模量大于40 MPa。

施工应严格按照《城镇道路工程施工与质量验收规范》（CJJ 1—2008）和《道路路基施工技术规范》（JTG/T 3610—2019）执行。

### 5.4.1.3　材料要求

5.4.1.3.1　路基填土

（1）路床顶面以下50 cm范围以内路基填土要求。

路床顶面以下50 cm路基填土采用碎石土，要求大于38 mm颗粒含量达到30%~50%，填料最大粒径不大于10 cm。

（2）路床顶面50 cm范围以下路基填土要求。

路基填料应优先选用级配良好的砾类土、砂类土等粗粒土作为填料，泥炭、淤泥、冻土、强膨胀土、有机质土及易溶盐超过允许含量的土等，不得直接用于填筑路基。路床顶面以下50～80 cm范围内填料最大粒径不大于10 cm；路床顶面以下80 cm以外最大粒径不大于15 cm。填土应选用塑性指数≤26的土质，下面这些土质不能作为路基填土：沼泽土、泥炭及淤泥；含有树根、树桩、易腐朽物质或有机质含量大于4%的土；氯盐含量大于3%的土；碳酸盐含量大于0.5%的土；硫酸盐含量大于1%的土。

#### 5.4.1.3.2 碎石垫层

对局部路基处于潮湿路段设置级配碎石垫层，要求级配良好，最大粒径不超过30 mm，不含植物残体、垃圾等杂质。

**表5.4　　　　　　　　　　　碎石垫层级配要求**

| 通过下列筛孔（方孔筛，mm）的质量百分率（%） | | | | | | | |
|---|---|---|---|---|---|---|---|
| 级配范围 | 53 | 31.5 | 19 | 4.75 | 0.6 | 0.075 | 液限 | 塑指 |
| 通过百分率 | 100 | 90～100 | 65～85 | 30～50 | 8～25 | 0～5 | <28 | <9 |

#### 5.4.1.4　路基压实标准与压实度及填料强度要求

#### 5.4.1.4.1 一般路段

路基压实标准、压实度、填料强度要求及最大粒径要求详见下表。

**表5.5　　　　　　路基填料最小强度、压实度及最大粒径要求**

| 项目分类 | 路床顶面以下深度（m） | 填料最小强度CBR（%） | 压实度（%）（重型击实） | 填料最大粒径（mm） |
|---|---|---|---|---|
| 填方路基 | 0～0.3 | 8 | ≥95 | 100 |
| | 0.3～0.8 | 5 | ≥95 | 100 |
| | 0.8～1.5 | 4 | ≥93 | 150 |
| | >1.5 | 3 | ≥92 | 150 |
| 零填及挖方路基 | 0～0.3 | 8 | ≥95 | 100 |
| | 0.3～0.8 | 5 | ≥93 | 100 |

注：表中所列压实度系按《道路土工试验规程》（JTJ 051）中重型击实试验法求得的最大干密度的压实度。

5.4.1.4.2　桥体路段

为减少路基本身压缩变形，避免桥头跳车，桥头两侧50 m范围内路基压实度应适当提高，其中，桥头两侧25 m范围内，路床顶面以下0～0.8 m路基压实度均提高到96%（重型击实标准）以上；桥头两侧25～50 m范围内，路床顶面以下0～0.8 m路基压实度均提高到95%（重型击实标准）以上。回填填料应采用碎石土、风化砂和其他易密实透水性粒料等透水性材料。

5.4.1.4.3　加宽段路基

压实度标准在一般路段基础上再增加1%～2%。

### 5.4.1.5　路基防护

依据《青岛市红岛经济区及周边区域防洪排涝、防风暴潮规划》（中间成果），道路南侧50年一遇潮位$H = 3.73$ m，经咨询相关港工设计、建设单位，临海段需对高程3.8 m以下道路路基坡面进行防护，根据现状地形高程和防护高程要求，坡面净高约2 m，坡面高（1:2）约4 m。其防护形式采用路基蹬脚+浆砌块石护面，具体范围结合实际施工时道路纵断设置。

### 5.4.1.6　道路软基处理技术评价模型的研究

软土地基处理技术评价是一个既含有定量因素，又包括定性因素的问题，运用传统的数学方法来建立评价模型是比较困难的。模糊理论是对非定量问题进行分析的有效方法，且在众多的系统优化方法中，层次分析法可以将评价软基处理技术这一目标分成几个层次来进行研究，从而将复杂的问题简单化、直观化。

经过对国内外资料的大量调研，结合前期对高新区已建道路的现场调查，本节将模糊理论和层次分析法二者相结合，在评价指标中引入道路运营后软基路段的不均匀沉降对行车的影响，建立了软土地基处理技术的多层次综合模糊评价模型，对非定量问题进行模糊综合评价分析。在高新区软土地基处理技术评价中，只要所选定的评价指标能体现软土地基处理技术的参数，而且这些参数易于量化，那么由这些指标所组成的比较矩阵就具有客观性和科学性，得出的综合评价结果也将是可靠的。

5.4.1.6.1　评价方法及理论

（1）层次分析法。

层次分析法（AHP）是将与决策总是有关的元素分解成目标、准则、方案等层次，在此基础之上进行定性和定量分析的决策方法。该方法是美国运筹学家匹茨堡大学教授萨蒂于20世纪70年代初，在为美国国防部研究"根据各个工业部门对国家福利的贡献大小而进行电力分配"课题时，应用网络系统理论和多目标综合评价方法，提出的一种层次权重决策分析方法。这种方法的特点是在对复杂的决策问题的本质、影响因素及其内在关系等进行深入分析的基础上，利用较少的定量信息使决策的思维过程数学化，从而为多目标、多准则或无结构特性的复杂决策问题提供简便的决策方法。

1）基本思路。层次分析法的基本思路在于按照系统分析的原理，把问题层次化、数量化，并用数学方法为分析、决策或预报提供定量依据。通过对确定的评价指标进行定性定量分析，来完成对方案的评价。它特别适用于难以完全量化，又相互关联、相互制约的众多因素构成的复杂问题。它把人的思维过程层次化、数量化，是系统分析中的新型数学方法。

2）层次分析法原理。层次分析法就是把问题的内在层次与联系判断量化并做出方案排序的方法，该方法具有所需信息量少、决策过程花费时间短等特点。采用层次分析法可以把系统的许多影响因素，即不同单位的定量因素和不同性质的定性因素统一起来，加以综合分析评价。

（2）模糊理论。

1965年，美国加州大学的L.A.Zadeh教授发表了论文《模糊集合》，在此基础上发展成模糊数学。经过几十年的发展，它已初步应用于模糊控制、模糊识别、模糊聚类分析、模糊决策、模糊评判、系统理论、信息检索、医学、生物学等各个方面，在气象、结构力学、控制、心理学等方面已有具体的研究成果。模糊集理论的本质是用隶属函数作为桥梁，将不确定性在形式上转为确定性，即将模糊性加以量化，从而为模糊不确定性问题的解决提供了数学工具。

对于软土地基处理技术的综合评价，要统筹考虑各种影响因素，故采用M（•，⊕），即"加权平均型"算子，它对所有因素依据权重大小均衡兼顾，比较适用于要求总和最大的情形。为了进一步评价各种软基处理技术的优劣，先将各个评语的得分进行加权平均，然后对得到的总分进行比较。每个评语打分为$C_j$，则综合评判的总分为：

$$S = \sum_{j=1}^{n} b_j \times C_j$$

### 5.4.1.6.2　评价模型的层次分析

进行软土地基处理技术评价分析就是要对各种处理技术进行综合评价，按照层次分析法进行以下一些工作：① 确定道路软基处理技术评价要达到的总目标。② 分解问题的组成因素。根据问题的性质以及要达到的目标，将问题分解为不同的组成因素，并按照因素间的相互关联以及隶属关系，将因素按不同的层次聚集组合，形成层次分析模型。③次级层次权值的确定。进行次一级层次对其隶属的上一级层次的相对重要权值的确定。

### 5.4.1.6.3 评价模型的层次及指标确定

在进行本项目技术评价时，经济合理性和技术可行性是必不可少的两大因素，因此将二者列入第一层次。环境是人类生存和发展的基本前提，为我们提供了必需的资源和条件，我国越来越注重对环境的保护，故将处理技术实施过程中对周围环境的影响也列入第一层次。为了体现评价模型的系统性，将已建道路现有路基及桥台背不均匀沉降产生的"跳车"对行车的影响，即服务水平引入评价体系作为第一层次。最终，将软基处理技术评价的准则层确定为以下四个方面。

（1）技术可行性。技术可行性包括考虑软土地基处理方案对当地工程水文地质条件的适应性及现今的理论计算和设计方法是否成熟、当地的经验是否丰富、施工和质量技术监测水平对技术要求的保障程度等。确保工程质量满足工程建筑对地基的要求是首要前提。对于一个地基处理技术最基本的要求是要满足上层建筑对地基的承载力和变形的要求，即安全与可靠性的要求。其中，工程水文地质条件主要是考虑软土性质、软土厚度以及软土的走向及埋深。施工条件主要考虑施工复杂程度、施工设备及施工人员素质。

（2）经济合理性。经济合理性是可行性研究的核心。随着经济的发展，投资效益的观念深入人心，现在国家以及业主们都非常重视工程造价。投资额越高，业主最终所获得利润就会越低，就会造成经济上的浪费。在软土地基处理技术的评价中，经济合理性主要从造价、工期和材料供应这些因素来考虑。

（3）环境影响。由于施工会对周围环境产生影响，如噪音、地基的变化、地下水位的变化、排出的泥水或使用的化学药剂对地下水的污染等，所以在选择施工方法和处理方法时必须全面考虑。在满足不影响周围居民正常生活、不会引起周围建筑的地基的过分不良反应基本要求的前提下，尽量使用那些噪声低、振动小、无污染，几乎不引起周围地基不良反应的处理技术。这样可以达到环境保护的目的。

（4）服务水平。由于之前的三个因素都是在设计和施工阶段考虑的，而没有考虑道路建成后的因素和指标，随着道路的建成运营，各种软基处理技术的效果会逐渐体现出来，服务水平的高低，最终体现在不均匀沉降对行车速度的影响。

## 5.4.2　路面 ≫

### 5.4.2.1　设计原则及依据

设计遵循因地制宜、合理选材、方便施工及利于养护的原则，并结合青岛当地条件和实践经验，以达到技术经济合理、行车安全舒适的目的。

### 5.4.2.2　车行道路面结构设计

本次研究内容主要包括经二路及相交道路，相交道路中龙海路、规划十八号线及青威高速延长线三条道路实施至经二路规划绿线以外，龙海路规划为城市主干路，规划十八号线规划为城市次干路，青威高速延长线规划为准快速路。鉴于规划十八号线及青威高速延长线湿地桥区以北段地面道路较短，本次设计横向相交道路与经二路采用相同的路面结构。

根据设计进行的交通量调查和预测，进行当量轴次计算，确定路面设计弯沉值及轴载作用次数。

#### 5.4.2.2.1　方案设计

新建车行道路面结构主要设计以下两种方案：

（1）方案一。

4 cm细粒式沥青混凝土（AC–13C，玄武岩骨料）；

粘层沥青油0.6 L/m²；

5 cm中粒式沥青混凝土（AC–16，石灰岩骨料）；

粘层沥青油0.6 L/m²；

8 cm粗粒式沥青混凝土（AC–25，石灰岩骨料）；

SBS改性沥青下封层1 cm；

透层沥青油1.1 L/m²；

水泥稳定碎石18 cm；

水泥稳定碎石18 cm；

水泥稳定砂砾15 cm；

路基整平碾压，其压实度≥95%（路槽底0～80 cm范围）。

（2）方案二。

4 cm细粒式沥青砼（AC–13C）；

5 cm中粒式沥青砼（AC–16）；

7 cm粗粒式沥青砼（AC-25）；

6%二灰碎石18 cm；

6%二灰碎石18 cm；

6%二灰碎石18 cm；

路基整平碾压，其压实度≥95%（路槽底0～80 cm范围）。

#### 5.4.2.2.2 材料比选

（1）路面结构厚度的优化。

为提高青岛市中心城区道路路面建设质量、规范路面设计工作，近期青岛市发布的《青岛市城市道路路面结构设计导则》重点考虑了青岛市现有路面结构层设计标准偏低，且随着城市地块开发进程的不断加快，非建成区道路两侧开发时超载工程车辆较多等客观因素，提出对于特重交通等级的路面结构，面层结构采用4 cm（AC-13C）+5 cm（AC-16）+8 cm（AC-25）。

同时，青岛市市政道路结构在面层、基层厚度方面普遍偏薄，从使用效果来看，路面早期破坏现象较为突出，耐久性也存在问题，因此本次设计根据《导则》要求适当提高建设标准。

（2）高温稳定性和低温抗裂性优化。

从近几年道路和城市道路路面的实践可看出，单层沥青面层过薄，沥青难以包裹骨料，引起沥青过早剥落，使路面稳定性的降低。因此，沥青面层每层厚度不能太薄，国外一般采用3倍的骨料粒径作为单层沥青面层的厚度。大量实践表明：采用三倍骨料粒径厚度的面层可提高路面的高温稳定性和低温抗裂性，因此本次设计控制沥青面层的厚度均大于或等于三倍骨料粒径。因此，选用上、中面层厚度分别为4 cm、5 cm。

（3）水泥稳定砂使用比选。

按照规范《城镇道路路面设计规范（CJJ 169—2012）》中相关规定：填石路基顶面应铺设整平层，整平层可采用未筛分的碎石或石屑或低剂量的水泥稳定粒料，其厚度应根据路基顶面的不平整情况确定，宜为100～200 mm，本次推荐选用15 cm、5%的水泥稳定砂。同时，考虑非建成区道路两侧开发时超载工程车辆较多等客观因素，为增加道路强度，推荐路基上设水泥稳定砂整平层。

### 5.4.3　人行道 ≫

步行系统是道路交通系统的有机组成部分，设计遵循"以人为本"的设计原则，强调作为空间主体的人的主观感受，保证步行系统的舒适性和居住环境的适居性。

#### 5.4.3.1　方案设计

5.4.3.1.1　方案一：透水砖结构

生态砂基透水砖6.5 cm；

中砂层5 cm；

级配碎石15 cm；

路基（土基压实度≥92%，重型击实标准）。

5.4.3.1.2　方案二：花岗岩结构

花岗岩板4 cm；

1∶3水泥砂浆3 cm；

C20混凝土垫层10 cm；

路基（压实度≥90%，重型击实标准，应用建筑废弃物再生材料）。

5.4.3.1.3　方案三：透水混凝土结构

水泥混凝土透水面层8 cm；

水泥处治排水基层12 cm；

级配碎石垫层10 cm（压实度≥95%，CBR≥80%）；

级配碎石20 cm路基（压实度≥90%，重型击实标准）。

#### 5.4.3.2　材料比选

（1）透水混凝土与透水砖。

随着城市建设步伐的加快，现代城市的地表逐渐被建筑物、混凝土及沥青混合料等阻水材料所覆盖。在为人们提供便捷的交通设施、平整的道路并带来极大方便的同时，不透水的路面也给城市的生态环境带来诸多负面影响，形成生态学上的"人造沙漠"。由于铺设了不透水的路面材料，出现严重的环境及社会问题可以总结为以下几个方面。

① 自然降水不能自然地渗入地下，致使地表植物难以正常生长。② 不透气的路面很难与空气进行热量、水分的交换，缺乏对城市地表温度、湿度的调节能力，产生所谓的"热岛效应"。③ 不透水的道路表面容易积水，且易形成水雾或水膜，冬季下

雪后易结冰，降低了道路的舒适性和行车安全性。④ 当短时间内集中降雨时，雨水只能通过下水设施排入河流，大大加重了城市排水设施的负担，易出现积水，导致交通困难。

透水混凝土与透水砖与不透水路面相比主要有以下优点：① 利于树木生长，净化环境。② 利于降水渗透，回灌地下。③ 防止大雨交通堵塞，保证安全，节约能源。④ "地气" 通透，调节城市小气候，减轻城市热岛效应。⑤ 减少扬尘，降低噪音。⑥ 具有雨天行走舒适的特点。

彩色透水地坪与透水混凝土和透水砖相比，具有功能性强、不易阻塞、容易清理，长时间（6~8年）内无须返修，且景观上可以营造整体性强、气势宏伟（可行驶车辆）的效果。本次工程非机动车道结合绿化带设置，设计时可采用棕红色彩色透水地坪结构。

（2）基层材料选择。

根据市城乡建委、市发改委、市财政局、市物价局、市城管局五部门联合发布的《关于在政府投资工程中率先使用建筑废弃物再生产品的通知》相关要求，本次道路人行道积极采用建筑废弃物再生产品。结合工程实际情况，采用再生C20混凝土作为人行道结构基层。

（3）推荐结构。

设计人行道宽度为5 m，其中人行空间为3.5 m，非机动车道主要结合绿化带设置。

考虑到经二路所处的区域位置，为保证水资源可以得到重复利用，推荐人行道路面结构采用透水砖，非机动车道初步设计采用棕红色透水地坪结构设置，具体设计可根据景观需求进行调整。

### 5.4.4 路缘石、界石 ▶▶

（1）车行道外侧设置100×25×35 cm型侧石，埋深17 cm，外露18 cm。

（2）中间分隔带两侧及导流岛外侧设置100×25×35 cm型侧石，埋深17 cm，外露18 cm。

（3）界石设置于人行道外侧，规格为80×12×15 cm，埋深10 cm，外露5 cm。

（4）路缘石、界石、平石及安全岛路缘石等均采用石材，颜色及材质建议由建设单位及市场供应情况确定；石质应一致，无裂纹和风化现象，外露面为机切磨光面；石材强度标号不低于MU80，洛杉矶磨耗率小于30%，狄法尔法磨耗率小于5%。

（5）道路平曲线、路口转弯以及中央隔离带开口等部位，路缘石应加工为曲线型，每段长度宜为60 cm。

（6）路缘石施工缝缝宽应控制在3 mm以内。

（7）界石埋深可根据外露高度适当调整，尺寸不变。

（8）末端路缘石长度可根据实际情况进行调整。

## 5.5　交通工程

交通设施是涉及道路安全使用、交通功能得以实现的重要设施。其工程内容主要包括交通标志、标线以及交通信号灯。

### 5.5.1　交通标线

根据道路的设计参数，对车行道进行合理布置和车道划分。道路车行道一般路段为3.25～3.5 m，交叉口进口车道和出口道按照规范要求展宽，匹配路段通行能力。

具体标线施划标准如下。

#### 5.5.1.1　车道分界线

车道分界线为白色虚线或实线，用来分隔同向行驶的车道。车道分界线采用线宽为15 cm；车道分界线虚线线段长6 m，间隔9 m。

一般横向道路对向车道分界线为黄色单实线或双实线，线宽为15 cm。

#### 5.5.1.2　车行道边缘线

车行道边缘线为白色实线，用来表示车行道的边线，线宽为20 cm。

#### 5.5.1.3　导向箭头

导向箭头的颜色为白色，导向箭头的总长为6 m。

#### 5.5.1.4　人行横道线

人行横道线为白色平行粗实线（斑马线），表示准许行人横穿车行道的标线。标线宽度为40 cm，间隔为60 cm，人行横道宽度为5 m。

#### 5.5.1.5　文字标记

文字标记颜色为白色，主路字高9 m；辅路字高6 m。文字字宽均为3 m。

#### 5.5.1.6 公交专用道标线

采用20 cm宽公交专用道黄虚线。

交通标线材料采用热溶型标线漆。标线严格按照规划规范进行设计和施工，在此不再阐述。

由于红岛片区公交线网规划还未确定，本次设计中仅考虑车道分界线、车道边缘线、地面道路的渠化线、人行横道线、停车线、导向箭头等，不考虑公交专用道标线的施划。

根据道路设计车速及线形条件，确定经二路道路设计行车速度为50 km/h。

道路上车辆限高为5 m，一般车辆不受限制。道路全线限制超重、超高、超长车辆行驶。

### 5.5.2 交通标志 ≫

#### 5.5.2.1 交通标志分类

交通标志是用图形符号、颜色和文字向交通参与者传递特定信息，用于管理交通的设施。交通标志主要有警告、禁令、指路和指示标志等。警告标志的颜色为黄底、黑边、黑图案；禁令标志的颜色，除个别标志外，为白色、红圈、红杠、黑图案，图案压杠。指路标志的颜色根据道路等级进行区分，本项目主路、辅路与横向的地方道路指路标志的颜色为蓝底白图案。

道路标志板衬底采用V类反光膜。

#### 5.5.2.2 标志板几何尺寸

（1）警告标志。

警告标志的颜色为黄底、黑边、黑图案。警告标志的形状为等边三角形，顶角朝上，边长为90 cm。

（2）禁令标志。

禁令标志的颜色，除个别标志外，为白底、红圈、红杠、黑图案，图案压杠。

禁令标志的形状为圆形、八角形、顶角向下的等边三角形。圆形标志外径为80 cm。三角形标志边长为90 cm。八角形标志外径为80 cm。

（3）指示标志。

指示标志的颜色为蓝底、白图案。指示标志的形状分为圆形、长方形和正方形。

圆形标志直径为80 cm。正方形边长为100 cm。长方形边长为140 × 100 cm。

（4）指路标志。

指路标志的颜色为蓝底白图案。

标志版面为长方形，采用中英文字体对照。汉字字高为40～50 cm。

（5）辅助标志。

汉字字高为20～30 cm。

### 5.5.2.3 交通标志的设置

交通标志结合交通标线对车辆行驶加以前方出口预告和正确引导。交通标志主要设置在道路交叉口等特殊路段上，以指示各种交通信息。

道路交叉口处，车道划分指示牌及指路标志牌组合设计，其中车道划分指示牌设置于进口道停车线后方30 m处，指路标志牌设置于进口道停车线后方80 m处。近期共设置标志牌60块，远期结合工程建设情况增设。

本工程范围内与经二路相交的平面交叉口，均设置信号灯控制系统。

沿线次要路口及单位进出口均采用右进右出进入经二路，以减少在道路上开口而影响主线车流的行驶通畅，这类支路路口辅助设置停车让行及导向标志。

### 5.5.2.4 标志板支撑结构

交通标志根据支撑结构形式的不同可分为：直杆、F杆、T杆和龙门架结构等。交通标志板及标志结构的设置不得侵入道路建筑限界，须满足道路净高5.5 m和侧向净宽0.5 m的要求。交通标志板不得被其他物体如绿化、广告牌等所遮挡。

指路标志牌采用3 mm厚铝合金板，禁令标志、警告标志、指示标志采用2 mm厚铝板。

标志结构设计抗风应满足相关规范的要求。标志板背面焊接滑动铝槽，标志与标志立柱通过钢带式万能夹牢固连接。标志杆结构采用普通碳素结构钢（Q235）钢管制作，并做热镀锌处理，在焊接时保证焊缝质量，并进行有效的打毛刺和修磨工作，热镀锌应保证锌层的厚度和均匀性。

## 5.5.3 交通信号灯 》》

### 5.5.3.1 交通信号灯选用

全线信号灯结合道路拓宽及交叉口渠化统一设计，其中车行信号灯主灯型号采用多相位车行信号灯。

工程范围内主要道路交叉口设置交通信号灯。工程涉及的车行信号灯型号各采用Φ500-3的多相位车行信号灯，并设置LED倒计时显示屏；行人信号灯型号采用Φ300-2人行信号灯。

### 5.5.3.2　管线工程

本次交通信号灯管线结合路灯管线同步实施，人行道下穿PVC100保护管，过路穿G100钢管。过路钢管壁厚4 mm，表面涂防腐涂料应符合国家有关标准，应采用聚乙烯涂氟钢管。

本工程全线敷设ITU-T.G652的28芯单模光缆2条，12芯单模光缆1条，以便供后期增设的智能交通设施通信利用。

在路段拐弯处或长度超过60 m时，应预留一处接线井。为了方便线缆敷设接线井，电缆过道路时保护钢管两端伸出路基0.5 m，在保护管两端各做一个过路工作井。

## 5.5.4　交通标志、信号灯及路灯等多杆合一　》》

在城市道路建设过程中，城市道路上需要布置较多的市政交通设施杆件，一般包括交通标志、智能交通设备、路灯、路名牌等。如果各类设备都各自独立地在城市道路上树立杆件，则城市道路上杆件林立，不仅有碍景观，同时也浪费资源，不符合节约型社会的总体要求。另一方面，各类杆件在道路空间布置上可能会存在冲突，也需要综合协调。

进行多杆合一，能够减少城市道路杆件数量，合理、有序使用道路空间，塑造个性鲜明、独具魅力的城市景观特色。多杆合一旨在对现有道路杆件进行整合，应对道路上的杆件进行梳理，取消不必要的杆件，交通设施杆件间应先充分整合，在兼顾行业标准的基础上，再对路灯杆与交通设施杆进行杆件整合。

多杆合一种类包括：一杆路灯与一杆大型标志或一杆智能交通设施多杆合一；一杆大型标志或一杆智能交通设施与多杆小型标志多杆合一；一杆路灯与多杆小型标志多杆合一；一杆路灯与一杆大型标志与多杆小型标志多杆合一；一杆路灯与一杆大型智能交通设施与多杆小型标志与多杆小型智能交通设施多杆合一等类型。

# 第6章

## ≪≪≪ 桥梁工程

## 6.1 概 述

本工程桥梁主要分为两部分，分别为：跨越胶州湾湿地桥梁；道路段跨越水系桥梁。

### 6.1.1 跨越胶州湾湿地桥梁 ≫≫

为保护胶州湾保护线内的生态湿地，本次工程经二路自桩号K3+056至K6+325范围内以桥梁方式跨越湿地，桥梁全长约3 269 m，标准段桥梁宽度为34 m；经二路与规划十八号线和青威高速延长线在湿地内以桥梁形式相交，桥梁在路口附近区段展宽段较多，为方便施工，在经二路桩号K3+056～K3+176范围内采用现浇形式桥梁；道路桩号K4+090～K5+385及K5+555～K6+325范围内桥梁为标准段，为方便施工，采用节段预制拼装箱梁，运用架桥机采取节段逐跨拼装施工方式；为营造良好的景观效果，在道路桩号K5+385至K5+555范围内（跨越中片区排水沟）设置主桥一座，主桥全长为170 m，桥梁宽度为34 m，并在主桥桥下预留游船通航条件，在最高潮水位下，控制通航净空不小于8 m。

根据经二路总体方案，规划十八号线和青威延长线在跨越湿地段均以桥梁方式与经二路相交，规划十八号线桥梁长度为160 m，标准段桥梁宽度为24 m；青威延长线桥梁长度为261.5 m，标准段桥梁宽度为41 m。

表6.1　　　　经二路及相交道路跨越胶州湾湿地桥梁实施情况一览表

| 类别 | 形式 | 跨径 | 梁（板）高度 | 实施区域 |
|---|---|---|---|---|
| 现浇段桥梁 | 薄壁墩连续刚构桥 | 单跨20 m | 1.1 m | 主线西侧起桥段（道路桩号K3+056～K3+176）、规划十八号线（道路桩号K0+100～K0+180）和青威高速延长线（道路桩号k0+202～K0+282）桥梁段 |
| | 连续箱梁桥 | 单跨35 m左右 | 2 m | 主线中间展宽段（道路桩号K3+176～K4+090）、规划十八号线（道路桩号K0+034～K0+100）和青威高速延长线（道路桩号k0+047～K0+202）桥梁段 |
| | 连续刚构桥 | 45 m+80 m+45 m | 2.5～5.5 m | 主线中片区水系（道路桩号K5+385～K5+555） |
| 预制段桥梁 | 预制拼装箱梁桥 | 35 m | 2 m | 主线东侧标准段（道路桩号K4+090～K5+385及K5+555～K6+325） |

### 6.1.2　道路段跨越规划河道桥 ▶▶

经二路沿线自西向东与古岸线水系、规划水系、河套15#水系和规划河套16#水系相交，需设置桥梁4座；另外，本次工程范围内龙海路跨古岸线水系需设置桥梁一座。龙海路跨古岸线水系桥梁长度为90 m，桥面宽度35.5 m，采用现浇箱梁形式；经二路跨古岸线水系桥梁长度85 m，桥面宽度45.75 m，采用现浇箱梁形式；经二路跨规划排水沟长度20 m，桥面宽度43 m，采用预制空心板形式；经二路跨河套15号排水沟长度为13 m，桥面宽度43 m，采用预制空心板形式；经二路跨河套16号排水沟桥梁长度为30 m，桥面宽度43 m，采用预制空心板形式。

表6.2　　　　经二路及相交道路跨越河道桥梁实施情况一览表

| 桥梁名称 | 形式 | 跨径 | 梁（板）高度 | 河道情况 |
|---|---|---|---|---|
| 龙海路跨古岸线水系桥梁 | 现浇连续箱梁 | 27 m+36 m+27 m | 2 m | 河道宽度84 m，需设弯桥，道路与河道斜交 |
| 经二路跨古岸线水系桥梁 | 现浇连续箱梁 | 25 m+35 m+25 m | 2 m | 河道宽度84 m，设置弯桥 |

（续表）

| 桥梁名称 | 形式 | 跨径 | 梁（板）高度 | 河道情况 |
|---|---|---|---|---|
| 经二路跨规划河道桥梁 | 简支箱梁 | 10 m+10 m | 0.6 m | 规划河道按20 m设置，道路与河道正交 |
| 经二路跨河套15#水系桥梁 | 简支预制空心板 | 13 m | 0.7 m | 河道宽度10 m，垂直护坡，道路与河道正交 |
| 经二路跨河套16#水系桥梁 | 简支预制空心板 | 16+16 m | 0.8 m | 河道宽度30 m，道路与河道斜交角度77.36° |

## 6.2 桥梁景观外延设计及桥梁美学研究

### 6.2.1 景观设计理论研究 ▸▸

#### 6.2.1.1 桥梁环境景观

##### 6.2.1.1.1 概念

桥位周边景观设计是桥梁工程总体景观设计的重要组成部分，它是在桥位区划范围内，结合城市或地区建设规划、景观和环保要求、人文特点，以桥位周边的自然地理风貌、地形地物特点、山水园林及动植物资源为主体，按照全桥总体景观设计要求和美学原则进行的环境美学创造和环境资源的开发利用。

桥位周边景观设计原则和所追求的目标可以概括为以下两方面：一是最大限度地展示桥梁主体结构艺术造型的美学效应和艺术魅力。所以在周边景观设计中，必须充分利用地形地物，尽其可能设计若干个可以从多角度、全方位摄取桥梁艺术魅力的视场。从这个意义上说，周边景观设计应当从属于主体景观设计，不能喧宾夺主、本末倒置。二是周边景观设计不受主体工程制约，景观设计者可以广开艺术思路，创造格调高雅、形式多样、造型新颖、内容丰富、布局合理、功能各异的观光台、园林小品、休闲娱乐场所，从而建设一个高品位的桥梁旅游景点群。

6.2.1.1.2　桥梁景观总体设计的指导思想

（1）周边景观与主体景观相协调。

桥位周边景观与结构主体景观尽管有主次之分，但不可分割、缺一不可、相互协调，共同构成了整个桥梁景观。

① 色彩：色彩的选择是协调周边景观与主体景观的重要方面。例如主桥的总体色调为银蓝色，其他主要色调有黑色和红色。在周边景观设计中，多处采用与主体色调相同或一致的银蓝色或其他浅色调，便可达到相互协调的作用。② 灯饰：在周边景观的灯饰中，采用与主桥同一系列的灯饰，灯光也应配合主桥的色泽选取，以使夜晚照明保持色度的一致，交相辉映，明快协调。③ 形式：周边景观的形式也应尽量与主体景观相协调，以便给人以一体化的视觉感受。例如主桥结构若为弧形，则给人顺畅、柔美的感觉，赋予构筑物生气和活力，那么与之相协调，周边景观也应采用同样优美柔和的曲线。

（2）周边景观对主体景观的升华。

周边景观首先需要烘托主体景观，使游人在欣赏主体景观的同时，视线所及之处都会留下美好悦目的印象，强化游人对主体景观的感受。其次，周边景观还能更深刻地体现桥梁文化，众多的铭牌、雕塑、小品都能体现出建设者的艰辛与智慧和人民群众的参与与支持，让游人感受成果的来之不易，从而对主体景观起到升华作用。

（3）周边景观是主体景观的观景视场。

利用周边地形建设观景平台，为游人提供可以从多角度观赏主体结构景观的视场，也是周边景观烘托主体景观的鲜明实例。

（4）保护利用天然资源。

人类每次大规模的建设活动，都会对生态环境造成很大影响，为了杜绝此类现象，在桥梁建设的同时，我们也应尽最大努力保护天然环境。

### 6.2.1.2　桥梁夜景观景观

6.2.1.2.1　照明设计的理念

随着经济的发展，人民物质文化生活水平的提高，能源资源的丰富，照明科学技术的进步，现代化桥梁灯饰夜景越来越受到各级政府的重视，夜景建设甚至成为评价现代化桥梁水平的重要标志，也成为现代化城市桥梁或桥位环境建设的重要组成部分。

在以高科技为支撑的桥梁夜景中，灯光已不再是传统观念中的照明工具，而成为展示和扩展桥梁审美效应，创造丰富多彩、神秘美妙、流动变化的夜空世界的审美要素，成为回旋于星空梦幻世界中的无声交响曲。

灯饰夜景的表现方法主要有空间方法和时间方法。空间方法按其所选用的灯具和光源，分为四种照明方法，即光源法、线光源法、面光源法和内透光法；时间方法中最常采用的是按季节或时间变换光源色调或照度，如夏季采用冷色光、冬季采用暖色光。随着现代照明器具不断更新以及高科技的应用，又出现了一批特殊灯具和光源，从而为设计师根据照射对象的特点、运用光学原理去表达建筑物特有的审美效应，提供了技术支持。

国外桥梁景观建设中，不但重视桥梁的艺术造型，也把夜景景观作为景观建设的重要部分。日本东京彩虹桥曾于1992年进行了一次夜景景观现场试验，当时邀请了380名观测者从不同的位置、角度进行观测，以便得出最佳夜景效果。

### 6.2.1.2.2 桥梁夜景的设计原则

（1）应用高科技、新技术，开拓新创意，按照光学原理采用多种光源组合，最大限度地展示大桥总体艺术造型（整体夜景）和具有特性的单体结构（主缆、索塔、锚旋等）的美学特征和艺术内涵，营造出以桥梁为主体的、流动变化的、富于空间想象力的桥梁夜景。

（2）需反映出桥梁所在城市经济发展与城市的繁荣景象，兼具当地的地域文化特征。

（3）所有灯饰和照明光源均不得影响航空飞行安全、海域行船安全与桥面行车安全。

（4）具有不同功能的多种光源不致互相干扰，造成衍射、泛光、乱影等负面效应。

（5）应用现代三维电脑仿真技术逐一分析各照明要素对总体效果的影响，提出多种设计方案和效果说明文件，供建设单位组织专家评审选定。

### 6.2.1.2.3 夜景要素分析

灯饰夜景景观的整体效果是由主体结构、环境、照明系统共同形成的，虽然主要功能不同，但互相之间却影响甚深。例如，照明系统着重于满足交通功能，对夜景灯饰起着补充、烘托的作用；夜景灯饰侧重于营造景观效果，但良好的夜景照明也会提高行车和行人生理和心理上的安全感。所以，在总体设计阶段应逐一分析各设计要素的美学功能。

（1）周边环境要素。周边环境要素首先必须包括桥位地域文化、风俗民情、城市风貌特点，在一定程度上反映出当地人民喜好的夜景风格；其次还要包括桥梁所在地域的夜景现状，如海域泛光、航空或行船光源、港区及城市照明、大气透明度、夜间天空亮度等影响夜景灯饰背景亮度的因素。通过测试或经验评估方法可以得出背景亮度值。在灯饰夜景设计中，也可以用现场照片记录下来，作为总体设计的景观背景。

（2）照明要素。灯饰夜景照明不需要把结构全部照亮，这样会造成平淡的光环境。所以，要根据桥梁的美学特征，选出照明所主要展现的对象，这就是所谓的照明要素。例如悬索桥的照明要素一般有索塔、锚旋、主缆、钢箱梁，有时也把吊索列入其中；斜拉桥的照明要素一般是索塔、斜拉索、主梁。各照明要素之间也有主次之分，不能等同利用。

（3）灯饰夜景表现方法。灯饰夜景的表现方法有空间法和时间法两种。空间法顾名思义是在不同的空间位置，布置不同类型和照明效果的灯具和光源，取得空间美学效果。时间法是在不同的时间段，通过控制不同回路照明灯具的明灭或强弱，组合出不同的效果。应用时间法可以根据黄昏、夜晚、深夜，以及一年四季不同背景照明和环境要求创造出具有不同特点的夜景景观，也是节约能源的极佳手段。

（4）灯饰效果模拟。在方案设计中，效果模拟是研究照明要素、直观表达设计意图的重要手段。效果模拟可以通过建立电脑模型的方法获得。应用3ds建模能够得到多视角的桥梁夜景图，剪贴到现场背景照片中，使用Photoshop等照片处理软件，可以得到仿真的灯饰夜景效果图。

（5）电气设计。根据桥梁照明设计的总体方案可以计算出用电负荷，再根据负荷性能进行负荷分级、负荷计算，确定电压等级，设计供电系统。

#### 6.2.1.2.4　功能照明的设计原则

灯饰系统设计包括根据灯饰夜景和照明要求，按总体设计方案配置灯具和光源，选择灯具的各项照明技术指标，计算并调整照明对象的照度、亮度参数等，并考虑光源对色彩的表现效果，使所选用的照明设备能切实满足总体方案的要求。选用灯具时，除了考虑光学性能之外，还应考虑灯具的电气性能、防尘防水性能、防雷防爆抗振能力等其他指标，使之适用于桥梁照明的特殊环境。

灯饰系统设计的关键是控制照明质量，以下四个方面是我们常用的控制手段。

（1）视功能舒适性。视功能的舒适性主要与照度和亮度以及投光方向有关。照度和亮度不是越大越好，而应以满足交通功能和夜间观赏需要为准。桥梁照明对照度和亮度的要求并不高，重要的是照度要均匀。在交通区域，20～100 lx的照度水平就能被普遍接受。灯饰夜景照明的照度则应根据方案要求选择在20～2 000 lx之间，超过2 000 lx就容易造成眩光。此外，被观察物体表面亮度与其表面反射比有关，相同照度下，反射比低的被观察物体，其表面亮度必然低于反射比高的物体。国际照明委员会（CIE）对道路照明进行了分类，也制定了相应的标准。

（2）立体感的表现。当照明来自同一个方向时，会出现规则的阴影，形成鲜明的立体感。但若照明方向过于单一，也会产生令人不快的强烈明暗对比和生硬的阴影。然而照明方向也不能过于扩散，否则，物体各个面的亮度一样，立体感就会消失。在桥梁夜景灯饰设计中，立体感的表现尤为重要。如果合理布置光源，调整光照角度，就可以得到合适的立体感。但同时也必须注意眩光现象，避免出现过于平淡的光环境。

（3）色彩的表现。在不同的光源照射下观看物体时，其外观颜色会发生变化，这种变化是由于光源不同的光谱分布造成的，如蓝色表面在红色光照射下可能会呈现出绿色，所以光源的色调对物体色彩的表现很重要。如以红色为主色调的美国金门大桥使用了橘黄色调高压钠灯，表现效果更为显著；而以混凝土本色为主色调的香港青马大桥在蓝、紫、红、黄等彩色灯光的照射下，索塔呈现出变幻的彩色效果。如果需要准确表现桥梁索塔颜色，则须选择高显色性的光源。

（4）眩光的控制。如果被照物体亮度极高或对比强烈，也会引起不舒适感，并使视觉降低，这就叫作眩光。眩光是影响照明质量、干扰行车、航空、行船、影响交通安全的最重要因素，应当严格控制。眩光可以是直射的，也可以是反射的。直射眩光产生的原因通常是亮度过高的光源进入人的眼睛，可采用以下两类灯具来避免直射眩光：一类是采用半透明的漫射板改善灯具发光面，使其亮度降低；另一类是用反射器或格片来遮挡灯具。反射眩光一般是光滑表面或附近的镜面反射光源产生的，最好的解决办法是使光的入射方向和观看方向相同，或从侧边入射到反射面上，这样反射光度就不会出现在视觉范围内了。

### 6.2.1.3　桥梁景观的CI设计

#### 6.2.1.3.1　概念

将桥梁和桥位周边环境为"景观主体"或"景观载体"而创造的景观（广义上的）通过用桥梁景观CI整体表现体系（尤其是视觉识别系统和理念识别系统），传达桥梁美、桥文化、桥精神，使观者在桥及桥域的"景"与"观"的互动过程中，对桥及桥所处区域的人文、自然、社会环境等产生一致的认知感和价值感，达到人、桥、环境的和谐统一。

### 6.2.1.3.2  桥梁景观CI设计的背景

桥梁景观的发展是物质文明的高度发展所引发的精神追求。1988年，日本的本四联络桥景观委员会提出"追求世界一流景观"的目标，奠定了桥梁景观学科的科学基础。1997年，桥梁景观设计理论被导入厦门海沧大桥的设计中。次年，厦门高格桥梁景观设计研究中心的成立推动了我国桥梁景观专业化的发展步伐。从改革开放至21世纪初，我国建成永久性道路桥梁22.4万座，总长745万米，且每年的数量仍在递增。如此众多的桥梁，为景观设计提供了广阔的舞台。然而，桥梁景观设计还存在着一些误区：如"包装"设计方法，"伪桥型"现象，桥梁景观设计的"纯商业化"运作，设计求"速""量"、不求"质"，图片的零碎"拼凑"，效果图等同于桥梁景观等一系列现象，且这些现象大多仍停留在视觉美学的层面，忽视地域及传统文化的挖掘以及对文化环境的尊重与共生，在设计中就桥论桥，忽视与项目的上一层次物质空间环境相协调，忽视对文化生态、经济生态的统一考虑。结果，造成一些桥"似曾相识"，对外缺乏独特性，对内缺乏统一性、系统性。

20世纪80年代企业CI进入中国。在"首届中国CI战略高级研讨会"上，孟宪忠、贺愈华两位先生提出了"城市CI"，即城市形象工程战略的概念（1995）。随后，钟健夫先生提出CI之C，不只是企业Corporate，同时应代表国家Country、城市City、社区Community等。2002年万敏简要提出桥梁景观CI，但未对桥梁景观CI的概念、类别、内容、具体运用等展开探讨。故而，在以德清英溪大桥景观设计的工程实践背景中，我们应运用企业CI理论知识，尝试性地系统阐述桥梁景观CI，以形成桥梁景观CI的理论体系，使桥梁景观设计更具有独特性、统一性、系统性。

### 6.2.1.3.3  桥梁景观CI设计的要素

（1）桥梁景观MI——桥梁景观理念识别。通过桥梁景观设计的总体理念及形象的定位，主要在工程和景观统一的前提下，优先选取桥型，确定桥梁附属设施及桥域滨水景观规划的总体风格，使桥在传达桥梁美、桥文化、桥精神的同时，展示桥所处区域的历史文化、精神风貌、经济社会等状况。

（2）桥梁景观VI——桥梁景观视觉识别。将桥梁景观设计的总体理念及其所要传达的各层面的抽象语意，转换成具体的符号概念，应用在具体的桥梁景观设计的基本系统和运用系统中，以标准化、系统化、统一性的手法，塑造桥梁及桥域独特的形象和文化。

（3）桥梁景观BI——桥梁景观行为识别。对桥梁建设单位而言，建立完善的管理、维护、运营等制度，对外通过传媒等手段，结合旅游方式，获得观游者对桥及桥域地区形象及文化的认知。依据CI设计的理论方法和桥梁景观自身特点，我们尝试性地将桥梁景观视觉识别分为主体景观设计系统和附属景观设计系统两个部分。

### 6.2.2　桥梁美学特征 》》

#### 6.2.2.1　统一变化

统一与变化或者说多样统一是形式美的一种高级形态，也是创造美的最高要求。从本质上讲，多样统一的和谐规律与人类社会和自然界一切事物发展规律相一致。

多样统一产生和谐是自古希腊以来美学家们一向极为看重的。毕达哥拉斯学派的美学思想就是建立在自然科学基础下的和谐，他们认为"美就是和谐"，"和谐是杂多的统一"，和谐可以引起人在生理和心理上的共鸣，从而产生了美感，并从数的和谐联系到音的节奏乃至建筑上的柱、门、窗等构造要素的排列，形成了衡量美的理论性尺度。

多样统一一般表现为两种形态，即有差异的统一和对立的统一。前者属于各种不同量的因素之间的变化，如各种形式要素的多少、高低、长短、大小等，呈现出一种渐变的调和之美。后者是指各种不同因素之间的统一，如刚柔、明暗、冷暖、浓淡等有规律的组合，这种形态往往创造出强烈的感观效果，在对比中凸显统一。

一项完美的造型设计必须同时具备统一性和差异性。统一性是建立秩序与和谐美的基础，然而，如果只有统一而无变化将会引起单调、乏味。因此，统一中注入变化才能增强造型物的情趣和生动感。

从物理的角度来说，变化是离心的、异向的；统一是向心的、同向的。在造型设计中，我们经常使用的兼而有之的办法就是"适度"，即从变化中寻求统一，从统一中追求变化。这种手法常常又具体表现在运用调和、主从、呼应、对比、节奏、重点等手法与手段上。变化中求统一的表现技法，常用来解决调和关系、主从关系，在统一中求变化的表现技法常用来解决对比关系、节奏关系和重点关系。

#### 6.2.2.2　对比调和

在桥梁造型设计中，为了使主次分明、重点突出、形象生动，常常采用对比的技法。所谓对比就是对某一部分进行重点处理，突出地表现其中所要强调的细节。所谓调和，是对造型中的构成要素进行统一的协调处理，使桥梁造型给人以协调、柔和的美感。

对比与调和的形式只存在于同一性质的因素之中，如形体的大小，形状的方圆，线形的曲直、粗细，方向的垂直、水平、上下、左右，色彩的冷暖、明暗，材质的粗糙、光滑等。不同性质的因素之间不存在对比与调和的关系，例如线形与颜色就不存在这种关系。

对比与调和是相辅相成的。对比，可使得造型生动，个性鲜明，避免平淡；调和，可使得造型柔和亲切，避免生硬杂乱。但是，只有对比没有调和，造型会产生生硬杂乱的感觉；而只有调和没有对比，形体又会显得平淡、呆板。

在造型设计中，一般以调和为主调，在调和的基础上采用对比的方法。常用的在调和基础上的对比手法有以下几种：线形的对比与调和、体量的对比与调和、方向的对比与调和、虚实的对比与调和、质感的对比与调和及色彩的对比与调和。

桥梁造型通常由几个部分组成，这些组成单元既有形式的多样性又有共性，把各种不同单元协调统一地结合在一起，构成统一和谐的整体形象，这是造型美的关键。在造型设计中，注意妥善处理各组成部分的"形""色""质"，使之协调、生动，以便于获得活泼统一的整体效果。

### 6.2.2.3 重点与一般

在造型设计中所运用的突出重点的手法，主要是指对于造型物主体部分加以重点表现和刻画，对于主体部分的体量、形状、线形等方面进行比较细致地研究和描绘，使其显示出较高的艺术表现力。而对于一般或次要的部分仅做普通的处理，使其在符合形体统一原则的基础上，还能起到烘托或陪衬主体的作用，使主体突出、生动而又与整体协调自然。

### 6.2.2.4 过度与呼应

过渡，是在造型物两个相邻的形体、面或色彩之间，采用逐渐演变的形式把二者联系起来，以取得和谐的造型效果。物体上的面与面为直接转折时，没有其他面来做过渡，表现为棱角清晰、轮廓线鲜明，给人以尖锐、锋利的感觉，令人生畏，缺乏亲近感。如果面与面之间用平面或曲面作为过渡，就会给人以柔和亲切的效果。通过小的斜面或较小的圆弧面作为过渡，不仅感觉柔和，而且轮廓线清晰、肯定，是现实中用得较多的一种过渡方法。如果采用较大的弧面过渡，由于圆弧面的半径较大，虽然很柔和，但轮廓线模糊，没有肯定性，因而产生绵软、缺乏力度的印象，甚至产生臃肿的感觉。当然，圆弧面半径达到主体尺寸同一数量级时，主体的性质可能就会变化了，圆弧面也将不再是表面的过渡部分，而成为主体表面的代表特征。因此，在形体设计时，应根据形体的大小，恰当选取过渡斜面及过渡圆弧的大小，两形体之间的过渡，可采用与主体相协调的其他形体作为过渡形体。

呼应，是在造型的对应部位（如前后、左右、上下等）利用"形""色""质"的某些相同或相似的特点进行处理，以取得它们之间在线形、大小、色彩及质感等方面的艺术效果的一致性，产生心理和视觉印象上的联系和位置的相互照应，从而使整体造型取得和谐、衔接、统一的效果。

### 6.2.2.5　尺度

尺度是对结构大小的绝对量度，但它又是相对的。因为人们在观察时总是自觉不自觉地将结构物的尺度和人自身的尺度以及环境的尺度相比较。结构物尺度的差异会给人以不同的印象和感受，因此，在结构造型设计中，结构整体及其组成构件的尺度大小是不能不考虑的。

就尺度而言，大自然的尺度可以说是巨人的，一切形式的人工构筑物都无法与之抗衡。大跨度桥梁由于自身很大的体量以及与人相比所占的绝对优势，所表现出的则是雄伟。中小跨度桥梁及桥上的附属建筑则是小尺度，是和人一级的尺度，因而应该表现得亲切、细致。

桥梁是在某种环境中供人们使用的建筑，其造型尺度是以人体的生理尺度作为衡量的标准，此外还应对造型对象的整体及局部的大小进行相应的度量，同时桥梁造型的尺度应与周围环境相协调。尺度是桥梁造型的整体及局部与人的生理或人所习见的某种特定标准之间相适应的大小关系。人对造型物能够产生尺度感觉，这种感觉称为尺度感。尺度感是造型物体与人相适应的程度，它并不是造型物形体的实际大小的数量概念。

### 6.2.2.6　比例

比例是桥梁造型体现在量上的协调，对桥梁这种水平向、单维突出的结构，比例的协调与优化显得尤为重要。

比例是艺术领域中诸相对面间的度量关系（数比关系为其一），一般是指造型物各部分的相对尺寸，狭义地说，就是指造型整体与局部、局部与局部之间大小对比的关系，以及整体或局部自身的长宽、高低之间的尺寸关系；广义地说，还包含有实体与空间之间、虚与实之间、封闭与开敞之间、凹与凸之间、高与低之间、明与暗之间、刚与柔之间的关系。

形成造型比例的因素有功能要求形成的比例、技术条件形成的比例和审美要求形成的比例，任何一个完美的桥梁设计，都必须具备和谐的尺度比例。正确的尺度比例，是完美造型的基本条件。良好的比例关系，在某种意义上来说就是运用几何学的数理逻辑来表现造型的形式美。

### 6.2.2.7　节奏

形象的组合创造就如同音乐曲谱一样，然而没有节奏和统一韵律的音乐只能成为噪声，不会给人以美的享受。节奏与韵律是一种周期性的律动，有规律的重复和有组织的变化现象，是艺术造型中所追求的整体统一和变化的有效手段。运用某些造型要素做有规律的变化或重复，如造型的形体、线形、色彩、肌理以及方向、大小等，会在空间产生一种美的节奏与韵律，取得造型上的联系与呼应，获得造型整体和谐一致的效果。

节奏与韵律是密不可分的统一体，桥梁造型上的节奏与韵律是通过体量的区分、色质的分布、空间虚实的交替、构件排列的疏密、长短的变化、曲柔刚直的穿插等变化来实现的。其中，所用到的具体手法有以下几种：① 连续律。② 渐变律。③ 起伏律。④ 交错律。

### 6.2.2.8　均衡

所谓均衡，是指平面形象设计中从视觉的角度，使各种形象单元之间或形象与背景之间，从形状、大小等方面布局匀称，避免某一方面过于沉重或者过于拥挤，而另一方面则显得过于轻飘或空旷。合理而有秩序的布局才能使人的视觉与心理产生平衡感。

桥梁造型中应该注意强调均衡。在造型设计中除了要考虑实际的均衡以外，更要考虑到视觉上的平衡。和力学上的杠杆平衡相似，造型中的均衡也表达了一种体量关系，但这不再是指形体或元件的实际质量，而是涉及比例、尺度、形态、色彩、材质等各因素在视觉上所产生的一种相互的分量关系。

均衡分静态均衡与动态均衡两种，前者主要指在静力状态下的体量，后者则指依靠运动来求得瞬间平衡的形态，如鸟的飞翔、动物的跑跳等。桥梁固定不变的形态自然属静态均衡，但由于在结构上的对称与非对称，又可分对称均衡与非对称均衡，前者的对称形态引起稳定、平和、安全、满足的美感，后者不对称的形态使其在静态中具有运动的趋势，产生类似动态均衡的心理诱导力，令人兴奋、激动，有一种生机勃勃的魅力。

同形同量平衡属对称平衡，其特点是在中轴线各方向所配构件的形状、大小、分量相等或相同，具有庄严、端庄、安详的美感，但有时也会感到单调呆板。这种对称的形式除左右对称外，还有以中心点为轴心向四周做放射状的对称或回转对称。由于对称形式自然便是均衡的，生物体态是对称的，因而对称形式符合人的生理要求与心理习惯，从而必然产生美感。

#### 6.2.2.9　稳定与轻巧

稳定的造型能增强使用中的稳定性、可靠性、安全性，给人以安稳的感觉；不稳定的造型则使人感到不安、动摇，甚至给人以紧张、危险的感觉。造型的稳定主要包括两个方面，即实际稳定和视觉稳定。实际稳定是指实际结构形式满足桥梁在使用中安全稳定的要求，这是所有桥梁设计必须具备的基本特性。在桥梁的结构设计中应首先解决实际稳定的问题。视觉稳定是指人眼对外部形态看上去具有安全稳定的感觉，满足视觉上的安全感。在整体桥梁造型设计中，应做到实际稳定与视觉稳定两者相兼顾。

## 6.3　跨胶州湾湿地桥梁设计

### 6.3.1　设计原则 ≫

（1）全面贯彻"功能适用、结构安全、造价经济、结构耐久、造型美观、环境协调"和工程可实施性的总技术目标，并充分吸取国内外桥梁设计和建设的新理念、新材料、新工艺和先进经验。

（2）在满足过境交通的同时，桥下净空要在最高潮水位下满足游船的通航要求。

（3）桥梁的景观定位需与景区内总体景观定位、自然条件、规划概况相匹配，桥型方案应在保证桥梁使用功能及质量安全第一的原则下同时具有创新性。

（4）合理布置跨径，尽量减少水中墩，降低施工难度和投资，提高海域的通视性，桥型方案及施工方案均要在充分研究其可靠性和可行性的基础上达到总技术目标。

（5）充分考虑桥位处滨海环境及自然灾害对桥梁结构的影响、桥梁所采用的结构型式和材料，结合滨海环境充分考虑材料防腐，提高结构的耐久性。

## 6.3.2 桥梁设计控制因素分析 ≫

### 6.3.2.1 桥梁纵断面

本桥标高有以下几个主要控制因素。

（1）百年一遇浪高不得冲击桥梁上部结构，梁底标高的最大值参考已建成的跨海桥梁，如胶州湾跨海大桥、金水路和环湾大道立交匝道等。

《红岛经济区西片区防风暴潮研究》（青岛市市政工程设计研究院，2018.1）对经二路跨湿地桥梁梁底标高有如下结论：

经二路东段（桥梁部分），根据外侧湿地公园规划，存在有、无波浪影响两种情况，分别计算如下：

① 在考虑外侧规划湿地公园且对桥梁有掩护，无波浪影响时，富裕高度取0.5 m。则跨海桥梁上部结构下边缘顶高程应满足：百年一遇高潮位+富裕高度+100年平均海平面升高=3.61+0.5+0.32=4.43 m。② 在外侧波浪可影响时，富裕高度取1.0 m。则跨海桥梁上部结构下边缘顶高程应满足：百年一遇高潮位+水面以上波峰面高度+富裕高度+100年平均海平面升高=3.61+1.2+1.0+0.32=6.13 m。

为确保经二路跨湿地桥梁安全性和耐久性，梁底设计标高按不低于6.13 m控制。

（2）预留通航条件，设计高水位下通航净空不小于8 m。

无航道规划要求，但考虑港湾内游船通行问题，在最高潮水位下，预留小型艇通航条件，依国际标准游艇的规格，小型艇高度在6.5 m以下，吃水深度按0.5 m考虑，通航净空按不小于8 m控制，通航净空宽度按60 m预留。

（3）考虑桥梁高程与高新区西片区整体高程的关系，避免桥梁高程过低对景观造成的破坏。

根据上述三点控制原则进行本工程的纵断面标高设计。

### 6.3.2.2 主桥跨径布置

桥梁方案设计紧扣总技术目标，同时结合设计关键要素及施工条件、可行性进行，桥梁的总造价与桥梁规模关系非常密切。本桥宜采用大跨度方案布置，这与红岛绿洲生态湿地公园的景观定位是相吻合的，而且大跨桥梁水中墩数量少，建成后对区域内海床演变影响较小，也避免了海水中大量水中桥墩的施工作业；但过大的跨径也将引起工程造价的大幅提高，相应的施工难度、施工周期也会增加。因此，合理选择跨径也是本工程的重点。

通过收集资料、现场踏勘及与业主沟通的情况，影响桥梁跨径布置的主要因素有以下三点。

（1）景观要求，边、中跨保证一定的比例令整座大桥达到最优的景观效果。

（2）线路所跨越中片区水系宽度较大，桥型方案本身的结构需要。

（3）考虑经济性、施工难度和施工周期等因素后的综合选择。

### 6.3.2.3 保护湿地的要求

本桥梁位于胶州湾保护线以内，现状为养殖池，生态环境比较脆弱，桥梁在建设过程中和建设完成后都应遵循尽量减小对周边影响的原则，保护胶州湾生态湿地的海洋及动植物环境。

## 6.3.3 主桥桥梁设计 >>

### 6.3.3.1 桥型方案研究

桥梁设计的基本原则是适用、经济、安全和美观，跨海大桥方案设计应遵循以下原则：① 适用性。② 安全性。③ 景观性。④ 经济性。⑤ 先进性。

由于中片区水系仅预留游艇通航条件，因此桥梁布跨影响因素较少，可采用一跨过河，亦可设水中基础。若采用一跨过河，符合该跨径的合理桥型有悬索桥、斜拉桥、拱桥。若采用水中设墩方案，则符合该跨径的合理性桥型有连续梁（刚构）桥、拱桥、悬索桥、（矮塔）斜拉桥等。无论何种桥梁类型均有自身的优、缺点。

#### 6.3.3.1.1 梁式桥

该类桥型主要包括简支梁桥、预应力混凝土连续梁桥和连续刚构桥梁。

梁桥体系是一种比较常规、技术成熟、也较为经济合理的桥型，设计和施工均有很成熟的经验。作为传统的桥型，连续梁桥有着简洁大方的外观效果，具有很强的沿水平方向左右伸展的力动感和穿越感。并且，对于变截面的连续梁桥，梁顶面的直线与梁地缘按照弯矩变化的有规则的曲线，配合在一起可以产生刚中带柔的效果。此种桥型在工程中应用较为广泛。

#### 6.3.3.1.2 拱桥

对于拱桥，从桥面相对拱肋位置划分，可以分为：上承式拱桥、中承式拱桥、下承式拱桥。在竖直荷载作用下，作为承重结构的拱肋主要承受压力。拱桥的支座则不但要承受竖直方向的力，还要承受水平方向的力。因此，拱桥对基础与地基的要求比梁桥要高很多。拱式桥是钢筋混凝土桥和污工桥最合理的结构形式之一。拱桥采用的是推力结构，其墩台基础必须承受强大的拱脚推力。因此，拱式桥对地基要求很高，适建于地质和地基条件良好的桥址。

拱结构体形柔和，形如玉带，态似彩虹，具有固有的曲线美，明显具有华夏民族拱式建筑艺术的风格。桥面以上结构具有较好的建筑效果，其优美的弧线给人以流动的韵律感，充分表现出了它与环境的易融性，做到桥梁与环境相互依存、和谐共处，并且因为桥梁的加入而使区域的环境景观更为生动和丰富。

### 6.3.3.1.3 刚构桥

刚构桥是由梁式桥跨结构与墩台（支柱、板墙）整体相连而形成的结构体系。钢构桥的主梁截面形式与梁式桥相同。主梁在纵向的变化可采用等截面、变宽截面和变高截面等，按结构形式可分为门式钢构桥、斜腿钢构桥、T形钢构桥和连续钢构桥。

钢构桥的支柱有薄壁式和柱式，柱式又分单柱式和多柱式。

简练强劲的形态，清晰表达传力路线，这只是钢构桥主要的形态特征。而在表现它的形态时，重点要放在桥墩造型的处理上，即要表现出简洁有力的特征。钢构桥主梁与桥墩是刚性连接的，所以，桥墩形式便可处理得丰富多彩。

以V形墩为例。桥墩由强劲有力的V字形构成，显现出桥型的简洁轻盈，形似雄鹰展翅，富有象征意义。

### 6.3.3.1.4 拉索体系桥梁

拉索体系桥梁有斜拉桥、悬索桥等。

斜拉桥是以直线的刚性为基调的，它由承压的塔、受拉的索和承弯的梁体构成简洁、稳定的几何形态，充分体现了现代高速度、快节奏的时代感，是现代桥大跨径梁中较为流行的桥型之一；景观上，斜拉桥桥塔形体刚挺、高耸、气势宏伟，视觉冲击较强烈，其空间形态已具备充足的先天优势，加之塔的造型多变，近年来出现了不少构思新颖的桥型。斜拉桥的跨度适应范围多数集中在200～1 000 m之间。

斜拉桥造型的魅力就在于它的极度轻巧，尤其是主梁的纵向线条，简洁、舒展、连续和流畅，使其形成了极强的跨越感。另外，合理的布索所形成的序列规则，要尽可能低地避免斜拉索在视觉上产生交叉。

悬索桥是以承受拉力的缆索或链索作为主要承重构件的桥梁。它由悬索、索塔、锚旋、吊杆、桥面系等部分组成。悬索桥的主要承重构件是悬索，它主要承受拉力，一般用抗拉强度高的钢材（钢丝、钢绞线、钢缆等）制作。由于悬索桥可以充分利用材料的强度，并具有用料省、自重轻的特点，因此它的适用范围以大跨度及特大跨度道路桥为主，是当今跨度超过1 000米的唯一桥式。当跨度较大时，主要承重构件主缆一般锚固于锚锭上，称作地锚式悬索桥；当跨度较小或地形条件受限制时，缆索直接锚固于加劲梁上而形成自锚式悬索桥。自锚式悬索桥近年来在城市景观桥梁中得到了迅速发展。悬索桥较拱桥和斜拉桥则存在造价高、施工条件受到限制（自锚式悬索桥必须先梁后索）等不利因素，适用范围相对有限。

通过以上各类桥型的分析可以看出，各种桥型都有其自身的优缺点。在不同的自然环境中，有各自的适用环境。桥梁结构美与否，只有当它与周围环境融合协调，各结构部分组合成一个统一的有机整体后，才能充分地显示其价值和表现力。

### 6.3.3.2 周边桥梁概况

本工程根据桥址建桥控制条件，按照"安全、经济、适用、美观"的设计原则，充分考虑规划的功能定位，进行方案设计。

根据桥位所处位置进行环境分析，在本工程桥位以南大约6 km处为胶州湾跨海大桥。青岛胶州湾跨海大桥2011年6月30日正式通车，全长36.48千米，是目前建成通车的世界最长跨海大桥，其中包含三座主桥、一座已建成互通立交和一座在建互通立交。

图6.1　桥位关系图

大沽河航道桥桥跨布置为80+260+190+80=610 m，为克服主缆锚固处加劲梁的支座的一部分上拔力，大沽河航道桥是青岛海湾大桥三座航道桥中规模最大、设计和施工难度最高的一座桥。该桥采用自锚和边跨两侧各布置了80 m跨度的辅助跨，主跨和边跨为悬吊体系，主跨矢跨比为1/12.53，边跨矢跨比为1/18。其索塔采用独柱混凝土塔，塔高149 m。

图6.2　大沽河航道桥

红岛航道桥采用主跨120 m独塔平行稀索钢箱梁斜拉桥，其跨径布置为120＋120＝240 m，两幅桥索塔分离，单幅索塔为H形结构。其分离索塔的间距为30.5 m，索塔塔柱间距为20.6 m，索塔为钢筋混凝土结构。

图6.3　红岛航道桥

沧口航道桥为双幅分离双塔双索面钢箱梁斜拉桥，桥跨布置为80＋90＋260＋90＋80＝600 m，分离索塔的间距为30.5 m，索塔塔柱间距为20.6 m，索塔高105 m，索塔为混凝土结构。

图6.4　沧口航道桥

胶州湾大桥三座航道桥均为索塔结合的高耸体系，且三座桥距离本工程主桥距离均不远，若本工程仍选用具有大型桥上建筑的桥型，将导致胶州湾北岸整体桥梁景观重复且凌乱，故本工程桥型采用梁式桥。

### 6.3.3.3　桥型方案选择

本工程根据桥址建桥控制条件，按照"安全、经济、适用、美观"的设计原则，充分考虑规划的功能定位，本大桥采用独塔双索面斜拉桥方案和连续刚构桥两个方案进行比选。

#### 6.3.3.3.1　方案一：独塔双索面斜拉桥

红岛独特的生活方式之一是赶海，地域出产丰富的海洋贝壳，贝壳可以是红岛文化的标志性元素。本次设计以"海之贝"为桥梁设计的主题和造型，特色鲜明，具有表现青岛象征标志的原创性。

（1）总体布置。

本方案主桥采用双层主梁独塔斜拉桥方案，主桥跨径布置为2×150=300 m。全桥为塔墩固结、塔梁分离的连续梁体系。桥塔采用钢混组合结构，主梁采用钢结构，基础为承台、群桩基础。

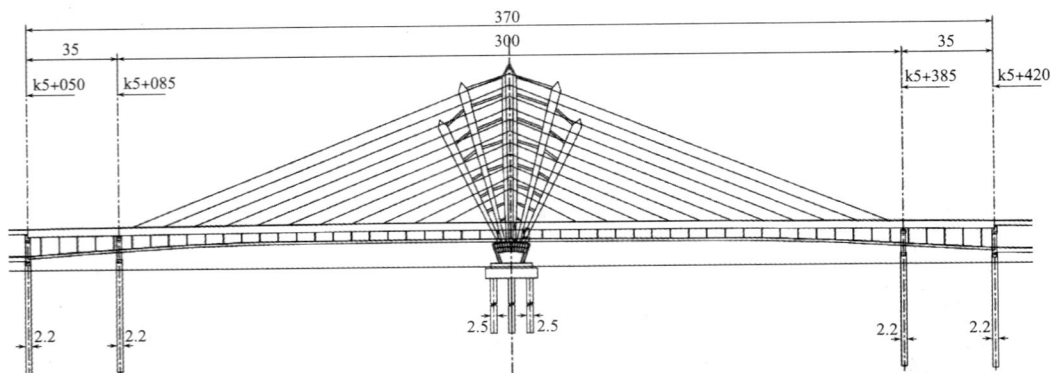

图6.5　方案一桥梁正立面图（单位：m）

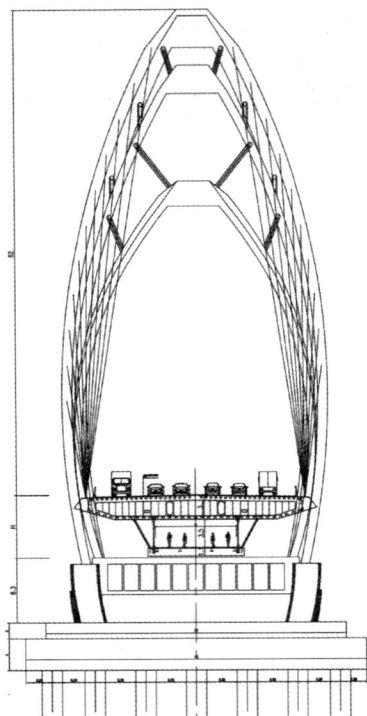

图6.6　方案一桥梁侧立面图（单位：m）

（2）主梁构造。

主梁采用双层主梁结构，主梁为机动车道，横断面布置为：2 m（布索区）+0.5 m（防撞护栏）+11 m（机动车道）+1 m（中间分隔）+11 m（机动车道）+0.5 m（防撞护栏）+2 m（布索区）=28 m。上层主梁采用双边箱钢主梁，梁高3.5 m。下层主梁为人行道，有效使用宽度为10 m，为钢结构纵横梁格构造，通过竖向吊杆及横向稳定杆同上层钢主梁连接，吊杆顺桥向间距为9 m。

（3）主塔构造。

主塔总体造型似贝壳，由混凝土塔身和钢结构杆件构成。

混凝土塔部分横桥向似A型桥塔，塔柱桥面以上竖向高127 m，双肢塔柱在桥面以上部分采用箱型截面，横桥向截面尺寸4 m，顺桥向截面尺寸由承台顶的6 m线形过渡到塔顶的9 m，壁厚1.0～1.2 m。混凝土塔柱采用钢筋混凝土结构。

钢结构塔柱横桥向由两片贝壳造型的钢结构构件构成，钢结构竖向构件截面为钢箱截面，截面尺寸由承台顶的1.6×1.5 m线性过渡至顶板的4.5×1.5 m，壁厚12～20 mm，设置纵向加劲肋及内部横隔板。梁弧形塔柱横桥向间采用矩形钢结构杆件连接。

塔柱底设置单个整体式承台，承台截面为半径23.5 m的圆，承台厚6 m，承台底设置36根直径2.5 m的桩基础。

混凝土索塔塔身采用C55混凝土，钢结构部分索塔采用Q345D钢材，承台采用C45混凝土，桩基混凝土采用C40水下混凝土。

（4）斜拉索及其锚固。

斜拉索采用双索面扇形索，单侧塔上有14对斜拉索，梁上索距为12 m，塔上索距为5.0 m；斜拉索采用带PE防护的平行钢丝斜拉索，钢丝直径为7 mm，抗拉强度不低于1 670 MPa。

6.3.3.3.2　方案二：三跨连续刚构桥

本工程处于红岛生态湿地内，应在满足交通需求前提下最大限度地减小对环境的影响。连续钢构桥可采用挂篮施工方法，施工便捷，对所跨下部环境影响较小，构造轻巧舒缓，在国内外得到了大量应用。为此方案二选择采用三跨连续刚构桥的方案。

（1）总体布置。

连续刚构桥在实施条件允许的情况下，全桥一般进行对称布置。边主跨径比应考虑梁体内力分布的合理性与施工的方便。边、主跨跨径比值在0.5～0.69之间，大部分在 0.55～0.58之间。经研究分析表明，边、主跨跨径比在0.54～0.56之间或再稍大一些时，有可能在边跨悬臂端以导梁支撑于边墩上，合龙边跨，而取消落地支架。因为，当连续钢构的边跨为0.54～0.56时，在过渡墩墩顶的支座上仍可保留有足够的正压力，而不出现负反力。这样，对于中跨小于和等于120 m的连续刚构桥主跨，边跨现浇段长度将不大于5.8~7 m，施工时可以将挂篮前推浇筑边跨现浇段，在地质条件较差的湿地环境下，取消落地支架即可减少生态破坏，又可方便施工，同时还可以带来较好的经济效益。在本工程连续刚构主桥的设计过程中考虑了上述因素。

中片区水系主河槽在桥位处的宽度为104 m。桥梁为三跨连续刚构，主跨跨越中片区水系，跨径布置为45 m+80 m+45 m=170 m，边中跨比为0.562 5。

主桥跨中处为桥梁最高点，高程为21.081 m，桥梁纵坡处于竖曲线上，竖曲线半径$R$ = 12 500 m。

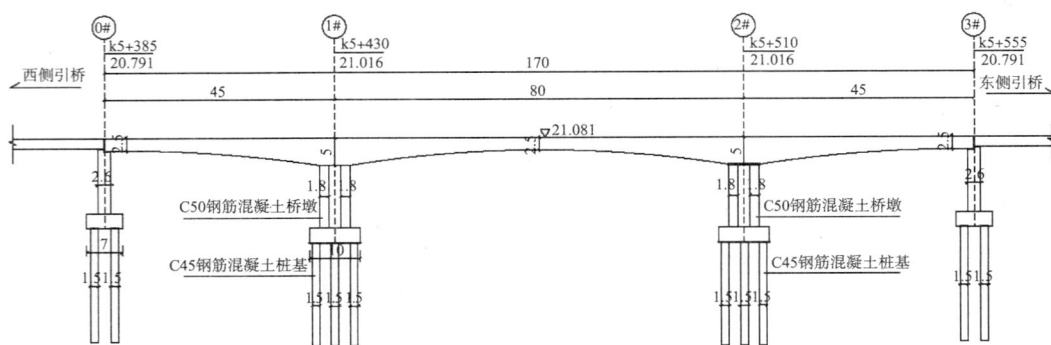

图6.7　方案二桥梁正立面图（单位：m）

（2）桥梁横断面设计。

结合道路规划，桥梁采用双向六车道，断面具体划分为：0.5 m（人行栏杆）+5 m（人行道）+11 m（车行道）+1 m（分隔带）+11 m（车行道）+5 m（人行道）+0.5 m（人行栏杆）=34 m。

（3）结构设计。

资料显示，国内所建预应力连续（刚构）梁桥的$h_{支}/L$值分布于0.55附近，$h_{中}/L$的值大体分布于0.02~0.03之间；国外所建预应力连续（刚构）梁桥的$h_{支}/L$的值分布于0.05附近，$h_{中}/L$的值大体分布于0.02~0.03之间。本桥$L$ = 80 m，拟采用悬臂施工方式，为保证施工及运营期间安全，$h_{支}$拟采用5.5 m梁高，$h_{中}$拟采用2.5 m梁高。

连续刚构桥跨径布置为45 m+80 m+45 m = 170 m，主梁采用变截面形式，边跨支点截面高度为2.5 m，中跨支点高度为5.5 m，边跨梁底采用半径为250 m圆曲线，中跨采用半径为230 m圆曲线。

为减小挂篮施工难度，本桥采用分幅设计。单幅箱梁采用单箱双室形式，悬臂长度为2.5 m，箱室跨中处宽度为5.1 m，箱梁顶板厚度为0.5 m，底板厚度为0.5 m，腹板宽度为0.6 m。

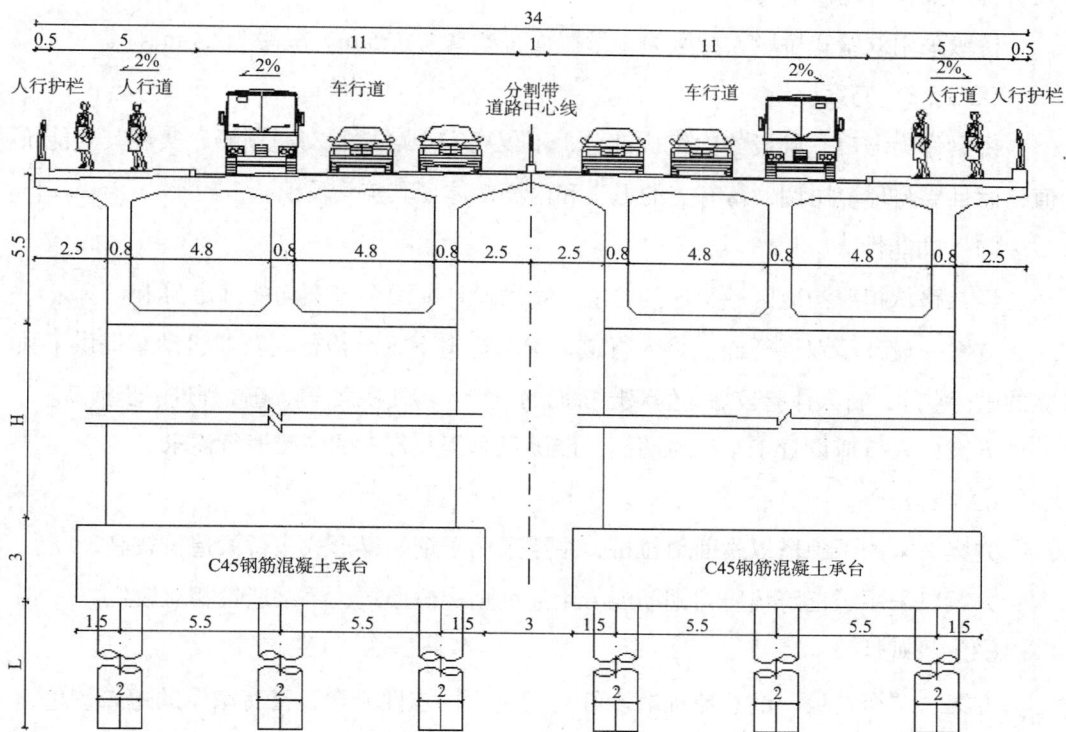

图6.8 桥墩处横断面图（单位：m）

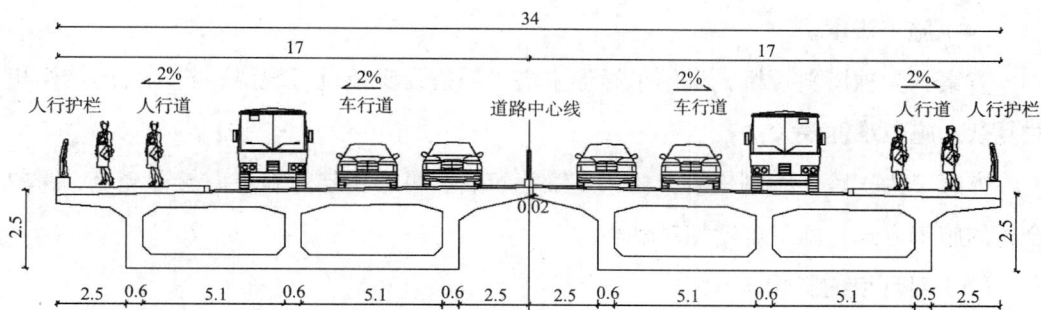

图6.9 主跨跨中位置箱梁截面图

箱室支点处宽度为4.8 m，箱梁顶板厚度为0.5 m，底板厚度为0.9 m，腹板宽度为0.8 m。

箱梁采用C50预应力钢筋混凝土结构。纵向预应力设置顶板束、底板束、连续束、备用束和合龙段临时束。

桥墩采用双壁式桥墩，桥墩为矩形截面，墩高为17.5 m，墩距为2.4 m。

### 6.3.3.3.3　方案比选

桥梁作为城市基础设施的组成部分，不仅要安全可靠、交通顺畅、实现其功能价值，而且要与环境协调，富有美的形态和内涵、体现其美学价值。

（1）功能性。

经二路承担着沟通区域交通的功能，本次设计的两个方案均能满足需求。

方案一设计了双层桥面，将人行道置于车行道下方，给行人及非机动车提供了独立的通行空间，行人体验较好；但双层桥面的设计，将使桥面车行道高程进一步抬高。

方案二人行道设置于车行道两侧，能满足车辆及行人的一般通行需求。

（2）经济性。

方案一采用了独塔双索面斜拉桥，主梁采用了钢箱梁形式，桥梁造价较高。

方案二采用了三跨预应力钢筋混凝土连续刚构桥形式，桥梁造价相对较低。

（3）景观性。

方案一"海之贝"的意象提取于红岛文化的标志性元素，富有浓厚的地域特色，体现出桥梁工程和文化的结合；桥梁造型独特，具有良好的标识性，景观效果很好。

方案二采用三跨连续刚构桥，采用梁底曲线的变化，塑造了轻盈的造型，景观效果较好。

（4）施工难度。

方案一为独塔斜拉桥，采用了异形主塔，需搭设支架进行现浇；斜拉桥的结构相对复杂，施工难度较大。

方案二为三跨连续刚构桥，桥梁主墩浇筑后，可采用挂篮施工、悬臂浇筑、跨中合龙的施工方式，施工难度相对较小。

（5）对环境的影响。

方案一需要对主塔周边进行场地硬化，搭设支架进行异形桥塔的浇筑，对湿地段环境影响较大。塔柱底设置单个整体式承台，承台截面为半径23.5 m的圆，承台底设置36根桩基础，承台面积较大，施工复杂，对湿地环境影响较大，同时由于承台设置于河道中，不利于河道的生态保护。

方案二采用挂篮施工，悬臂浇筑，无须专设较大支架硬化场地，对桥下环境影响较小。刚构桥桥墩基础尺寸相对较小，施工便捷，对湿地的破坏较小，且刚构桥基础位于河道两侧，对河道的影响较小。

通过以上综合比选，本工程推荐方案二：三跨连续刚构桥。

#### 6.3.3.4 主桥施工方案

##### 6.3.3.4.1 基础施工

本桥基础全部采用钻孔桩基础，主塔基础建议采用钢板桩围堰法施工。施工工序为：

插打钢管桩，形成钻孔平台→下钢护筒→钻孔桩施工→插打钢板桩形成围堰→围堰封底→抽水→承台施工。

##### 6.3.3.4.2 上部结构施工

（1）0#块浇筑。在两个中间墩上支立模板，绑扎钢筋，先行浇筑0#块。

（2）挂篮的制作与安装。根据桥梁的分段情况设计施工用挂篮，并进行安装

（3）悬臂浇筑后续梁段。利用挂篮悬臂浇筑后续梁段，并进行预应力钢筋的张拉。

（4）合龙段施工。合龙段是全桥施工的关键，合龙段砼采用预压放水等效置换的工艺施工，每浇筑一定方量的砼，在悬臂两端各对称等效放水，以保证合龙段两端的标高不受影响。合龙段砼可采用微膨胀砼，从而确保新老砼的紧密结合。

##### 6.3.3.4.3 桥面铺装及附属设施的施工

主梁浇筑完毕后，进行桥面铺装的铺设及防撞护栏、路灯等附属设施施工。

### 6.3.4 引桥及相交道路（规划十八号线、青威高速延长线）桥梁设计 ▶▶

#### 6.3.4.1 材料选择

目前，桥梁建设的材料多为预应力混凝土结构、钢结构、钢-混组合结构。其中，钢结构桥梁的造价高于混凝土结构桥梁，养护费用高，噪音大，除个别大跨径桥梁外很少采用；钢-混组合结构又具有自重小、截面效率高、可充分发挥两种材料特点的优势，但其施工工序多、施工复杂、养护费用较高；混凝土结构施工方便、造价低廉、可塑性好、养护维修方便，但其自重大，截面效率低的缺憾又比较明显。本着在满足功能要求的前提下节约投资的原则，本次桥梁结构选用预应力混凝土结构。在

耐久性设计中，重点对混凝土的最低强度等级、最大水胶比、胶凝材料最小用量及外加剂掺量等进行设计，均满足相关规范的规定。

### 6.3.4.2　跨径布置

桥梁跨径的选择直接影响整个桥梁工程的经济、美观及与周边环境的和谐统一。跨径的布设包括标准段和交叉路口两部分，并主要考虑四方面因素：安全可靠；经济合理桥梁美学；施工方便；与高架过渡自然、圆顺。

从经济方面出发，可采用中小跨径，但较小的跨径必然造成梁体单薄，墩柱如林，协调性差，立交处更显杂乱，桥下视野狭窄，梁与柱及桥与周边环境比例失调；过大的跨径则会导致梁高较高、投资增加。因此，桥梁经济跨径的选用不仅要考虑其经济性，而且要注重交通功能和景观效应。综合考虑各方面因素，本次桥梁跨径以35 m为标准跨径；经二路及相交道路起桥区域梁底标高较低桥段，通过降低梁高的方式增大桥下净空，满足防风暴潮需求，桥梁跨径布置为20 m。

### 6.3.4.3　桥型选择

结合国内外城市桥梁发展情况，基本为中、小跨径的简支体系和连续体系等。

#### 6.3.4.3.1　简支体系

简支体系为静定结构，结构内力不受地基变形等影响，可在地基较差的桥位上建设，是建桥实践中受力和构造最简单的桥型，应运广泛。简支体系上部结构采用预制梁，下部结构采用带盖梁的墩柱结构。

简支体系优点：其上部结构采用预制梁，工厂化生产，现场拼装，施工速度快，工期短；施工模板支架少，占用场地小，对现场环境干扰小。

简支体系缺点：简支体系需要较大的明盖梁，厚实笨重，缺乏轻巧的现代感，导致桥下净空小；沿桥纵轴线方向，桥梁的连续韵律为盖梁阻隔，视觉上有压抑感。

#### 6.3.4.3.2　连续体系

连续体系为超静定结构，因在荷载作用下支点截面产生负弯矩，可大大减小跨中正弯矩，从而提高跨越能力。连续体系上部结构采用现浇后张预应力连续梁，下部结构采用柱式桥墩。

连续体系优点：连续体系能较好地满足现代高速车流的交通要求，形态简洁；连续体系上部结构悬臂较大，曲线柔顺，加大了顺桥向桥下净空，给人提供了良好的桥下空间，时代感强；连续体系整体性强，受力好，抗震能力强；连续体系变形小，伸缩缝少，行车平顺舒适。

连续体系缺点：连续体系需现场搭设满堂支架浇筑施工，施工复杂且工期长；连续体系工程造价略高；预应力张拉、收缩、徐变、温度变化等，均会在结构内产生次应力。

#### 6.3.4.3.3 刚构体系

刚构桥采用墩梁固结的构造形式，为满足多跨梁的水平变形，桥墩抗弯刚度较小，墩部基本不提供推力，其特征基本符合梁桥在垂直荷载作用下支座只产生垂直反力而无水平推力的特点。

刚构体系优点：越能力强，比较适合中大跨径桥梁建设；对处于海水浪溅区标高以下的桥梁采用薄壁墩连续刚构体系，因其墩梁固结，不需要设置支座，有效解决了桥梁支座的腐蚀问题，可有效保证桥梁结构的耐久性。

刚构体系缺点：形式复杂，变化繁杂，施工难度相对较大。

**表6.3**                        **桥梁体系方案比选表**

| 桥型 | 适宜跨径 | 成本 | 受风暴潮影响 |
|---|---|---|---|
| 简支体系 | 25 m以下 | 一般 | 较大 |
| 连续体系 | 20～60 m（其中25 m以下可选用钢筋混凝土连续梁（板）桥，较大跨径采用预应力混凝土连续梁桥） | 一般 | 较大 |
| 刚构体系 | 可根据所需跨径设置不同尺寸，适用范围较广 | 较高 | 较小 |

#### 6.3.4.3.4 各区段桥型选择

（1）经二路引桥桥型。

经二路及相交道路市政配套工程位于红岛经济区西片区南端，是胶州湾北岸滨海环路的重要组成部分，承担着服务周边重要公共区域及滨海观光交通的重要职能。为有效实现经二路交通功能，实现成本节约，打造与周边规划构筑物相协调的景观效果，跨湿地桥梁引桥选择采用连续体系。

① 根据总体方案，规划十八号线和青威高速延长线与经二路以桥梁形式平交，在此区域内桥梁展宽段较多，为方便异形段桥梁的施工，经二路桩号K3+056～K4+090段桥梁采用现浇连续体系。由于经二路在桥梁起点附近需与北侧丰和路及残疾人康复中心顺接，所以道路设计标高需限制在较低水平，为使梁底标高满足防风暴潮需求，同时考虑到减少工程对人大保护线内环境的破坏，本工程跨湿地引桥西侧起点设置于道路桩号K3+056位置处。桥梁起始端路面设计标高较低，为避免浪溅对支座的腐蚀作

用，因而在道路桩号K3+056～K3+176范围内采用薄壁墩连续刚构桥形式。在经二路道路桩号K3+176～K4+090范围内采用现浇箱梁形式。② 经二路桩号K4+090–K6+325段内引桥部分，均采用34 m宽标准断面，为了尽量减少对周边环境的影响，并加快工程进度、减少工程投资，标准段选择采用预制连续体系。

（2）规划十八号线及青威高速延长线桥型。

规划十八号线桥梁、青威高速延长线桥梁位于在与经二路交口处，桥梁与地面相接位置处设计标高较低，根据具体实施条件，为满足防风暴潮需求，选择在规划十八号线和青威高速延长线梁底标高较低的桥梁段采用薄壁墩连续刚构桥形式。

本次工程范围内所包含规划十八号线和青威高速延长线在此范围内与经二路相交（规划十八号线和青威高速延长线主体道路部分正在施工，道路标高较低），为满足防风暴潮对梁底标高的需求，避免浪溅对支座的腐蚀作用，并满足桥梁段与道路相顺接的需求，本次工程规划十八号线桩号K0+100～K0+180和青威高速延长线桩号K0+202～K0+282范围内桥梁也采用薄壁墩连续刚构桥形式；规划十八号线桩号K0+034～K0+100和青威高速延长线桩号K0+047～K0+202范围采用现浇连续箱梁结构。

（3）经二路与规划十八号线及青威高速延长线交叉口桥型。

经二路与规划十八号线及青威高速延长线道路交叉口处采用现浇箱梁形式，为实现交叉口处梁体的精准对接、提升行车舒适性，规划十八号线及青威高速延长线与经二路相接端拟采用异形箱梁形式。经二路与规划十八号线交叉口处桥梁采用整块异形箱梁结构，经二路与青威高速延长线交叉口处异形箱梁分两联布置。

#### 6.3.4.4 引桥实施方式选择

经二路东段位于环胶州湾保护线范围内，为保护胶州湾湿地生态环境，决定在此区域以桥梁形式实施，经二路跨湿地桥梁需与规划十八号线和青威高速延长线相交，桥梁交叉口为异形桥梁且该区域展宽段较多，为此在经二路桩号K3+056～K4+090范围内桥梁采用现浇形式，本次工程范围规划十八号线和青威高速延长线桥梁也采用现浇形式。经二路桩号K4+090～K6+325范围内引桥均为标准段，选择采用预制形式。

6.3.4.4.1 现浇段

《红岛经济区西片区防风暴潮研究》（青岛市市政工程设计研究院，2018.01）指出，经二路东段（桥梁部分），根据外侧湿地公园规划，存在有无波浪影响两种情况，分别计算如下：

（1）在考虑外侧规划湿地公园且对桥梁有掩护，无波浪影响时，富裕高度取0.5 m。则跨海桥梁上部结构下边缘顶高程应满足以下：

百年一遇高潮位+富裕高度+100年平均海平面升高=3.61+0.5+0.32=4.43 m。

（2）在外侧波浪可影响时，富裕高度取1.0 m。则跨海桥梁上部结构下边缘顶高程应满足以下：

百年一遇高潮位+水面以上波峰面高度+富裕高度+100年平均海平面升高=3.61+1.2+1.0+0.32=6.13 m。

经二路桥梁需按照最不利情况下风暴潮的影响为限制因素进行设计，为此要求经二路跨湿地桥梁梁底标高需大于6.13 m。

经二路与环胶州湾保护线交界处位于丰和路路口附近，丰和路与经二路交叉口高程仅为5.1 m，无法满足设计需求。若抬升丰和路路面标高，正在施工中的丰和路管廊检修车辆出入口（标高5 m）、通风口及管廊内部标高，结构须验算调整；而且在丰和路西侧，经二路北侧为残疾人康复中心与眼科医院地块，经二路需与其出口相接，残疾人康复中心西部出入口（已划拨）标高5.8 m，规划标高5.39 m，且偏移至红线后为5.84 m，抬高后康复中心易积水；残疾人康复中心东部出入口（待定）标高5.65 m，规划标高5.64 m，且偏移至红线后为6.16 m，抬高后康复中心易积水；眼科医院出入口（待定）规划标高6.02 m，且偏移至红线后为6.52 m，抬高后眼科医院易积水。

基于上述因素，经二路跨湿地引桥在西端起桥点设置于K3+056位置处，由于起桥段受丰和路（正在施工）标高限制，桥面标高不能快速抬升，为适应此情况，经二路K3+056～K3+176范围引桥段选择采用单跨为20 m薄壁墩连续刚构桥形式，以降低梁高，满足风暴潮影响下的梁底标高需求。规划十八号线和青威高速延长线目前正在施工中，路面标高较低，本次工程范围内规划十八号线和青威高速延长线桥梁可抬升幅度较小，为满足风暴潮影响下梁底标高需求，本次工程范围规划十八号线桩号K0+100～K0+180范围内和青威高速延长线桩号K0+202～K0+282范围内桥梁选择采用单跨为20 m薄壁墩连续刚构桥形式。

经二路桩号K3+176～K4+090范围内桥梁展宽段较多，由于桥面标高可抬升至较高水平，所以此范围内桥梁选择采用标准跨径为35 m的现浇连续箱梁结构。在规划十八号线桩号K0+020～K0+010和青威高速延长线桩号K0+022～K0+202范围内，也采用现浇连续箱梁结构。

### 6.3.4.4.2　预制段

经二路桩号K4+090～K6+325范围内引桥均为标准段，经二路跨湿地桥梁处于胶州湾湿地范围内，地质条件差，施工条件恶劣，为减小施工难度加快施工进度，在此区域内桥梁选择采用预制形式，现提出两种预制施工形式进行比较。

（1）方案一：预制组合小箱梁。

预制组合小箱梁一般长度20～35 m，重量为60～120 t，在现场预制完成，预制构件运至现场后，通常需先吊装预制的混凝土主梁等构件，通过采用墩顶短束与普通钢筋连续的构造处理来实现简支转连续，最后再通过现场浇筑湿接缝等形成整体受力结构。预制箱梁通过简支状态变成连续状态实现了体系转换，体系转换后的小箱梁跨越能力更强，截面经济更为优选。组合梁桥由于采用了混凝土预制构件作为受力主结构，又利用这些主结构作为后浇带的支撑模板构造，不仅简化了施工工序，降低了施工难度，而且缩短了施工工期。

预制组合箱梁不仅具有较大的截面抗扭强度和抗弯强度，而且具有价格便宜、施工速度快的优点，在国内外得到了迅速的发展和广泛的应用。

（2）方案二：节段预制逐跨拼装施工。

节段预制逐跨拼装造桥技术一般指以纵向为主进行节段预制和拼装的造桥技术，即是将桥梁的梁体沿纵向划分为节段，在工厂预制后运输至桥位进行桥位拼装，即先"化整为零"后"化零为整"，并施加预应力使之成为整体结构物的一种桥梁建造方法。由于工艺要求，其梁体截面一般采用箱型梁，国外也见槽形梁形式。节段预制拼装造桥技术本质上和常规悬臂分段浇筑、节段预制顶推一样，是分段建造桥梁的一种，在原理上是预应力结构、箱梁设计和分段施工法等综合而成。

从应用角度来看，节段预制拼装造桥技术不仅适用于常规中小跨度，也可适用于大跨度桥梁；尤其在施工困难或者生态敏感区域，节段预制拼装都已被证明是一种有价值的建造桥梁技术。其主要优点如下。

1）可广泛应用于各种桥型和跨度，不仅限于常用的简支梁（逐跨拼装）和连续梁（悬臂拼装），更可采用大跨度斜拉桥（斜拉索拼装），道路和市政桥梁常见的小半径和超高等技术问题也可得到较好的解决。

2）投资少，经济效益高，采用节段预制拼装造桥技术较常规方法可节约10%～20%工程造价；同时，由于平行施工，缩短建造时间，更间接降低工程造价。

**表6.4**　　　　　　　　　**国内外典型节段拼装桥梁的规模**

| 桥名 | 建设时间 | 主要跨径（m） | 拼装总长（m） |
|---|---|---|---|
| 芜湖二桥引桥 | 2013 | 30，40 | 11 612 |
| 南京四桥引桥 | 2012 | 50 | 4 724 |
| 苏通长江北引桥 | 2008 | 75 | 3 700 |
| 厦门BRT梁桥 | 2008 | 30 | 2 980 |
| 广州市轨道交通四号线高架桥 | 2008 | 30 | 14 600 |
| 上海长江大桥 | 2002 | 60 | 3 840 |
| 泰国曼纳高速道路桥 | 2000 | 42 | 55 000 |
| Long Key Bridge | 1978 | 35.9 | 3 697.1 |

节段预制拼装技术比较倚重制梁和架桥机械，购置架桥机的成本很高，每台架桥机大约需要设置5个预制支座，因此在中小规模桥梁运用不具经济优势。当桥梁总长达到3 km以上时，预制设备和架桥机的重复高效使用，省去了架设脚手架的工序，节省工期、节省人力，成本比现场浇筑更低，规模越大，优势越明显。因此，节段预制拼装技术适用于总长较长、跨度中小型桥梁。近年来，国内外大型桥梁中采用节段预制拼装技术的项目总拼装长度基本都在3 km以上（当桥梁采用分离式双箱结构且独立拼装时，拼装总长按两倍计算）。

本次工程跨湿地桥梁标准段长度约2.7 km，单幅总长约5.4 km （分两幅布置），适于采用节段预制拼装技术。

3）有着较好环境效益，可有效减少施工对环境、交通等的影响，同整孔预制架设相比则大幅减少了预制场占地面积，有效实现节约和集约用地。

4）工程质量高，梁部结构主要部分为工厂（场）预制，质量更可靠，养护时间长，加载龄期晚，有效减少梁体徐变上拱和预应力损失。

5）节段小，制梁工艺简单，施工方便快捷，运输较少受到设备和通道的限制，预制拼装均可实现机械化，安全性高。

由于节段预制拼装造桥对工艺、装备要求较高，故对采用节段预制拼装造桥设计应加强以下方面的注意：在材料方面，节段梁应采用高性能混凝土；除梁端节段梁段外，节段梁段长度宜等长，节段梁段应取直；在节段梁横断面尺寸，断面尺寸的变化宜局限于腹板高度和底板厚度；节段梁倒角设置应便于浇筑，节段梁各部分，特别是剪力键应便于脱模；节段预制拼装桥梁为全预应力混凝土结构，应尽量减少预埋件引起的腹板和翼缘表面的不连贯性，预应力钢筋和锚垫板等宜标准化；横隔板和加劲肋数量宜尽量少。

（3）方案比较。

1）功能性。预制组合小箱梁与预制拼装箱梁均具有施工简便、工厂化施工、受力性能优越等优点，越来越受到工程界的青睐。

预制小箱梁具有施工工序少，施工难度小，施工速度快的优势，但由于其横向由多个主梁构成，相比于预制拼装箱梁其整体性较差。当预制小箱梁采用简支形式时其承载力性能往往不如连续梁优越，当采用简支转连续体系时，易出现负弯矩钢束管道不圆滑造成张拉应力的损失的情况和负弯矩孔道压降不密实造成预应力筋被腐蚀等质量通病。

采用节段预制拼装技术施工的混凝土桥梁，通过工厂化预制改善了混凝土浇筑质量和养护条件，加快了建造速度，大大提升了混凝土品质，还减少了对桥位环境的污染和交通干扰，体外预应力的设置可以减薄腹板厚度，且具可检、可修、可换、可强的优点，可以显著减少后期的管理、养护成本。因此，节段预制桥梁无论是在结构性能上，还是在全寿命周期成本上都更具竞争力，更加符合桥梁全寿命周期设计的理念。但预制拼装技术需采用高性能混凝土，对架设设备精度要求较高。

本工程标准段处于胶州湾湿地内，现场施工条件较差，节段预制拼装箱梁在功能性上相比于预制组合小箱梁更具优越性。

2）经济性。预制组合箱梁，由于梁体在工厂制造，仅湿接部分需要现浇，节省了大量架设支架的工序，成本相对于现浇箱梁具有较大优势。

当桥梁总长达到3 km以上时，预制设备和架桥机的重复高效使用，省去了架设支架的工序，节省工期、节省人力，成本比现场浇筑更低，规模越大，优势越明显。本次工程跨湿地桥梁标准段长度约2.7 km，单幅总长约5.4 km（分两幅布置），适于采用节段预制拼装技术。

预制组合箱梁梁体轻盈，施工成本相比预制拼装箱梁略低。节段预制拼装桥梁体内预应力可进行检查，因此维修次数和费用大大减少，延长了使用寿命；预留备用索位置，后期可通过备用索进行结构的加强，提升桥梁的使用功能，节段预制拼装桥梁在全寿命周期成本方面更具优势。

3）景观效果。预制组合小箱梁具有结构轻盈的特点，但梁底线条凌乱，整体性差，视觉效果一般。小箱梁形式与跨湿地现浇段箱梁（经二路桩号 K3+456～K4+090）形式差异较大，视觉效果较差。

利用节段预制拼装技术施工的箱梁整体性好，梁体平整统一，线条流畅，景观效果较好。节段预制拼装箱梁与现浇段箱梁在相接处可采用相同外形尺寸，可塑造协调统一的外形，视觉效果好。

通过对比可知节段预制拼装技术施工的箱梁景观效果更好。

4）施工复杂性。预制小箱梁架设方便，梁体架设后先通过采用墩顶短束与普通钢筋连续的构造处理来实现简支转连续，最后再通过现场浇筑湿接缝等形成整体受力结构。其施工工序较少，但各箱梁间需通过湿接缝连接，对施工工期有一定影响。

节段预制拼装箱梁架设方便，使用逐跨节段拼装技术可实现1～2周一跨，甚至更快。例如，厦门集美大桥全长8.43 km，海上部分采用了预制节段拼装技术，全桥仅用时19个月即建成；迪拜地铁一期工程高架桥平均2天就能完成一个标准跨的拼装；曼纳高速道路桥全长达55 km，建成仅用时26个月。

通过对比可知，节段预制拼装技术施工便捷、景观效果较好，比预制组合箱梁更适用于经二路跨湿地引桥标准段，因此推荐方案二：节段预制拼装箱梁桥。

### 6.3.4.5 桥梁分幅及断面

桥梁分幅主要考虑因素有横向受力、施工难易程度和景观效果等。

跨越湿地引桥为双向六车道，标准段桥梁宽度为34 m，桥梁整体较宽，为避免产生裂缝，本桥采用两幅桥。在经二路道路桩号K3+056～K3+176范围内采用单跨为20 m的薄壁墩连续刚构桥；本次工程范围内所包含规划十八号线和青威高速延长线在此范围内与经二路相交（规划十八号线和青威高速延长线主体道路部分正在施工，道路标高较低），为满足防风暴潮对梁底标高的需求及桥梁段与道路相顺接的需求，本次工程规划十八号线桩号K0+100～K0+180范围内和青威高速延长线桩号K0+202～K0+282范围内，桥梁采用单跨20 m薄壁墩连续刚构桥；在道路桩号K3+176～K4+090范围内采用现浇连续箱梁结构；经二路道路桩号K4+090～K6+325范围内引桥宽度均为标准断面，采用节段预制拼装箱梁结构。

青威延长线桥梁为双向八车道，标准段梁宽度为41 m，桥梁整体较宽，为避免产生裂缝，本桥采用两幅桥。

青威延长线桥梁标准段断面设计为：0.5 m（人行护栏）+5 m（人行道）+14.5 m（车

行道）+1 m（分隔带）+14.5 m（车行道）+5 m（人行道）+0.5 m（人行护栏）=41 m。

### 6.3.4.6 上部结构

#### 6.3.4.6.1 经二路及相交道路引桥上部结构

（1）薄壁墩连续刚构段。

现浇空心板采用C50预应力钢筋混凝土，悬臂长度1.8 m，梁高1.1 m，空心采用圆形孔洞形式，顶板厚度0.28 m，底板厚度0.22 m。

（2）现浇箱梁段。

经二路及青威高速延长线现浇箱梁，分两幅布置，主梁采用双箱三室截面；规划十八号线，现浇箱梁均采用C50预应力钢筋混凝土，悬臂长度2.5 m，梁高2 m，中腹板间距为4.5 m，跨中处中腹板厚度为0.4 m，顶板厚度0.28 m，底板0.22 m；支点处中腹板厚度为1 m，顶板厚度0.28 m，底板0.42 m，渐变段长度为6 m。

（3）预制箱梁段。

预制箱梁采用C50预应力钢筋混凝土，分两幅布置，主梁采用双箱三室截面，悬臂长度2.5 m，梁高2 m，中腹板间距为4.5 m，跨中处中腹板厚度为0.4 m，顶板厚度0.28 m，底板0.22 m；支点处中腹板厚度为1 m，顶板厚度0.28 m，底板0.42 m，渐变段长度为6 m。节段拼装面上设置齿块状剪力健和键槽，剪力健内配备U形钢筋。

### 6.3.4.7 下部结构

桥梁立柱共设计五种型式。

#### 6.3.4.7.1 四边形柱

矩形柱与盆式支座外形相似，相互配合较好，四角带圆弧并赋予其他变化的矩形柱，柱顶直接支承上部结构的梁底，显得简洁明快、挺拔有力，桥下通透性好，与棱角分明的上部结构结合，体现整齐划一的美学概念。

#### 6.3.4.7.2 八边形柱

八边形柱通过多边形设置，有效地缩减了桥墩断面，减小了视觉阻碍，从而使得柱型挺拔有力。

#### 6.3.4.7.3 H形柱

H形桥墩通过增大柱顶间距，使得上部结构的梁底面具有更大的支承面积，通过立柱两侧的立面曲线实现截面的自然过渡，从而使得立柱挺拔有力、富于变化，同时加大了侧向净空的距离，给人更强的安全感和更开阔的视觉感。

#### 6.3.4.7.4　圆形柱

圆端形柱适用范围广，对水流的阻力较小，且与各种支座匹配较好。

综合安全、景观以及上部结构形式等因素，根据不同的上部结构推荐下部结构形式。由于引桥大部分采用柱接盖梁的形式，为使下部结构简洁，从景观协调方面考虑采用圆形柱。

# 6.4　道路段跨规划河道桥梁设计

## 6.4.1　景观定位 ≫

本段为中小跨径桥梁，在桥型选择时桥梁整体风格应与经二路跨胶州湾湿地段桥梁风格协调一致；另外，经二路桥梁景观主要以跨胶州湾湿地为主，本段桥梁的设计重点应落脚在简单实用，不宜喧宾夺主。

## 6.4.2　设计原则 ≫

此部分桥梁均为中小跨径桥梁，工程设计遵循以下原则。

（1）认真贯彻安全、实用、美观、经济的建设方针。

（2）广泛吸取国内外先进经验和技术，优先选用便于施工、维修、养护的结构型式。

（3）选用的结构必须在施工、使用过程中具有规定的强度、刚度、稳定性和耐久性。

## 6.4.3　材料选择 ≫

桥梁建设的材料多为预应力混凝土结构、钢结构、钢-混组合结构。一般情况下，钢结构桥梁的造价是预应力混凝土结构桥梁的两倍，且养护费用高；钢-混组合结构工序多、施工复杂、养护费用较高；预应力混凝土和钢筋混凝土结构施工方便、造价低廉、可塑性好、养护维修方便。根据以上分析，本工程采用预应力混凝土结构或钢筋混凝土结构。

### 6.4.4 河道规划 》》

本工程在该区域以地面道路为主，经二路沿线需跨越古岸线水系（河道桩号0+000位置）、规划水系、规划河套15#水系、规划河套16#号水系，龙海路需跨越古岸线水系（河道桩号0+718位置），共5处河流，河道规模见表6.5。

表6.5　　　　　　　　　　　河道要素一览表

| 河道名称 | 槽底宽度（m） | 上口宽度（m） | 规划沟底高程（m） | 50年一遇水位（m） |
|---|---|---|---|---|
| 龙海路跨古岸线水系 | 60 | 84 | 0.073 | 3.965 |
| 经二路跨古岸线水系 | 60 | 84 | 0.00 | 3.73 |
| 规划水系 | 10 | 20 | 0.00 | 3.73 |
| 规划河套15#水系 | 10 | 10 | 0.00 | 3.73 |
| 规划河套16#水系 | 10 | 30 | 0.00 | 3.73 |

### 6.4.5 跨径选择 》》

（1）龙海路跨古岸线水系位置处河口宽度为84 m，根据道路规划桥梁与河道斜交，跨径布置方案包括以下两种。

方案一：小跨径多跨过河方案。

方案二：大跨径一跨过河，搭配小跨径引桥过渡至地面方案。

方案一投资少，施工方便，结构简单；方案二，投资较大，景观性较好。

根据道路段景观定位和功能需求，本桥采用方案一，小跨径多跨过河方案，跨径可根据桥型采用27 m+36 m+27 m=90 m方案。

（2）经二路跨古岸线水系位置处河口宽度为84 m，根据道路规划情况，该位置处需设弯桥，宜用连续结构，因跨径选择采用25+35+25=85 m方案。

（3）根据前述水系介绍，规划排水沟河口宽度为20 m，为使桥梁与地面道路衔接圆顺，考虑和谐统一的原则，因此本工程在规划排水沟时，桥梁跨径根据桥型采用单跨10 m+10 m跨河方案。

（4）规划河套15#水系河口宽度10 m，可采用一跨过河方案。为使桥梁与地面道路衔接圆顺，应尽量降低桥梁结构高度，考虑到河道为垂直护坡，同时考虑和谐统一的原则，因此本工程在跨越规划河套15#水系时，桥梁跨径根据桥型设置为单跨13 m。

（5）根据前述水系介绍，规划河套16#水系河口宽度为30 m，可采用一跨过河或多跨过河方案。为使桥梁与地面道路衔接圆顺，应尽量降低桥梁结构高度，同时考虑和谐统一的原则，因此规划河套16#水系时，桥梁跨径根据桥型采用16 m+16 m=32 m组合。

## 6.4.6 龙海路跨古岸线水系桥型方案

龙海路跨古岸线水系桥梁总长为90 m，属于中等跨径，桥型方案适合选择拱桥或连续梁桥。本工程针对这两种桥型进行比选。

### 6.4.6.1 方案一：拱桥

拱结构体形柔和，桥面以上结构具有较好的建筑效果，与周边环境的协调性较好。从"布置协调、受力合理、造型美观"的角度来看，拱桥主要以拱的弧线跨越，给人以流动的韵律感，更容易与周围环境相融合，做到桥梁与环境相互依存，和谐共处，并且因为桥梁的加入而使区域的环境景观更为生动和丰富。

（1）优点。

① 景观价值高。拱肋内倾7度，跨中拱肋采用板式横撑，开椭圆通孔，形成穹顶结构。其建筑造型独特、外形优美、富有力度感、形如海面上展翅欲飞的飞鸟。② 受力简洁明确。边中跨之间采用简支联结，主跨结构受力明确简洁。

（2）缺点。

① 施工难度较大。桥梁结构较为复杂，施工时难度较大，工期较长。② 造价较高。由于拱桥体系复杂，桥墩承受较大的水平推力。由于经二路沿线淤泥较深，桥墩处需设置较大体量的桩基础，会大幅度拉升造价。

### 6.4.6.2 方案二：简支梁桥

简支梁设计和施工均有很成熟的经验，造价也较为经济，简支梁桥景观效果较差。本桥可考虑采用预制简支小箱梁桥。

### 6.4.6.3 方案三：连续梁桥

梁桥体系是一种比较常规、技术成熟、也较为经济合理的桥型，设计和施工均有很成熟的经验。作为传统的桥型，连续梁桥有着简洁大方的外观效果，此种桥型在工程中应用较为广泛。

本桥采用连续梁桥，跨径布置为27 m+36 m+27 m=90 m，经二路桥梁整体风格与其保持一致；另外，连续梁设计、施工技术成熟，造价也较为经济。

本桥为龙海路与经二路相接段桥梁，宜与经二路桥梁风格保持统一，以形成连续的桥梁韵律。另外，考虑到工程造价、施工周期及施工难度等原因，本桥梁方案推荐方案三：连续梁桥。

## 6.4.7　龙海路跨古岸线水系桥梁设计

### 6.4.7.1　横断面布置

龙海路跨古岸线桥梁全宽35.5 m，分左右两幅布置，横断面布置为0.25 m（栏杆）+5.5 m（人行道）+11 m（机动车道）+2 m（中央分隔带）+11 m（机动车道）+5.5 m（人行道）+0.25 m（栏杆）=35.5 m。

### 6.4.7.2　上部结构

本桥上部结构拟采用C50预应力混凝土现浇连续箱梁，箱梁的梁高为1.8 m，跨中处腹板厚度为0.4 m，顶板厚度为0.28 m，底板厚度为0.22 m，悬臂长度为2.5 m；支点处中腹板厚度为1 m，顶板厚度为0.28 m，底板为0.42 m，渐变段长度为6 m。

### 6.4.7.3　下部结构

龙海路跨古岸线水系下部结构，桥墩采用桩柱式桥墩，采用圆形截面，直径1.3 m，下部与扩大基础相接，桥墩间距布置为6 m。桥台采用扶壁式轻型桥台，台帽厚0.7 m，扶壁厚0.6 m，胸墙厚0.8 m，承台高1.5 m，基础采用扩大基础，下部结构墩台采用C50钢筋混凝土结构，基础采用C45钢筋混凝土结构。

## 6.4.8　经二路跨古岸线水系桥型方案

经二路跨古岸线水系位置处河道宽度为84 m，该处所设桥梁为中等跨径，根据道路相关规划，该处桥梁为弯桥，适宜采用多跨简支桥梁或连续箱梁形式。本工程对以下两种桥型方案进行比选，分别是：

### 6.4.8.1　方案一：三跨简支组合梁桥

简支组合梁桥结构高度低，可以批量预制，上、下部同时施工能够缩短工期，具有安装快速便捷、工艺成熟和造价经济等优点。其缺点是结构形式单一，桥下景观效果较差。

### 6.4.8.2　方案二：三跨连续梁桥

连续梁桥体系是一种比较常规、技术成熟、也较为经济合理的桥型，设计和施工均有很成熟的经验。作为传统的桥型，连续梁桥有着简洁大方的外观效果，此种桥型在工程中应用较为广泛。

根据规划情况，本桥需设置为弯桥，若设置为简支组合梁桥，需在两侧设置较大宽度的翼缘板，受力情况不利，而现浇连续梁桥可以很好地适应设计需求。因此，本桥选择方案二：三跨连续梁桥。

### 6.4.9　经二路跨古岸线水系桥梁设计

#### 6.4.9.1　横断面布置

按照路桥同宽的原则，经二路跨古岸线水系沟桥梁全宽45.75 m，分左右两幅布置，横断面布置为0.25 m（栏杆）+5 m（人行道）+18 m（机动车道）+17.25 m（机动车道）+5 m（人行道）+0.25 m（栏杆）=45.75 m。

#### 6.4.9.2　上部结构

本桥上部结构拟采用C50预应力混凝土现浇连续箱梁，箱梁的梁高为1.8 m，跨中处腹板厚度为0.4 m，顶板厚度0.28 m，底板厚度0.22 m。悬臂长度为2.5 m；支点处中腹板厚度为1 m，顶板厚度0.28 m，底板0.42 m，渐变段长度为6 m。

#### 6.4.9.3　下部结构

经二路跨古岸线水系桥梁采用桩柱式桥墩，采用圆形截面，直径1.5 m；桥台采用肋板式桥台，墩台基础采用扩大基础，扩大基础高度2 m。下部结构墩台采用C50钢筋混凝土结构，墩台基础均采用C45钢筋混凝土结构。

### 6.4.10　河套15#水系桥型方案

规划河套15#水系跨径布置方案为单跨13 m，属于小跨径，本工程对以下两种桥型方案进行比选，分别是：

#### 6.4.10.1　方案一：单跨简支梁桥

简支梁桥结构高度低，可以批量预制，上下部同时施工能够缩短工期，具有安装快速便捷、工艺成熟和造价经济等优点。其缺点是结构形式单一，桥下景观效果较差，但板梁桥通过好的景观设计同样可以获得好的景观效果。

#### 6.4.10.2　方案二：单跨板梁组合拱桥

板梁组合拱桥体系是一种造型美观、受力合力合理的桥型，设计和施工均有很成熟的经验。作为传统的桥型，钢筋混凝土拱桥有着优美的外观效果。

方案一上部结构采用预制拼装空心板梁，可在梁场预制，上、下部结构可同时施工，施工工艺简单，施工周期较短，与沿线桥梁结构形式协调统一；方案二造价较高，造型美观但与沿线桥梁形式相差较大。因此，本工程桥型方案推荐采用方案一：单跨简支梁桥。

## 6.4.11 河套15#水系桥梁设计 》》

### 6.4.11.1 横断面布置

按照路桥同宽的原则，桥梁全宽41 m，分左右两幅布置，横断面布置为0.25 m（栏杆）+2.5 m（非机动车道）+14.5 m（机动车道）+5 m（中间分隔带）+16.75 m（机动车道）+5 m（人行道）+0.25 m（栏杆）=49.25。

### 6.4.11.2 上部结构

跨径13 m空心板梁高0.7 m，中板宽0.99 m，外侧边板宽1.995 m，外侧边板挑臂长1.5 m，简支板桥通过增大边板悬臂，可以打造出简洁轻盈、轻快舒适的视觉效果。本次工程桥梁拟通过设置大悬臂边板并通过采用整体现浇人行道铺装层（现浇铺装层外伸与边板外侧相连）的方式使边板总悬臂长度达到2 m。

### 6.4.11.3 下部结构

下部结构桥台采用桩柱式桥台，基础为1.2 m钻孔灌注桩，下部结构采用C45钢筋混凝土结构。

## 6.4.12 规划水系方案 》》

规划排水沟跨径布置方案为10 m+10 m=20 m，属于小跨径，本工程对以下两种桥型方案进行比选，分别是：

### 6.4.12.1 方案一：两跨简支梁桥

简支梁桥结构高度低，可以批量预制，上、下部同时施工能够缩短工期，具有安装快速便捷、工艺成熟、景观效果简洁轻巧和造价经济等优点。其缺点是结构形式单一，但板梁桥通过好的景观设计同样可以获得好的景观效果。

### 6.4.12.2 方案二：单跨连续梁桥

连续梁桥体系是一种比较常规、技术成熟、也较为经济合理的桥型，设计和施工均有很成熟的经验。作为传统的桥型，连续梁桥有着简洁大方的外观效果，此种桥型在工程中应用较为广泛。

方案一上部结构采用预制拼装空心板梁，可在梁场预制，上、下部结构可同时施工，施工工艺简单，施工周期较短，另外小跨径连续梁桥从外观上与简支梁桥差别不大。因此，本工程桥型方案推荐采用方案一：两跨简支梁桥。

### 6.4.13 规划水系桥梁设计

#### 6.4.13.1 横断面布置

按照路桥同宽的原则，桥梁全宽43 m，分左右两幅布置，横断面布置为0.25 m（栏杆）+2.5 m（非机动车道）+5 m（人行道）+11 m（机动车道）+8 m（中央分隔带）+11 m（机动车道）+5 m（人行道）+0.25 m（栏杆）=43。

#### 6.4.13.2 上部结构

跨径10 m空心板梁高0.6 m，中板宽0.99 m，边板宽1.995 m，外侧边板挑臂长1.5 m，简支板桥通过增大边板悬臂，可以打造出简洁轻盈、轻快舒适的视觉效果。本次工程桥梁拟通过设置大悬臂边板、并通过采用整体现浇人行道铺装层（现浇铺装层外伸与边板外侧相连）的方式，使边板总悬臂长度达到2 m。

#### 6.4.13.3 下部结构

下部结构桥墩采用桩柱式桥墩，立柱直径1.2 m，下接直径1.5 m钻孔灌注桩，立柱之间设置系梁，系梁截面为0.8 m×0.8 m；桥台采用轻型埋置式桥台，基础为1.2 m钻孔灌注桩。下部结构墩台及盖梁采用C50钢筋混凝土结构，基础采用C45钢筋混凝土结构。

### 6.4.14 规划河套16#水系桥型方案

规划排水沟、规划河套16#水系跨径布置方案为16 m+16 m=32 m，属于小跨径，本工程对以下两种桥型方案进行比选，分别是：

#### 6.4.14.1 方案一：两跨简支梁桥

简支梁桥结构高度低，可以批量预制，上、下部同时施工能够缩短工期，具有安装快速便捷、工艺成熟、景观效果简洁轻巧和造价经济等优点。其缺点是结构形式单一，但板梁桥通过好的景观设计同样可以获得好的景观效果。

#### 6.4.14.2 方案二：单跨连续梁桥

连续梁桥体系是一种比较常规、技术成熟、也较为经济合理的桥型，设计和施工均有很成熟的经验。作为传统的桥型，连续梁桥有着简洁大方的外观效果，此种桥型在工程中应用较为广泛。

方案一上部结构采用预制拼装空心板梁，可在梁场预制，上、下部结构可同时施工，施工工艺简单，施工周期较短，另外小跨径连续梁桥从外观上与简支梁桥差别不大。因此，本桥桥型方案推荐采用方案一：两跨简支梁桥。

### 6.4.15　规划河套16#号水系桥梁设计

#### 6.4.15.1　横断面布置

按照路桥同宽的原则，桥梁全宽43 m，分左右两幅布置，横断面布置为0.25 m（栏杆）+2.5 m（非机动车道）+5 m（人行道）+11 m（机动车道）+8 m（中央分隔带）+11 m（机动车道）+5 m（人行道）+0.25 m（栏杆）=43。

#### 6.4.15.2　上部结构

跨径16 m空心板梁高0.8 m，中板宽0.99 m，边板宽1.995 m，外侧边板挑臂长1.5 m，简支板桥通过增大边板悬臂，可以打造出简洁轻盈、轻快舒适的视觉效果。本次工程桥梁拟通过设置大悬臂边板并通过采用整体现浇人行道铺装层（现浇铺装层外伸与边板外侧相连）的方式使边板总悬臂长度达到2 m。

#### 6.4.15.3　下部结构

下部结构桥墩采用桩柱式桥墩，立柱直径1.2 m，下接直径1.5 m钻孔灌注桩，立柱之间设置系梁，系梁截面为0.8 m×0.8 m；桥台采用轻型埋置式桥台，基础为1.2 m钻孔灌注桩。下部结构墩台及盖梁采用C50钢筋混凝土结构，基础采用C45钢筋混凝土结构。

## 6.5　桥梁附属结构

### 6.5.1　桥面铺装

本工程桥面铺装根据道路面层确定：

4 cm细粒式沥青砼（AC–13C）；

5 cm中粒式沥青砼（AC–16C）；

1 cm沥青预拌碎石封层；

热SBS改性沥青防水黏结层;

10 cmC50桥面铺装或现浇箱梁。

### 6.5.2 桥面排水

为保证桥面排水的畅通,桥面设有2%横坡,并按道路纵断面设计要求布置桥面纵坡,桥面上每隔6 m设一道雨水收集口,集中雨水沿桥梁横坡汇集到桥梁两侧后排放。

### 6.5.3 伸缩缝

在主桥桥梁两端设置大型伸缩缝,伸缩量满足温度、收缩徐变(混凝土桥)、地震水平位移、活载下转角的要求。

### 6.5.4 台后搭板

引桥桥台后为填海区域,为减小桥台与台后填土之间的不均匀沉降及对行车性能的影响,桥台后设置 $L=8$ m钢筋砼搭板。

### 6.5.5 桥梁支座

一般来说,简支梁桥选择采用板式橡胶支座及四氟滑板橡胶支座,连续梁桥采用盆式橡胶支座及四氟滑板橡胶支座。

### 6.5.6 栏杆

根据规划,跨湿地桥梁所处周边为公园区域,因此桥梁栏杆应有一定景观要求,考虑采用厚度为30 cm的景观栏杆,栏杆形式的选择应与环境相协调,富有时代感与现代感,并注重细部刻画,使栏杆从远处看,线条起伏流畅,富有韵律感;从近处看,刻画细致的栏杆令人赏心悦目。栏杆高度≥1 100 mm。

龙海路跨古岸线水系、经二路跨古岸线水系、经二路跨规划排水沟、经二路跨河套15#排水沟和经二路跨河套16#排水沟,桥梁采用钢护栏。

# 6.6　主要材料

## 6.6.1　材料分类 ＞＞

表6.6　　　　　　　　　　　　材料分类表

| 桥梁 | 部位 | 材料 |
|---|---|---|
| 节段预制拼装箱梁 | 上部结构 | C50混凝土 |
| | 桥台与桥墩 | C50混凝土 |
| | 基础 | C45混凝土 |
| 非节段预制拼装箱梁 | 上部结构 | C50混凝土 |
| | 桥台与桥墩 | C50混凝土 |
| | 基础 | C45混凝土 |

## 6.6.2　材料参数 ＞＞

（1）混凝土。

表6.7　　　　　　　混凝土弹性模量和强度（MPa）

| 混凝土等级 | C45 | C50 |
|---|---|---|
| 弹性模量Ec | 33 500 | 34 500 |
| 剪切模量Gc | 13 400 | 13 800 |
| 轴心抗压强度设计值fcd | 21.1 | 23.1 |
| 轴心抗拉强度设计值ftd | 1.8 | 1.89 |
| 轴心抗压强度标准值fck | 29.6 | 32.4 |
| 轴心抗拉强度标准值ftk | 2.51 | 2.64 |

泊松比$\gamma$=1/6或0.2；热膨胀系数=0.000 01/℃。

（2）钢筋。

**表6.8**　　　　　　　　　　　　　**钢筋强度（MPa）**

| 钢筋种 | 类抗拉强度设计值 | 抗压强度设计值 |
|--------|------------------|----------------|
| HPB300 | 270 | 270 |
| HRB400 | 330 | 330 |

### 6.6.3　预应力钢绞线 ≫

采用$\varphi$s15.20高强度低松弛（Ⅱ类松弛）预应力钢绞线（GB/T5224—2003）；其标准强度$f_{pk} = 1\,860\,\text{MPa}$，$E_p = 1.95 \times 10^5\,\text{MPa}$，锚下控制张拉应力$\sigma_{con} = 0.75\,\text{fpk}$。

# 第7章

## 《《 内涝防治工程

城市内涝是指由于强降水或连续性降水超过城市排水能力致使城市内产生积水灾害的现象。造成内涝的客观原因是降雨强度大，范围集中。降雨特别急的地方可能形成积水，降雨强度比较大、时间比较长也有可能形成积水。

城市内涝防治是一项系统工程。需要城市的低影响开发从源头减小雨水径流量，提高排水管渠的设计标准，建设雨水调蓄设施和城市水系，加强雨水排水系统的维护和在管理等方面建立起科学的城市防涝体系，才能从根本上防止城市内涝的发生。

城镇内涝防治系统应包括源头排减、排水管渠和排涝除险等工程性设施，以及应急管理等非工程性措施，并与防洪设施相衔接。

## 7.1 城市内涝防治的理论研究

### 7.1.1 内涝的成因分析 》》

随着科技的不断发展，可以采用管道潜望镜（QV）、管道闭路电视（CCTV）/管道声呐（Sonar）等手段进行管道调查，调查结果呈现出地下管线存在结构性缺陷及功能行缺陷。

由于管道的缺陷导致水浸，现总结主要原因分类如下。

（1）排水管道、设施功能缺陷（管径过小标准偏低、雨水收集设施不足），不能满足2～5年一遇降雨强度的雨水排放需求，此原因引起的内涝较多。

（2）部分渠箱或干管受地势影响局部承压水位顶托，造成雨季时排水支管或雨水井水位壅高，雨水溢出内涝。

（3）内涝范围地势过于低洼，明显低于周边地势，这部分内涝点一般范围较小，区域集中，现状排水管管径小、坡度过缓，雨季时排水不及时形成内涝。

（4）排水管道、设施结构缺陷（淤积、堵塞、变形、破损），阻碍排水管道正常过流，雨季时排水不畅引起内涝。

总结：管道功能性缺陷导致的水淹，通过我们常规的改造工程（提标改造）则可解决水淹难题；而管道的结构性缺陷，则得另谋出路，通过修复的方式来解决。

### 7.1.2　管道结构性缺陷分析

（1）排水管道错位、腐蚀、混接现象严重。

（2）部分管材质量问题，造成管道的破损断裂。

（3）小管径的管道处于交通密集地段，所承受的压力负荷较大，损坏情况严重。

目前可以参考《城镇公共排水管道检测与评估技术规程》（GB44/T 1025—2012）以及《城镇公共排水管道非开挖修复技术规程》（GB44/T 1026—2012），对检测完的管道进行分析与评估，通过公式计算其缺陷等级及修复指数，再通过缺陷程度的严重性选择最适合的修复方式。

### 7.1.3　排水管道非开挖修复技术

#### 7.1.3.1　修复原则

（1）参照CCTV及QV检测结论建议，结合现场实施条件确定修复方式。

（2）修复方式以优先采用非开挖修复方式为前提。

（3）缺陷等级大于4，且缺陷程度严重，不适合非开挖修复者，采用开挖修复。

（4）对于管道损伤程度严重，管道已基本失去整体结构的管段，采用开挖修复。

（5）管道淤积厚度超过0.2D时，采用清淤措施进行管道清疏。

#### 7.1.3.2　修复方式

对现状管道进行全面摸查，根据管道的缺陷程度，修复方式分为两大类，即开挖修复与非开挖修复。二者相比较，开挖修复具有成本低、易操作等优点，但受限于施工场地、周边交通影响等因素；非开挖修复，成本相对较高，但具有占地少、工期短、施工影响小等优势。

按修复范围开挖修复，又分为整段开挖与局部开挖两类；非开挖修复，分为辅助修复、整段修复、局部修复三类。

目前最常用的非开挖修复主要为：局部树脂固化、局部双胀圈、CIPP原位固化法，具体工程费用也有相关定额。

### 7.1.3.3 修复方式的选择

从排水管道建设和运行调研结果看，一些管道出现结构性和功能性损坏现象，严重影响了城市排水的安全运行。因此，掌握排水管道的运行状况，确保城市排水安全运行，对存在缺陷的管道进行及时修复非常必要。

局部树脂固化适合一定程度的错位、渗漏、脱节的管道；不锈钢双胀圈适合大口径、允许一定程度错位的管道；CIPP原位固化法针对缺陷较严重、缺陷点较多的整段管道修复，如裂缝、渗漏等，还可以解决管道接口错位、遏制树根生长，以及修复不规则形状管道。

### 7.1.3.4 内涝防治思路

（1）对现状排水管道进行CCTV检测，确认管道及设施存在的缺陷类型。

（2）确定在设计标准下因解决内涝点而需要实施的排水管道改造工程。

（3）确定因排水管道检测发现的结构性病害所需的修复、清淤、清障等工程。

## 7.1.4 典型国家及地区的城市内涝治理实践 >>

### 7.1.4.1 美国"三位一体"的城市暴雨内涝治理模式

美国在城市暴雨内涝治理方面起步较早，至今积累了丰富的经验，也开创性地提出了众多先进理念。目前，美国城市暴雨内涝治理体系较为完善，形成了以城市暴雨内涝防治立法、先进的城市排水理念技术以及多种方式鼓励全民参与的"三位一体"城市暴雨内涝治理应对架构体系。

### 7.1.4.2 巴黎市暴雨内涝治理模式

巴黎是法国首都，也是法国的最大城市，多年平均降雨量619 mm，和北京的降雨量相当，但时间分布上较北京均匀。巴黎城区地下建有规模庞大的排水系统，相应的辅助设施也十分完善。同时，其相关部门重视对自然灾害的防治，应急管理科学完备。因此，巴黎很少发生较大的城市暴雨内涝灾害。

### 7.1.4.3 青岛市的"不淹"传奇

青岛市完善的内涝排水系统得益于100多年前德国人规划设计的地下排水系统，更得益于这一个世纪以来这座城市所形成的水患治理理念以及对雨洪灾害的危机感和责任感。

从青岛市的目前情况来看，德国式的城市排水系统的作用已十分有限。如今，青岛城区的暴雨内涝少发的主要原因有以下两点：① 地势优越。青岛市位于丘陵地带，濒临黄海，海拔较高，降水基本可通过自流方式流入黄海。② 当地政府和民众重视对城市暴雨内涝体系的建设。早在2010年，青岛市就公布实施了《青岛市城市排水条例》，同时民众对城市暴雨内涝治理工作的要求也非常高，对城市暴雨积水的容忍阈值低。

青岛市的经验是可以复制的。在城市规划建设中应充分考虑地形地貌条件，形成城市暴雨内涝排水系统的框架，吸收和承袭现有的成功经验和先进理念，同时，城市管理者与民众的通力维护和协作配合也是必不可少的。

## 7.1.5　雨洪管理理论 》》

雨洪管理就是将降至城市地面的雨水进行控制的处理活动。雨洪管理作为一种概念，在国内外经历着相似的发展历程。美国加利福尼亚州在2003年编写的《雨洪管理规划与设计手册》里解释雨洪管理的目的是缓解城市化使得降水时径流增加、渗透减少等现象的产生，减少人类活动对水文循环的影响。缺乏合适的雨洪管理，会造成基流减少，水质恶化，导致水生生物的多样性，并增加洪涝灾害的发生，造成人类生命和财产损失。现代意义上的雨洪管理不仅涉及水资源的协调与利用，还与基础设施建设、城市生态环境的维护、城市规划、景观规划有着密切的联系。

### 7.1.5.1　低影响开发（LID）

二战后，西方国家城镇化高速发展，给环境带来了一系列的负面影响，在旧城改造过程中，为了减少对已有设施的影响，尽可能发挥原有基础设施的效能，提出了低影响开发（Low Impact Development，简称LID）的概念。此后，美国从20世纪90年代在最佳场地管理（BMPs）的基础上提出用于雨洪管理的低影响开发理念，在马里兰州乔治王子县最先得到系统开发与应用。LID更适合小尺度雨洪管理，其核心思想是保持场地开发前后的水文特征不变，包括控制径流总量、峰值流量、峰现时间等。

我国城市在发展过程中大多数开发强度较大，连续的硬质化地面面积较大且比例高，在这样的情况下仅在场地采用分散式的源头滞留下渗措施，并不能抵御所有降雨情况下的径流，很难实现开发前后径流总量和峰值流量等维持基本不变，所以还需要通过综合各种诸如中途、末端等滞留、存储措施来实现开发后水文特征接近于开发前的目标。因此，我们在借鉴现今普遍推行的LID措施的基础上，也要认识到我国的现状，包括降雨条件、土壤性质、城市发展状况、下垫面污染物等因素。

由此，在借鉴低影响开发的思想基础上，我们提出了海绵城市的建设方式，海绵城市的提出可以看作是可持续雨洪管理的中国表述。

### 7.1.5.2 可持续性城市排水系统（SUDS）

20世纪80年代初期，英国意识到建立可持续雨洪管理系统的重要性，在通过大约20年的研究和实践之后，在最佳雨水管理实践的基础上，英国根据自身的情况，提出了可持续性城市排水系统（Sustainable Drainage Systems，简称SUDS）。该系统旨在通过规划设计将城市的各种排水系统进行统筹考虑，综合大小排水系统的作用，引入可持续发展的概念和措施。

在区域规划层面要求选址、布局与设计等方面要与可持续性城市排水系统相结合，减少新开发项目的洪水风险；地方规划部门在规划审批时，要为可持续性城市排水系统赋予优先权；在环境效果评估规章中认为，可持续性城市排水系统可以用于缓解环境的消极影响；建设部门的相关文件中则表明，要遵守"雨水入渗优先于管网系统"的建造秩序。

可持续排水主要是利用自然的排水方式，通过地形、溪流等创造雨水输送的渠道，它是依靠自然排水与管道排水相结合的方式，强调在流域上游建立就地下渗系统，将集水区域中各子流域内的雨水暂时存储、就地下渗、延长雨水排放路径、增加径流排放时间，以达到去除污染、减流削峰、蓄积雨水的作用。虽然可持续性城市排水系统并不是一个强制性的措施，但是它仍被反复列为雨洪管理的最优选择。

### 7.1.5.3 水敏性城市设计（WSUD）

"水敏性城市设计"（Water Sensitive Urban Design，简称WSUD）这个概念最早于20世纪90年代在澳大利亚提出，旨在回应长期干旱情况下日益严重的雨洪管理问题。水敏性城市的概念源自对传统城市开发的反省以及城市以排为主的传统雨洪管理系统的思考，促使澳大利亚针对传统的排水系统进行改善，结合城市水循环过程、城市规划及景观设计，保证城市水管理适应自然水生态系统，实现"综合水管理"。

水敏性城市设计的措施主要可以分为两大类，一类是最佳规划管理（Best Planning Practice），主要是在诸如城市总体规划一类的宏观尺度下进行城市雨洪管理。另一类是中小尺度的最佳管理实践，包括水需求管理、雨水再利用、雨洪处理措施等。水敏性城市设计从这两个层面上与城市建设的各个阶段都能相互结合，贯穿了城市总体规划、概念规划和详细设计的整个过程。

通过高质量的规划设计,水敏性城市设计能够将自然界的水循环、建成环境和传统地下水系统有机联系起来,创造一个更为安全高效的水循环系统,从而提高城市对洪涝灾害的免疫能力。针对不同阶段的雨洪管理进行规划,从建筑、场地、道路、广场到绿地等不同下垫面上建立净化、渗透、滞留、蓄存、再利用雨水的措施,最后将已经经过净化了的、减量的径流排放到城市收纳水体中,保障了泄洪安全,使城市免遭内涝侵袭。

#### 7.1.5.4 活跃、美丽、洁净水项目(ABC)

新加坡公共事务局和国家公园委员会于2006年推出的"active, beautiful, clean waters。(简称ABC)"项目,致力于将新加坡的河流、沟渠、蓄水设施等发展成为人们亲近水体、游憩休闲的开放空间。

由于新加坡没有大型河流,主要的水源来自降水,随着人口的增加、用水量的上升,为了满足供水需求,新加坡利用河流建造蓄水池。通过河流体系将"蓄水池"连接起来,对河流清淤疏浚,恢复河道自然蜿蜒的状态,结合休闲需求,建立滨河公园,既增加了城市的绿地总量,也使这些河流能更有效地收集雨水,协调人与水资源之间的关系。

从2014年1月1日起,新加坡公共事务局规定所有的新建和重建地区必须通过计算设立调蓄和滞留设施来削减雨水径流量,并规定排入市政管网的雨水流量不得超过该地区峰值流量的65%~75%。作为长期城市发展策略的一部分,ABC项目计划截止到2030年,将在100多个地点阶段性实施该项目,与已经完成的20多个项目一起改善整个国家的雨洪管理系统。

### 7.1.6 雨洪管理技术的发展 ≫

发达国家对雨洪管理技术的研究开始较早,自20世纪70年代起,美国、英国、澳大利亚和新西兰等国家就开展了对雨洪管理技术的研究。

针对城市水问题,有关的城市雨洪管理研究在国内外一直备受重视。除了近30年西方国家陆续出台针对本地区的相关雨洪防治手册及指导性文本,在不少著名学者的著作中也对城市的水资源管理做过研讨,大都侧重于人类活动对水的自然过程的影响。如威廉·M·马什的《景观规划的环境学途径》、弗雷德里克·斯坦纳的《生命的景观——景观规划的生态学途径》、迈克尔·哈夫的《城市与自然过程——迈向可持续性的基础》、伊恩·伦诺克斯·麦克哈格的《设计结合自然》等，都使用了大篇幅对流域水系规划与雨洪资源管理或水资源的规划与保护做了详细的介绍。近年来，整个社会对水资源的关注日益上升，不少有关雨水资源的专门著作也陆续出版，包括詹姆士·L·赛普斯的《水资源的可持续解决方案：政策、规划、设计和实施》，奈杰尔·邓尼特与安迪·克莱登的《雨水园：园林景观设计中雨水资源的可持续利用与管理》，希瑟·金凯德·莱瓦里奥《雨水设计：雨水收集·贮存·中水回用》以及斯图尔特·埃科尔斯与伊丽萨·彭尼帕克合著的《巧妙的雨水设计：创造性的方式来管理雨水》等。这些新的著作都在寻找管理雨水的好方法，致力于在给人带来愉悦享受的同时，对雨水径流进行管理。

### 7.1.6.1 美国的最佳管理措施（BMPs）和低影响发展体系（LID）

1972年，美国提出了最佳管理措施（Best Management Practices，简称BMPs）。美国环保局对BMPs界定为：特定条件下用作控制雨水径流量和改善雨水径流水质的技术、措施或工程设施的最有效方式。BMPs是利用综合措施解决水质、水量和生态问题。这些综合措施主要包含雨水池（塘）、雨水湿地、渗透设施、生物滞留的工程性措施以及各类非工程性管理措施。但随着城市的发展，城市的空间大大缩小，导致这些大规模的调蓄措施无法再发挥作用。

20世纪90年代，美国提出了低影响开发（Low Impact Development，简称LID）的理念。LID技术通过模拟入渗、过滤和蒸发过程实现对径流源头的调控，进而达到减少径流量、降低径流污染和保护受纳水体的目的，并对雨水的自然循环过程进行模拟，使区域开发前后的水文状况达到一致。

### 7.1.6.2 英国的可持续城市排水系统（SUD）

在BMPs理论的基础上，20世纪90年代英国提出了可持续城市排水系统（Sustainable Drainage Systems，简称SUDS）的理念。SUDS通过"管理链"设计，运用一系列技术手段，控制和管理地表水流量，减少城市水污染，主要体现在预防、源头控制、场地控制、区域控制4个方面。此外，其利用"收集""过滤""转移""储存与减缓"4个技术，可更全面地模仿自然雨水的循环模式。

### 7.1.6.3 澳大利亚水敏性城市（WSUD）和新西兰低影响城市的设计与开发

澳大利亚在20世纪90年代提出了水敏性城市（Water Sustainable Urban Design，简称WSUD）的概念。WSUD作为一种雨水解决策略，是为了解决传统排水系统存在的问题而提出的，它的目的是将与雨水有关的技术与城市景观结合，达到减少结构性措施的需求，从城市规划及城市设计角度出发，基于顶层策略来指导城市发展，协调土地利用、多水循环与雨水系统之间的关系，从而提高城市的可持续性。

低影响城市设计和开发（Low Impact Urban Design and Development，简称LIUDD）的理念是由新西兰提出的，主要借鉴了美国的LID技术及澳大利亚的WSUD开发理念。LIUDD的目的是为了避免传统的城市雨洪管理带来的负面影响，通过系统的方法提高建成环境的可持续性，同时保护生态水体以及陆地生态系统的完整性，从而使得城市沿着新的模式发展。

#### 7.1.6.4　海绵城市

海绵城市，即城市能够像海绵一样，在适应环境变化和应对自然灾害等方面具有良好的"弹侧性"，下雨时吸水、蓄水、渗水、净水，需水时将蓄存的水"释放"并加以利用，以提升城市生态系统功能和减少城市洪涝灾害的发生。目前，许多国家的雨洪管理方式都开始采取海绵城市的理念，如我国京津冀城市群东北部的迁安市是我国目前正在规划建设中的典型海绵城市示范区。海绵城市要求"优先利用自然排水系统，建设生态排水设施，充分发挥城市绿地、道路、水系等对雨水的吸纳、蓄渗和缓释作用，使城市开发建设后的水文特征接近于开发前的，具有自然积存、自然渗透、自然净化的功能"。

面对内涝给城市带来越来越严重的损失，我们开始采取更多的措施来缓解开发过程中造成的不良后果。住建部提倡向西方国家学习，着手研究实施雨水排放收费制度；在筹建资金方式上由政府单一渠道转向社会多渠道筹资，采取PPP模式；在加强灰色基础设施建设的同时，加大力度建设绿色基础设施等。这些举措都是海绵城市建设的组成部分，是我们在探索海绵城市建设过程中的一系列尝试，而针对城市内涝防治的海绵城市建设研究也正在不断探索和前进。

### 7.1.7　城市内涝与海绵城市的关系 ▷▷

近些年，我国不少城市饱受内涝灾害的影响。在城市快速发展的态势下，传统"快排"模式的雨洪管理方式已日渐力所不及，大规模、大范围、高频率的内涝不断发生，给人民生命财产带来巨大的损失。而且，城市内涝多发生在城市人口建筑密集区域，这些区域往往是资金财富聚集的地域，内涝频发使得城市遭受的损失加重，使居民的生活品质降低。

海绵城市建设即是以保护城市水循环的良好运行为主要目的，解决或减轻城市内涝现象的一种城市雨洪管理理念，是城市雨洪管理系统的重要组成部分。海绵城市的综合控制目标包括径流总量控制目标、径流峰值控制目标、径流污染控制目标、雨水资源化利用等。其中，以防治城市内涝为主要目的的控制目标是着重解决径流总量的控制、努力控制径流峰值，减少水资源流失、增加渗透和蒸发，保证城市水安全。

对于城市的内涝防治，主要是要控制好在城市化过程中不断增加的年径流总量，将频率较高的中、小降雨事件发生时的径流滞蓄起来，恢复场地原有的水文循环。

## 7.2　设计原则

（1）当城镇内涝防治设施跨行政区划时，不应以以行政区划作为界限。

（2）应为城镇雨水径流提供空间出路，对于内涝防治设计重现期下超出排水管渠承受能力的雨水，应预设城镇水体、调蓄设施和行泄通道并核实下游受纳能力。

（3）应遵循就地解决本区域内涝问题原则。

（4）宜采用或模拟自然排水方式，利用城镇水体、绿地、广场和道路等现有设施，提高内涝防治能力。

（5）应考虑上游的过境流量。

## 7.3　计算公式及设计参数

### 1. 计算公式

（1）青岛市暴雨强度。

利用青岛市发布的暴雨强度经验公式计算。

$$q = \frac{1919.009 \times (1+0.997\,1\lg P)}{(t+10.740)^{0.738}}$$

式中，

q：暴雨强度（L/（s·ha））；

P：设计暴雨重现期（年），城市主干道$P=5$，暗渠$p=10$年；片区内涝设计重现期30年一遇；

t：集水时间，$t = t^1 + t^2$。

（2）雨水量计算。

$$Q = \psi \cdot q \cdot F$$

式中，

Q：设计雨水量（L/s）；

$\psi$：径流系数，取$\psi=0.65$；

q：暴雨强度（L/（s·ha））；

F：汇水面积（ha）。

## 2．水量计算

$$Q = \psi \cdot (q_{30} - q_3) \cdot F$$

式中，

Q：设计雨水量（L/s）；

$\psi$：径流系数，取$\psi = 0.65$；

$q_3$、$q_{30}$：$p=3$暴雨强度，$p = 30$暴雨强度，（L/（s·ha））；

F：汇水面积（ha）。

## 3．排水管渠的最小设计流速

雨水管道在满流时最小流速为0.75 m/s。

## 4．管道粗糙系数$n$

钢筋混凝土管道，$n = 0.013$。

## 5．海绵城市设计参数

各下垫面径流系数如表7.1所示。

表7.1 不同下垫面径流系数

| 下垫面种类 | 雨量径流系数 $\psi_c$ | 流量径流系数 $\psi_m$ |
|---|---|---|
| 混凝土或沥青路面及广场 | 0.8 ~ 0.9 | 0.9 ~ 0.95 |
| 大块石铺砌路面及广场 | 0.5 ~ 0.6 | 0.7 |
| 沥青表面处理的碎石路面及广场 | 0.45 ~ 0.55 | 0.65 |
| 级配碎石路面及广场 | 0.4 | 0.5 |
| 干砌砖石或碎石路面及广场 | 0.4 | 0.4 ~ 0.5 |
| 非铺砌的土路面 | 0.3 | 0.35 ~ 0.4 |
| 绿地 | 0.15 | 0.3 |
| 水面 | 1 | 1 |
| 地下室覆土绿地（≥500 mm） | 0.15 | 0.3 |
| 地下室覆土绿地（<500 mm） | 0.3 ~ 0.4 | 0.4 |
| 透水铺装路面 | 0.08 ~ 0.45 | 0.08 ~ 0.45 |
| 下沉广场（50年及以上一遇） | – | 0.85 ~ 1.0 |

表7.2 土壤渗透系数表

| 土质 | 渗透系数 $K$ | |
|---|---|---|
| | m/d | m/s |
| 黏土 | <0.005 | $<6 \times 10^{-8}$ |
| 粉质黏土 | 0.005 ~ 0.1 | $6 \times 10^{-8} \sim 1 \times 10^{-6}$ |
| 黏质粉土 | 0.1 ~ 0.5 | $1 \times 10^{-6} \sim 6 \times 10^{-6}$ |
| 黄土 | 0.25 ~ 0.5 | $3 \times 10^{-6} \sim 6 \times 10^{-6}$ |
| 粉砂 | 0.5 ~ 1.0 | $6 \times 10^{-6} \sim 1 \times 10^{-5}$ |
| 细砂 | 1.0 ~ 5.0 | $1 \times 10^{-5} \sim 6 \times 10^{-5}$ |
| 中砂 | 5.0 ~ 20.0 | $6 \times 10^{-5} \sim 2 \times 10^{-4}$ |
| 均质中砂 | 35.0 ~ 50.0 | $4 \times 10^{-4} \sim 6 \times 10^{-4}$ |
| 粗砂 | 20.0 ~ 50.0 | $2 \times 10^{-4} \sim 6 \times 10^{-4}$ |
| 均质粗砂 | 66.0 ~ 75.0 | $7 \times 10^{-4} \sim 8 \times 10^{-4}$ |

# 7.4　海绵城市设计

海绵城市的建设对城市内涝防治有积极的作用，但是海绵城市的建设需要构建完整的排水系统，包括宏观层面的大排水系统、中观层面的小排水系统、微观层面的微排水系统。本书作者认为，针对城市排水管网系统不足造成的城市内涝问题，海绵城市的建设方式应把排水与蓄滞结合起来统一考虑，合理规划河湖水系、排水管网、LID措施三个要素的布局，综合控制城市雨洪问题。

## 7.4.1　海绵城市总体设计 ≫

海绵城市绿地建设应遵循生态优先等原则，将自然途径与人工措施相结合，在确保城市排水防涝安全的前提下，最大限度地实现雨水在绿地区域的积存、渗透和净化，促进雨水资源的利用和生态环境保护。在海绵城市绿地建设过程中，统筹自然降水、地表水和地下水的系统性，协调给水、排水等水循环利用各环节，并考虑其复杂性和长期性。

城市道路径流雨水应通过有组织的汇流与转输，经截污等预处理后引入道路红线内、外绿地内，并通过设置在绿地内的以雨水渗透、储存、调节等为主要功能的低影响开发设施进行处理。低影响开发设施的选择应因地制宜、经济有效、方便易行，如结合道路绿化带和道路红线外绿地优先设计下沉式绿地、生物滞留带、雨水湿地等。

根据《青岛市海绵城市专项规划（2016—2030年）》，海绵城市设计应符合其的要求，在满足绿地生态、景观、游憩和其他基本功能的前提下，合理地预留或创造空间条件，采取"渗、滞、蓄、净、用、排"等措施，与城市雨水管渠系统、超标雨水径流排放系统相衔接，实现缓解城市内涝、削减径流水平、提高雨水资源化利用、改善城市景观的目的。

## 7.4.2　年径流总量控制率计算 ≫

### 7.4.2.1　一般计算方法

（1）低影响开发设施以径流总量和径流污染为控制目标进行设计时，设施具有的调蓄容积一般应满足"单位面积控制容积"的指标要求。设计调蓄容积一般采用容积法进行计算：

$$V = 10H\varphi F$$

式中，$V$——设计调蓄容积，$m^3$；$H$——设计降雨量，mm；

$\varphi$——综合雨量径流系数；

$F$——汇水面积，ha。

（2）以渗透为主要功能的设施规模计算，对于生物滞留设施、渗透塘、渗井等顶部或结构内部有蓄水空间的渗透设施，设施规模应按照以下方法进行计算。对透水铺装等仅以原位下渗为主、顶部无蓄水空间的渗透设施，其基层及垫层空隙虽有一定的蓄水空间，但其蓄水能力受面层或基层渗透性能的影响很大，因此透水铺装可通过参与综合雨量径流系数计算的方式确定其规模。

① 渗透设施有效调蓄容积按下式进行计算：

$$Vs = V - W_p$$

式中，$Vs$——渗透设施的有效调蓄容积，包括设施顶部和结构内部蓄水空间的容积，$m^3$；

$V$——渗透设施进水量，$m^3$；

$W_p$——渗透量，$m^3$。

② 渗透设施渗透量按下式进行计算：

$$W_p = KJA_st_s$$

式中，$W_p$——渗透量，$m^3$；

$K$——土壤（原土）渗透系数，m/s；

$J$——水力坡降，一般可取 $J=1$；

$A_s$——有效渗透面积，$m^2$；

$t_s$——渗透时间，s，指降雨过程中设施的渗透历时，一般可取2 h。

根据《红岛经济区海绵城市专项规划（2016—2030年）》（专家评审稿），经二路所属区域为第47分区，年径流总量控制率需达到82%，雨水资源利用率为3%。

#### 7.4.2.2 具体海绵措施

（1）下凹式绿地。

在绿化带实施时设计下凹式绿地进行雨水收集。较普通绿化而言，下凹式绿地利用下凹空间充分蓄积雨水，增加了雨水入渗时间，具有渗蓄雨水、削减洪峰流量、减轻地表径流污染等优点。

下凹式绿地汇集周围道路、建筑物等区域产生的雨水，雨水径流先流入绿地。经二路下凹绿地率30%～55%。

（2）下凹式绿地内设置溢流口。

当降雨量超过下凹绿地的渗水能力时，溢流至雨水口中，最终排入雨水管道中。雨水口设计标高、结构形式均与人行道绿带中雨水口设计相同。雨水口进入雨水管网前需加设初期弃流装置。

（3）透水铺装。

本工程绿地范围内通过调整绿地竖向，并对人行道、景观园路采用透水性铺装材料，从源头将雨水留下来然后"渗"下去。从而避免地表径流，减少下游市政管网压力，同时涵养地下水，补充地下水的不足，通过土壤净化水质，改善城市微气候。

人行道坡向绿化带方向，使雨水流向绿带内，同时在绿带边缘处设置5%～30%坡度的浅凹绿地来收集和汇聚雨水，浅凹绿地低于周边人行道路面深度为0～300 mm，浅凹绿地的纵坡与道路纵坡保持一致；同时，行道树树池采用平界石，其主要作用是延缓绿化带内短时间内形成的雨水径流量，通过"滞"延缓形成径流高峰。经二路透水铺装率为40%～60%。

### 7.4.3 雨水管道设计 ≫

（1）雨水系统：经二路位于西片区5#雨水汇水分区，沿规划道路敷设雨水管道，收集的雨水就近排入河道、水系，最终排入胶州湾。

（2）雨水汇水面积划分

根据《红岛经济区西片区控制性详细规划——雨水工程规划图》（专家评审稿），经二路（标准道路段）雨水管道主要收集路面、道路北侧地块雨水。雨水收集后就近接入河道或相交路雨水管道雨水管道，最终排入胶州湾湿地。

（3）雨水量计算。

经二路沿线雨水管径设计见表7.3。

表7.3　　　　　　　　经二路雨水系统设计（道路北侧）

| 范围 | 汇水面积<br>（ha） | 设计流量<br>（l/s） | 设计管径<br>（mm） | 坡度<br>（%） | 管道最大过水能力（l/s） |
|---|---|---|---|---|---|
| K0−240～K0+220 | 4.1 | 780.7 | 1 200 | 1.0 | 1 232.89 |
| K0+220～K0+420 | 4.30 | 818.8 | 1 200 | 1.0 | 1 232.89 |

（续表）

| 范围 | 汇水面积（ha） | 设计流量（l/s） | 设计管径（mm） | 坡度（%） | 管道最大过水能力（l/s） |
|---|---|---|---|---|---|
| K0+420 ~ K0+660 | 2 | 380.8 | 800 | 1.0 | 418.16 |
| K0+660 ~ K0+880 | 4.5 | 856.8 | 800 | 1.0 | 418.16 |
| K0+880 ~ K1+100 | 3.5 | 676.0 | 1 200 | 1.0 | 1 232.89 |
| K1+100 ~ K1+510 | 4.20 | 799.7 | 1 200 | 1.0 | 1 232.89 |
| K1+510 ~ K2+000 | 4.00 | 761.6 | 1 200 | 1.0 | 418.16 |
| K2+000 ~ K2+450 | 4.30 | 818.8 | 1 200 | 1.0 | 1 232.89 |
| 过路暗渠 | 12 | 2 400 | 2 000*1 200 | 0.8 | 2 670 |

表7.4  经二路雨水系统设计（道路南侧）

| 范围 | 汇水面积（ha） | 设计流量（l/s） | 设计管径（mm） | 坡度（%） | 管道最大过水能力（l/s） |
|---|---|---|---|---|---|
| K0−240 ~ K0+220 | 1.9 | 361.8 | 800 | 1.0 | 418.16 |
| K0+220 ~ K0+420 | 1.6 | 304.7 | 800 | 1.0 | 418.16 |
| K0+420 ~ K0+660 | 0.9 | 171.4 | 600 | 1.0 | 194.17 |
| K0+660 ~ K0+880 | 0.8 | 152.3 | 600 | 1.0 | 194.17 |
| K0+880 ~ K1+100 | 0.9 | 171.4 | 600 | 1.0 | 194.17 |
| K1+100 ~ K1+510 | 1.6 | 304.7 | 800 | 1.0 | 418.16 |
| K1+510 ~ K2+000 | 1.9 | 361.8 | 800 | 1.0 | 418.16 |
| K2+000 ~ K2+450 | 1.9 | 361.8 | 800 | 1.0 | 418.16 |

表7.5  龙海路雨水系统设计

| 范围 | 汇水面积（ha） | 设计流量（l/s） | 设计管径（mm） | 坡度（%） | 管道最大过水能力（l/s） |
|---|---|---|---|---|---|
| K0+660 ~ K0+500（路西） | 5.40 | 1 028.2 | 1 200 | 1.5 | 1 509.97 |
| K0+660 ~ K0+500（路东） | 7.50 | 1 428.1 | 1 200 | 1.5 | 1 509.97 |
| K0+00 ~ K0+440（路西） | 6.20 | 1 180.5 | 1 200 | 1.5 | 1 509.97 |
| K0+00 ~ K0+440（路东） | 4.80 | 914.0 | 1 000 | 1.5 | 928.58 |

经核算，道路沿线雨水管渠容量为DN600–B×H=2 000×1 200，总长度为6 250 m。相交龙海路双侧布置雨水管，雨水管容量为DN600～DN1 200，总长度为1 440 m。

### 7.4.4　管材与管道基础 ≫

DN500及以下的雨水管道采用HDPE管，接口为承插接口；管径大于等于DN600的雨水管道选用Ⅱ级钢筋混凝土管道，承插接口。雨水暗渠采用钢筋混凝土箱涵形式。

以上所用管材均应符合国家有关技术规范和质量标准。雨水管道采用120°砂石基础，做法详见国际标准《市政排水管道工程及附属设施》06MS201–1。地基承载力特征值大于100 kPa，可进行管道施工；地基承载力小于100 kPa，需进行换填，换填材料选用均质石渣，换填厚度暂按50 cm考虑。

## 7.5　排涝工程设计

根据《红岛经济区综合交通走廊防洪排涝专题研究》，红岛经济区范围内排涝河道排涝标准为20年一遇。本工程市政雨水管道设计重现期为5年，当降雨超过市政管道设计重现期后，超标雨水主要通过地面行泄通道排入河道。

行泄通道设计：经二路在桩号K0+202、K0+952、K1+646、K1+992、K2+398和K2+772处存在低点，需在低点处设置行泄通道。本工程超标雨水主要通过道路路面和绿化带进入周边河道。

其整体地势坡向南侧，道路南侧路缘石做成半下沉形式，南侧人行道及非机动车道坡向绿化带，绿化带内通过竖向控制形成专门的雨水行泄通道。降雨超过管道设计重现期时，超标雨水漫过半下沉路缘石进入绿化带行泄通道，最终进入河套水系。

# 第8章

<<< **管线工程**

## 8.1 概 述

市政管线是城市基础设施的重要组成部分，为城市的生存和发展提供物质基础，被称为城市的"生命线"。市政管线主要包括：电力、通信、有线、路灯、燃气、热力、给水、雨水和污水等。

城市工程管线综合规划主要目的是：合理利用城市用地，统筹安排工程管线在城市的地上和地下空间，协调工程管线之间以及城市管线与其他各项工程之间的关系，并为工程管线规划设计和规划管理提供依据。

## 8.2 管线布置原则

为使各管线布置更为经济合理，减少发生矛盾、冲突的概率，管线布置遵循以下原则：

（1）与区域总规、控规、各专业规划以及景观环境协调统一。

（2）各专业管线拟按要求统一规划，合理布置。

（3）近期与远期相结合；根据远期规划，合理确定近期实施方案。

（4）结合城市道路网规划，尽量选择对交通影响较小的位置敷设；在不妨碍工程管线正常运行、检修和合理占用土地的情况下，使线路短捷。

（5）结合发展合理布局，充分利用城市地下空间。

（6）为减少管线敷设对湿地（胶州湾保护线以南）的影响，同时考虑项目周边用地，优化规划路由。

## 8.3    管线种类

根据高新区的发展需求，规划的管线有电力、通信、热力、燃气、给水、雨水、污水和再生水等。

## 8.4    优化规划路由

按照《红岛经济区西片区控制性详细规划》（专家评审稿），经二路（丰和路以东）污水管线在规划湿地地段敷设，存在以下问题：①施过程中，因沟槽开挖会对湿地段景观、生态造成破坏，生态恢复（修复）时间长。②管道实施完成后，处于淤泥层，基础的不均匀沉降使得管道渗漏概率增大，对生态、水质均有负面影响。③管道运行过程中，检查井等构筑物位于湿地，增加了巡检、维护难度。

鉴于以上问题，为减少管线敷设对湿地的影响，同时考虑周边用地需求和运营期管道维护检修等因素，建议对管线路由进行优化。

按照原规划，红岛区域污水通过经二路采用泵站—压力管道—重力流管道—污水处理厂，自丰和路以东段均穿越湿地，约3.4 km。

本次拟调整红岛区域污水路线：红岛经二路—环岛西路—田海路—8#污水泵站—火炬路—青威高速延长线—10#污水泵站—丰和路—经二路—污水处理厂。

本方案需调整红岛区域污水系统规划，新增经二路—环岛西路处污水泵站一处，调整8#和10#污水泵站规模，田海路管径需由原规划重力流管道DN400调整为DN1000，翻建局部火炬路污水管道为DN1000。

# 8.5　管线容量

依据《红岛经济区西片区控制性详细规划》（专家评审稿）、《青岛高新区西片区、铁路红岛站周边区域市政管网规划（2016—2030年）》（专家评审稿），再经过优化，规划路线后经二路（前海路—丰和路）、龙海路管线容量如下：

表8.1　　　　　　　　　　　　管线容量表

| | 电力 | 通信 | 给水 | 再生水 | 热力 | 燃气 | 雨水 | 污水 | 备注 |
|---|---|---|---|---|---|---|---|---|---|
| 经二路 | 10 kV，12孔 | 12孔 | DN200 | DN600 | DN300 | DN200 | | DN1500 | |
| 龙海路 | 10 kV，20孔 | 16孔 | DN400 | DN600 | DN700 | DN300 | | DN400 | |
| 备注 | 热力考虑为配管；前海路—K0+040段、安和路—兴和路南段污水为DN1200压力管。 | | | | | | | | |

# 8.6　管线布置方案

## 8.6.1　管线敷设形式 ≫

国内外管线综合的布置形式分为直埋及综合管廊两种主要形式。管道直埋形式是将各种市政管线按照不同的平面位置，保证竖向不产生冲突的情况下，各自开挖沟槽，独立埋设在城市道路下，是目前国内普遍采用的管线综合方式。而综合管廊则是将多种市政管线集于一体，实行集约化敷设和管理的一种管线敷设方式。

经二路、龙海路是西片区内重要交通干道、景观大道，同时也是管线的重要通道，为避免道路建成后因管线开挖、维修造成交通拥堵，保护城市环境，节约能源，本次采用综合管廊与直埋相结合的敷设方案。

## 8.6.2 各类管线入廊优缺点分析 》》

国外进入综合管廊的工程管线有电信电缆、燃气管线、给水管线、热力管线和排水管线等。另外，日本等国家也将管道化的生活垃圾输送管道敷设在综合管廊内。国内进入综合管廊的工程管线有电力电缆、电信电缆、给水管道、燃气管道、热力管道、再生水污水管道等。

### 8.6.2.1 电力管线

电力、通信缆线数量较多，管线敷设、检修在市政管线中最为频繁，扩容的可能性较大。同时，电力、通讯缆线可与多类管线进行组合设置于同一廊道内，将其纳入综合管廊使管廊内布置紧凑，管廊利用率高，管廊建设较为经济。因此，首先考虑将电力通信缆线纳入综合管廊。

根据青岛市的电力规划及现状改造情况，在道路上设置电力管沟，110 kV电缆入沟，净尺寸为1.8 m×2.0 m电缆隧道；其他管沟为1.4 m×1.8 m。随着城市经济综合实力的提升及对城市环境整治的严格要求，目前在国内许多大中城市都建有不同规模的电力隧道和电缆沟。电力管线从技术和维护角度而言，纳入综合管廊已经没有障碍。

电力管线纳入综合管廊需要解决通风降温、防火防灾等主要问题。

### 8.6.2.2 通信管线

通信专业的规划，包括电信管线、有线电视管线、信息网络管线等。

目前国内通信管线敷设方式主要采用架空或直埋两种。架空敷设方式造价较低，但影响城市景观，而且安全性能较差，正逐步被埋地敷设方式所替代。

通信管线纳入综合管廊需要解决信号干扰、防火防灾等技术问题。

### 8.6.2.3 给水、再生水管道

本次拟建综合管廊区域内给水管为供水支管、再生水管为供水主管，既有向周边道路输水，又有直接服务用户的功能。在市政管线中检修、维护较为频繁，一般管线建设按远期规划一次建成。给水管道、再生水管道可与热力、电力、通信管线中的任意管线进行组合，纳入管廊可使管廊利用率高，管廊建设较为经济。

给水管道传统的敷设方式为直埋，管道的材质一般为钢管、球墨铸铁管等。将给水管道纳入综合管廊，有利于管线的维护和安全运行。管道纳入综合管廊需要解决防腐、结露等技术问题，以及管道维护更换检修、冲洗排水等问题。

将再生水管道纳入综合管廊，有利于管线的维护和安全运行，并且可以提前给再生水管预留空间，可以分期实施。

#### 8.6.2.4 燃气管线

根据规范及安全性角度考虑，燃气入廊需单独敷设于一个舱室内，管廊利用率较低，且考虑安全因素，管廊内监控、检测、安防设施均要求为防爆型，配套措施比较复杂、严格。燃气管道入廊建设投资较大。

但是，燃气管道入廊可有效地解决燃气管线检修、敷设等带来的道路破挖问题，可以有效保护燃气管道，减少工程施工及地质灾害对燃气管道的破坏。燃气舱室的燃气浓度探测仪可以有效地监测燃气管道的泄漏、破损等情况，并及时报警，确保燃气管道在综合管廊内的正常及安全运行。

因运行管理体制和水平等原因，综合考虑，燃气管线不入廊。

#### 8.6.2.5 热力管线

热力管道进入综合管廊并没有技术问题，值得考虑的是这类管道的外包尺寸较大，进入综合管廊时要占用相当大的有效空间，对综合管廊工程的造价影响明显。在国内目前规模最大的广州大学城综合管廊内部，就容纳了热力管线，目前运行状况良好，根据监测情况，在热力管线运行时，廊内的环境温度增加约1度左右，对其他管线及日常的维护管理没有影响。

本次龙海路供热管网均为一级管网，为热电厂至换热站供热管网，管网接出点较少。热力管线在市政管线中检修、维护较为频繁，一般管线建设按远期规划一次建成。经二路供热管网为配线管网。

热力管道纳入市政综合管廊的优点主要有：① 热力管道的保温层容易受损，综合管廊相对热力管沟对热力管道的保护更好，可以延长热力管道的保温层及热力管道的使用寿命。② 在综合管廊内，管道的敷设及扩容、检修维护较容易，不存在开挖路面及影响交通。③ 热力管道可与给水、再生水、通讯管线中的任意管线进行组合，可提高综合管廊利用率。

#### 8.6.2.6 排水管线

排水管线分为雨水管线、污水管线，一般情况下该两种管线管径较大，管线建设规模按照远期规划规模一次建成。雨水、污水管线入廊，雨水可以采取管廊箱涵结构本体进行排水，污水则需要于管廊内安装管道排水。目前，雨水入廊实施较多，多为于综合管廊一侧设置雨水排水箱涵，污水入廊实施略少。

该两类管线入廊，管廊本体将增大，且雨水、污水排水均采取重力流排水，对城市地形要求较高。对于坡度较小、纵向起伏较多、道路坡向与排水坡向相反的道路下敷设雨水、污水管廊，将使管廊埋设深度增大。如下游在接纳排水的河流、管道等标高上不满足，则该道路下不可实施雨水、污水管廊。但在满足排水接入下游的情况下雨水、污水管线入廊可以解决因检修、维护该两类管线带来的马路破挖问题。

雨水、污水管线入廊使管廊体积增大，投资大大增加，对于城市道路红线满足埋深、经济状况较好的城市可采取雨水、污水管线入廊。

若污水管线进入综合管廊的话，综合管廊就必须按一定坡度进行敷设以满足污水的输送要求。另外，污水管材需防止管材渗漏，同时，污水管还需设置透气系统和污水检查井。管线接入口较多，若将其纳入综合管廊内，就必须考虑其对综合管廊方案的制约以及相应的结构规模扩大化等问题。

因污水管道为区域主干管，综合分析，污水管线不入廊。

### 8.6.2.7 结论

综上分析，根据上述各类管线入廊优缺点的比较，电力、通信、给水、再生水、热力等五类管线入廊受制约条件少，管廊空间利用率高。燃气入廊一般设置单舱方式入廊，雨水、污水入廊对地形要求，雨水、污水入廊适宜建设于道路红线较宽、地势条件较好、经济状况较好的城市。综合考虑，将电力、通信、给水、再生水、热力管线纳入管廊，雨水、污水、燃气采用直埋敷设方式。

## 8.6.3 管线布置方案 ››

依据《高新区西片区规划综合管廊专题方案研究》《高新区西片区管线综合规划》，经二路（龙海路—丰和路）、龙海路采取综合管廊与直埋相结合的敷设形式，经二路（前海路—龙海路）采取直埋的敷设形式。

经二路（丰和路—红岛环岛西路）受胶州湾保护线的限制，同时考虑北侧地块不作为开发使用，规划为湿地，因此，仅结合道路方案解决桥面排水，不考虑其他管线敷设的需求。

## 8.7 污水工程

### 8.7.1 设计原则 >>

（1）排水体制采用雨、污分流制。

（2）近远期结合，根据远期规划，合理确定近期实施目标。

（3）与直埋管线竖向净距0.15 m，与综合管廊竖向净距0.5 m，以保证管线竖向互不影响。

（4）要求覆土≥90 cm，不满足应加保护处理。

（5）雨、污水管线与其他管线及管廊之间的水平间距为1.5～2.0 m。

（6）雨、污水管线平行于道路中心线。

### 8.7.2 计算公式及设计参数 >>

**1. 污水量计算**

污水量（L/d）=用水定额（L/人·d）×规划人口（人）×小时变化系数×污水排放系数。

**2. 排水管渠的最小设计流速**

污水管道在设计充满度下为0.6 m/s

**3. 管道粗糙系数$n$**

钢筋混凝土管道，$n = 0.014$；塑料管道，$n = 0.011$。

**4. 污水管道最大设计充满度**

见表8.2。

表8.2　　　　　　　　　　污水管道最大设计充满度

| 管径 | 最大设计充满度 |
| --- | --- |
| 200～300 | 0.55 |
| 350～450 | 0.65 |
| 500～900 | 0.70 |
| ≥1 000 | 0.75 |

### 8.7.3　污水工程概述 ››

经二路（丰和路—环岛西路）受胶州湾保护线的限制，同时考虑北侧地块不作为开发使用，规划为湿地，因此，该段桥面排水结合桥梁方案解决，在此章节不再论证。

按照《红岛经济区西片区控制性详细规划》（征求意见稿），西片区污水系统分为四个排放分区，规划设置污水提升泵站10座，污水经收集、提升后接入泰和路、经二路DN1000~DN1800污水主干管，最终进入规划出口加工区污水处理厂进行处理。其中，红岛区域污水通过经二路污水主管线转输至污水处理厂，自丰和路以东段均穿越湿地，长约3.4 km。

根据管线工程部分的相关论述，本次拟调整红岛区域污水主管线路线，红岛片区污水经红岛经二路、环岛西路、田海路、8#污水泵站、火炬路、青威高速延长线、10#污水泵站、丰和路及经二路（本次设计范围内）至污水处理厂。

本方案需调整红岛区域污水系统规划，新增经二路—环岛西路处污水泵站一处，调整8#和10#污水泵站规模，田海路管径需由原规划重力流管道DN400调整为DN1000，翻建火炬路局部污水管道为DN1000。

### 8.7.4　污水管道设计 ››

#### 8.7.4.1　污水服务面积划分

根据《红岛经济区西片区控制性详细规划——污水工程规划图》（专家评审稿）及优化后污水系统方案，经二路（规划西2号线至规划污水处理厂段）为西片区4#污水分区及红岛片区东西向污水主要通道，主要收集道路北侧地块污水，并转输上游区域的污水，经过经二路污水干管，最终至出口加工区污水处理厂集中处理。

#### 8.7.4.2　污水量计算

表8.3　　　　　　　　　经二路污水系统设计

| 区段 | 服务面积（ha） | 设计流量（l/s） | 设计管径（mm） | 坡度（%） | 流速（m/s） | 管道最大过水能力（l/s） |
|---|---|---|---|---|---|---|
| K3+270 ~ K2+100 | 2 152.1 | 629.4 | 1 350 | 0.6 | 1.035 | 1 192.18 |

（续表）

| 区段 | 服务面积<br>（ha） | 设计流量<br>（l/s） | 设计管径<br>（mm） | 坡度<br>（%） | 流速<br>（m/s） | 管道最大过水<br>能力（l/s） |
|---|---|---|---|---|---|---|
| K2+100 ~ K1+920 | 2 152.1 | 629.4 | 1 000<br>（压力流） | 0.6 | 1.2 | 1 307 |
| K1+920 ~ K0+160 | 2 482.4 | 714.7 | 1 500 | 0.5 | 1.014 | 1 441.36 |
| K0+000 ~ K0+160 | 3 538.7 | 979.9 | 1 500 | 0.5 | 1.014 | 1 441.36 |

表8.4　　　　　　　　　　龙海路污水系统设计

| 区段 | 服务面积<br>（ha） | 设计流量<br>（l/s） | 设计管径<br>（mm） | 坡度（%） | 流速<br>（m/s） | 管道最大过水<br>能力（l/s） |
|---|---|---|---|---|---|---|
| K0+000 ~ K0+620 | 10.7 | 5.2 | 400 | 1.5 | 0.2 | 43.87 |

经核算，污水管道管径为DN1200 ~ DN1500，其中压力流污水管道管径为DN1200，长度400 m；重力流管道管径为DN1350 ~ 1500，长度3 264 m。相交龙海路污水管管径为DN400，能够满足污水排放要求但流速存在较低的可能性，管道建成后需加强养护和疏通，长度744 m。

### 8.7.5　管材及管道基础 ≫

重力污水管道管径小于等于DN600采用HDPE管，重力污水管道DN1350 ~ DN1500采用钢筋混凝土管；压力污水管道采用球墨铸铁管，采用承插胶接。

以上所用管材均应符合国家有关技术规范和质量标准。污水必须满足闭水试验要求。

污水管道采用120°砂石基础，做法详见国标《市政排水管道工程及附属设施》06MS201-1。地基承载力特征值大于100 kPa，可进行管道施工；地基承载力小于100 kPa，需进行换填，换填材料选用均质石渣，换填厚度暂按50 cm考虑。

经二路污水管道为污水主管，埋深较大，管道沟槽开挖时在管线外侧1 m处打入12 m长拉森钢板桩进行支护。

# 8.8　给水、再生水工程

## 8.8.1　水量预测、管径

依据《青岛高新区西片区、铁路红岛站周边区域市政管网规划（2016—2030年）》（专家评审稿）汇报资料，给水需求量约为$13.43 \times 10^4$ m³/d；根据《红岛经济区西片区控制性详细规划》（专家评审稿），给水需求量约为$13.43 \times 10^4$ m³/d。对比两项规划，给水需求量相同，暂按控规确定管径。西片区给水需求量较大，火炬路、河东路、智力岛路、田海路等道路规划敷设供水主干管。

本阶段给水、再生水管道采用规划管径。

## 8.8.2　管材、管件

经二路（前海路—丰和路）、龙海路给水、再生水管道纳入综合管廊，DN≥300的采用螺旋埋弧焊钢管，DN<300的采用无缝钢管，均采用焊接。同时，在适当位置为道路两侧地块预留支管、给水管道预留消火栓支管等。

给水管道工作压力暂按0.45 MPa，选用公称压力0.6 MPa管材。法兰标准管件的标准压力为PN10。管件采用钢制管件，具体参考《钢制管件》（02S403），钢管与管件采用法兰连接。管廊内最大可投6 m长管道，支廊内最大可投2.5 m长管道。

## 8.8.3　管道防腐

给水、再生水管的内外防腐层宜在工厂内完成。钢管在进行内外防腐处理前，应将表面的油垢及铁锈等去除，焊缝不得有焊渣、毛刺，钢管表面的预处理必须满足《涂装前钢材表面处理规范》（SYT 0407—2012）的要求，处理程度达到Sa2.5级，设计采用机械喷射法除锈。管道外防腐：凡管廊内明露的钢管、钢管件外壁，做法为一道底漆，三道面漆，无论大管或小管均做环氧煤沥青防腐，特加强级防腐，涂层厚度≥0.6 mm。钢管内防腐采用涂刷无毒饮水仓涂料，做法为两遍底漆，两道面漆，涂层厚度≥0.4 mm。

### 8.8.4　伸缩接头 ▶▶

为避免架空钢管因温差引起的伸缩量过大，本次设计在给水、再生水管道上设置伸缩接头，间隔不超过100 m，与管道采用法兰连接，法兰间垫3～5 mm的橡胶垫片。

### 8.8.5　阀门 ▶▶

综合管廊内给水、再生水管道采用电动对夹式蝶阀（DN200、DN300、DN600），需与伸缩接头组合使用，采用双法兰式限位伸缩接头或采用自带伸缩接头的蝶阀。

### 8.8.6　消火栓 ▶▶

消火栓平面位置距离路缘石外0.6 m，采用室外地上式消火栓（SSF150/80—1.0型），防撞型。

### 8.8.7　管道安装 ▶▶

管道安装时需结合管廊内预留的支墩、支架灯进行安装，同时需保证管道接口及管件、阀门前后均设置支墩。管道穿越防火墙、变形缝处，需调整相应支墩、支架位置，使其避让防火墙及变形缝，但偏移不应超过15%。

### 8.8.8　排气、泄水装置 ▶▶

管廊主廊及支廊内给水、再生水管道于高点设置排气阀，低点设置泄水阀。

### 8.8.9　管廊外阀门井 ▶▶

其做法参见图集《市政给水管道工程及附属配套》。阀门均采用地上开启弹性座封闸阀，公称压力为1.0 MPa。所有阀门井内外壁抹灰至顶部。因地下水位较高，上述所有井室内外表面及井底上表面均要求用1∶2防水水泥砂浆抹面20 mm厚。

### 8.8.10　其他 ▶▶

支廊端部给水、再生水管道做至管廊端墙外，距管廊端墙外壁0.5 m，用盘堵封死，并于地面上进行标识，以便于将来管道的衔接。如衔接管道已实施，则应根据衔接管道位置进行施工，以保证与现状管道衔接。

# 8.9　热力管线工程

## 8.9.1　管径确定 »

根据《红岛经济区西片区控制性详细规划》（专家评审稿），确定经二路、龙海路热力管径。

## 8.9.2　管材 »

所有管道采用硬质聚氨酯泡沫塑料预制保温管，工作钢管选用双面埋弧螺旋焊缝钢管，保温层材料为聚异氰尿酯（密度≥60 kg/m³），外保护层为硬质高密度聚乙烯塑料管材，管道及附件材质均为Q235-B。其管径大于等于DN200，采用螺旋缝焊接钢管。所有管材质量应满足《高密度聚乙烯外护管硬质聚氨酯泡沫塑料预制直埋保温管及管件》（GB/T29047—2012）的要求。

## 8.9.3　管件 »

弯头采用螺旋缝钢管热煨弯头，变径为同心变径，三通采用平行热推三通和预制保温冷拔三通，Q235-B壁厚比相应供回水管壁厚增加1 mm。90°弯头采用1.5$D$冲压弯头，大于90°弯头采用4$D$预制热煨弯头。预制保温管及管件的质量应符合《城市综合管廊工程技术规范》（GB50838—2015）和《高密度聚乙烯外护管硬质聚氨酯泡沫塑料预制直埋保温管及管件》（GB/T29047—2012）的相关要求。

## 8.9.4　敷设及补偿方式 »

热力管道采取综合管廊内架空敷设方式，所有端墙出线长度为1.0 m，出墙后向上延伸至距室外地坪约2.0 m处，末端用法兰及法兰盲板封堵，待相连接的管道实施时再与之连接。管道热补偿采用自然补偿与补偿器补偿相结合的补偿方式。综合管廊内补偿器采用无推力套筒补偿器。

## 8.9.5　放气与泄水 》》

供水管在上，回水管在下，管道高点设放风，低点设泄水。井室内的套管应采用井壁密封管件。本工程热力管线必须放坡，坡度及坡向与管廊相同，在系统最高点排气，低点设泄水设施。

## 8.9.6　阀门安装 》》

阀门采用手动双向金属硬密封焊接蝶阀，阀门保温采用复合硅酸盐涂料，分层涂抹，厚度为20 mm，再做二布三油保护层，油为TO树脂。阀门均采用焊接连接，安装前应对阀门的规格、铭牌及型号与设计的要求对照检查。

## 8.9.7　管道清洗 》》

管道施工完毕后应由近及远分段进行清洗。清洗时需关闭该段末端的截断井主阀门，打开循环管阀门，待清洗完毕后恢复正常状态。清洗、试压用水可就近在截断井中排出。清洗的具体要求及合格标准按照《城镇供热管网工程施工及验收规范》（CJJ28—2014）的相关要求执行。压力试验合格后进行清洗，然后进行防腐及保温。

## 8.9.8　涂刷标识带 》》

管道安装需加基本识别颜色，采用色环区别，供水管采用黄色色环，回水管采用褐色色环，色环应涂在所用管道的交叉点、阀门和穿孔两侧等处的管道上，或其他需要识别的部位。应根据管道内的流体的性质、名称和流向添加识别符号，详见相关施工规范。流体的压力、温度等其他符号，可由使用单位根据实际需要涂刷或识别在所有管道交叉点、阀门和穿孔两侧管道上及其他需要识别的部位，但不得与基本识别色色环和识别符号相混淆。

# 第9章

## **«« 管廊工程**

## 9.1　管廊敷设范围

根据上述管线敷设形式的描述，管廊建设范围为经二路（龙海路—丰和路）、龙海路（规划十二号线—经二路）。

## 9.2　入廊管线种类

根据上述各类管线入廊介绍，将电力、通信、给水、再生水、热力管线纳入管廊，雨水、污水、燃气采用直埋敷设方式。

## 9.3　综合管廊位置

经二路（龙海路—丰和路）、龙海路市政配套管线采用综合管廊与直埋相结合的敷设方式。为了营造高新区良好环境及道路通行条件，综合管廊的布置与道路横断面及其他直埋管线相协调，经二路北侧为建设用地，南侧为湿地公园，因此经二路管廊拟设于道路北侧绿化带下，龙海路拟设于道路东侧绿化带下。

## 9.4　平面设计

经二路（龙海路—丰和路）综合管廊标准段位于道路北侧绿化带内，管廊中心线距道路中心线25.85 m，与道路平面线形基本一致；龙海路综合管廊标准段位于道路东侧绿化带内，管廊中心线距道路中心线26.575 m，与道路平面线形基本一致。

## 9.5　纵断面设计

综合管廊纵坡基本与道路纵断一致，最小坡度不小于0.2%，重要过河、节点处最大坡度不大于10%。综合管廊标准段的覆土深度为2.5 m左右。

## 9.6　横断面设计

本次管廊各舱室宽度确定中，管道外径至管廊舱室侧壁间距按"管廊安装横向净距表"中焊接钢管、塑料管要求进行布置，管廊检修通道均大于等于上述管廊检修通道最小要求，根据入廊管径大小适当地放大管廊检修通道宽度。

综合管廊横断面严格按照《城市综合管廊工程技术规范》（GB50838—2015）要求，同时考虑维修、安装管线的可操作性，管道距离侧壁间距大于等于500 mm；管廊内两侧设置支架或管道时，检修通道净宽大于等于1.0 m。

经二路（前海路—丰和路）断面尺寸（结构外轮廓）为$B \times H = 6.7 \text{ m} \times 3.6 \text{ m}$，龙海路（经二路—丰和路七支路）断面尺寸为$B \times H = 8.25 \text{ m} \times 4.7 \text{ m}$，龙海路（丰和路七支路—古岸线水系）断面尺寸为$B \times H = 6.75 \text{ m} \times 4.7 \text{ m}$，采用现浇结构形式。

# 9.7 管廊节点设计

## 9.7.1 概述 >>

综合管廊的每个舱室设置人员逃生口、逃生口、吊装口、通风口、管线分支口等，以满足管廊的建设及运营管理需要。管廊设置以上功能口部的平面位置，尽量避开埋深较深的横向重力流管线，以及交叉道路和水系的位置，以减少相关工程之间的矛盾。

管廊各功能口部设置情况如下：

（1）人员逃生口：间隔200 m设置，分独立设置和与吊装口合建两种情况。

（2）吊装口：间隔约400 m设置，与逃生口合建。

（3）进风口：间隔约200 m设置，防火分区的端部设置，与IO站合并。

（4）排风口：间隔约200 m设置，防火分区的端部设置。

（5）管线引出口：根据管线引入引出需求设置。

（6）人员出入口：共计设置两处，应结合景观处理。

## 9.7.2 防火分区 >>

根据管廊的特点，本工程缆线舱防火设计每个防火分区长度小于200 m。防火分区分隔处均设置防火墙或防火门进行分隔。防火墙为不燃烧体，耐火极限不低于3小时。防火门为甲级防火门，耐火极限不低于1.2小时。其他舱室分区距离与缆线舱防火分区保持一致。

## 9.7.3 通风区间 >>

缆线舱的每个防火分区长度不大于200 m，防火分区分隔处均设置防火墙或防火门进行分隔。因此，每个防火分区划分为一个密闭通风区间，作为通风区间。同时，本次设计在其他舱室考虑逃生距离及通风设备经济节能、并便于管理等方面要求，同样按照每隔不大于200 m划分一个密闭通风区间，每个密闭空间以防火墙或防火门进行分隔，作为通风区间。

## 9.7.4 吊装口 ≫

综合管廊内的管线安装是在综合管廊本体土建完成之后进行，所以必须预留材料的吊装口，同时也是今后综合管廊内管线维修、更新的投放口。

吊装口大小需满足舱室内管径最大管线投料，吊装口宽度不小于管径+200 mm，吊装口长度按照长度为6 m的管材设计（一般钢管、球墨铸铁管、PE管每节均为6 m），据此确定吊装口长度为7 m。采用混凝土预制条形盖板，为了减少对城市景观的影响，盖板设置于地面下，管线敷设及检修时，打开盖板，进行管道敷设或维护；吊装口间距按投料施工作业距离考虑，间距不大于400 m。

## 9.7.5 人员逃生口 ≫

综合管廊逃生口的作用主要是供检修人员疏散使用，应符合下列规定：

（1）采用明挖施工的综合管廊逃生孔间距不宜大于200 m。

（2）出地面人孔应设置自动液压井盖。自动液压井盖应设置在内部使用时易于人力开启，且在外部使用时非专业人员难以开启的安全装置。

（3）人员逃生口内径尺寸不应小于1.0×1.0 m。

（4）人员逃生口内应设置爬梯。

## 9.7.6 通风口 ≫

综合管廊热水舱、缆线舱采用自然进风、机械排放的通风系统。结合综合管廊通风区间，进行通风系统的设计。每个通风区间区内设置一个进风口，一个排风口。

通风口主要包含进风/排风口，主要作用是完成进排风功能。根据要求，进、排风口均采用强制进、排风方式，风口间距不大于200 m。出地面风井四周设置防风雨百叶，下部设置防淹平台高度约0.5 m，满足城市防洪高度要求。

## 9.7.7 管线引出口 ≫

本次设计管线引出口，根据管线综合要求并结合规划和现状地块要求设置，对道路两侧地块和交叉口进行管线引入、引出设计，出舱口采用管线集中出舱的方式，满足电缆转弯半径要求。给水、污水等管道出舱采用柔性防水套管，引出端设有阀门井。电力和通信管道出舱采用专用防水电缆套管及线缆密封件。

## 9.7.8　交叉口设计 》

在综合管廊内，各管线沿管廊底板及侧壁、顶板敷设，在管廊交叉口处，各管线在平面及竖向发生交叉。管线交叉时须保证管线间的最小垂直净距及管廊内人员通行的要求，同时还须满足各管线的最小转弯半径要求。

在管廊交叉口处，为保证各管线的最小转弯半径要求，同时保证各管线的顺利交叉通行，管廊平面尺寸扩大，并扩大交叉口处的公共空间。

## 9.7.9　人员出入口 》

为便于管养人员进出管廊开展检修、运维工作，设置人员出入口。为防止雨水倒灌，地面设置上盖轻钢玻璃构筑物，结合景观处理，下设防淹基座0.5 m。

## 9.7.10　排水边沟、集水坑 》

由于综合管廊内布置了各种工程管线，管道破损、维修放空、结构壁面或接缝处渗水，都将造成管廊内积水的情况，因而不能忽视综合管廊内的排水问题。

在每个舱内一侧分别设排水边沟，断面尺寸采用200 × 100 mm，综合管廊内横向坡度为1%，每个防火分区内需在舱内的低点处设置集水坑，排水沟坡度同管廊坡度，集水坑内设置一用一备两台潜水泵，将集水坑内的积水抽至道路雨水井内排放。

为便于综合管廊管理，集水坑与抽水潜水泵纳入综合管廊的自动监控系统，集水坑内还需设置水位探测设备，与抽水泵协调工作。

# 9.8　管廊附属工程

## 9.8.1　消防系统 》

为了防止和扑灭综合管廊内发生的火灾，需在综合管廊内按火灾危险性分类设置必要的消防设施。

### 9.8.1.1　防火分区划分

管廊缆线舱按照间隔200 m为一个防火分区，防火分区之间采用防火墙进行隔离，防火分隔处的门采用甲级防火门，管线穿越防火墙部位采用阻火包等防火封堵措施进行严密封堵。同时，管廊内装修材料采用不燃材料。其他舱室分区距离与缆线舱防火分区保持一致。

### 9.8.1.2　设计原则

鉴于综合管廊内可能发生的火灾为A类火灾及带电火灾，电力舱采用磷酸铵盐干粉灭火器以及超细干粉灭火系统，无电力综合舱采用磷酸铵盐干粉灭火器。

### 9.8.1.3　设计标准

（1）综合管廊内不超过200 m设置防火分区，在防火门两侧均设置灭火器箱，防火分区内灭火器箱间距50 m，电缆接头区加设灭火器。

（2）根据《干粉灭火装置技术规程》（CECS 322：2012），设计灭火浓度不应小于经权威机构认证合格的灭火浓度的1.2倍。

### 9.8.1.4　电力电缆舱室消防设计

电力缆线的舱室内设置超细干粉灭火系统，达到灭火和控制火灾蔓延的效果。综合管廊按200 m左右设置一个防火分区。每个防火分区均有二个以上直接通往室外的逃生口，紧急出入口间距不大于200 m，防火分区两侧设置甲级防火门。

每个防火分区两侧各设甲级防火门，内设磷酸铵盐干粉灭火器，防火门两边及逃生口附近设置磷酸铵盐干粉灭火器（MFAC4）4具；每一防火分区内隔25 m设置灭火器箱一个，箱内设置手提式磷酸铵盐干粉灭火器（MFAC4）2具；其余断落间隔50 m设置灭火器箱一个，箱内设置手提式磷酸铵盐干粉灭火器（MFAC4）2具。

### 9.8.1.5　无电力电缆舱室消防设计

根据《城市综合管廊工程技术规范》（GB50838—2015）中"综合管廊应在沿线、人员出入口、逃生口等处设置灭火器材，灭火器材的设置间距不大于50 m，灭火器的配置应符合现行国家标准《建筑灭火器配置设计规范》（GB50140）的有关规定"，及"干线综合管廊中容纳电力电缆的舱室，支线综合管廊中容纳6根及以上电缆的舱室应设置自动灭火系统，其他容纳电力电缆的舱室宜设置自动灭火系统"的要求，本次于其他舱室消防采用设磷酸铵盐干粉灭火器。

每个防火分区设磷酸铵盐干粉灭火器，两侧各设甲级防火门，在防火门两侧及人员出入口设置灭火器箱一个，箱内设置手提式磷酸铵盐干粉灭火器（MFAC4）

2具；其余断落间隔50 m设置灭火器箱一个，箱内设置手提式磷酸铵盐干粉灭火器（MFAC4）2具。

## 9.8.2 通风系统 》

本工程设计包括综合管廊的正常通风及火灾高温烟气消防排烟。

### 9.8.2.1 设计原则

（1）综合管廊内热水舱、缆线舱舱室采用自然进风、机械排放的纵向通风方式。

（2）当舱室内发生火灾时，自动关闭排烟防火阀，关闭相应的排风机、送风口和排风口。

（3）设计选用低噪声、低能耗的风机，减小综合管廊内通风设施对地面周围环境的噪声影响，同时满足环保与节能的要求。

### 9.8.2.2 通风系统设计

综合管廊属封闭型地下构筑物，废气的沉积、人员和微生物的活动都会造成沟内氧气含量的下降，另外廊内敷设的热力、电缆等管线在运营时会散发大量热量，因此整个综合管廊必须设置通风系统以保证沟内余热能及时排出并为检修人员提供适量的新鲜空气。同时，当沟内发生火灾时，通风系统又能有助于控制火灾的蔓延和人员的疏散。

防火分区按照200 m左右划分。在每一通风区间中分别布置排风口和进风口。进风口和排风口均设不锈钢防水百叶，且均设置在绿化带内。

机械通风时，室外新鲜空气由进风口进入综合管廊，沿舱室流向排风口，并由排风机排至室外。

当确认管廊内某防火分区发生火灾时，由控制中心即刻关闭该防火分区进风口电动风阀、机械排风口处排风机及相应防火阀，进行封闭全淹没式超细干粉灭火。确认火灾结束半小时后，开启进风口电动风阀、排风口防火阀及排风机进行机械排风，恢复正常后，转入自然通风工况。

### 9.8.2.3 控制要求

（1）当某一通风区段温度过高（高于40 ℃）时，检测仪表发出报警信号，启动该区段的通风设备，强制换气。

（2）当工作人员需入管廊巡视或检修设备时，应提前启动运行通风设备，待换气充分后人员方可再入沟。

（3）发生火灾时，关闭相应通风设备。

（4）火灾结束、待烟气冷却后，开启相应区段的排风机排除烟气。

（5）风机、风阀设就地控制、控制中心远程电动控制。

#### 9.8.2.4　环保与节能措施

排风机采用低噪声、双速轴流式、消防高温排烟风机；平时正常情况下采用低功率进行排风，当发生火灾事故时采用高功率进行高温排烟。

#### 9.8.2.5　建议

本工程中综合管廊内防、排烟措施，须经消防部门审核认可后再予以实施。

### 9.8.3　供电系统 》》

#### 9.8.3.1　负荷等级

综合管廊内消防设备、监控与报警设备、应急照明设备为二级负荷供电，其他用电设备按三级负荷供电。

#### 9.8.3.2　供电电源

综合管廊采用分散多点供电方式。每处供电点采用两路10 kV电源供电，设两座地面式箱变，各引接一路10 kV。管廊内低压配电采用交流220 V/380 V系统。以本次设计的管廊组合式箱变10 kV电源进线电缆头为界，综合管廊自用负荷一侧的电气设计。10 kV电源进线不属于本设计范围。

#### 9.8.3.3　功率因数补偿

采用集中补偿方式，在每段低压母排上设无功补偿，补偿后进线处功率因数要求达到相关单位要求。

#### 9.8.3.4　综合管廊设备要求

（1）管廊内电气设备采取防水防潮措施，防护等级达到IP54。

（2）每舱均设置检修插座箱，检修插座箱容量为15 kW，一个防火分区内仅考虑一处同时使用，检修插座箱设漏电保护且要密封防溅。

（3）非消防设备供电及控制电缆采用阻燃电缆，火灾时需工作的消防设备采用耐火电缆。

#### 9.8.3.5　综合管廊接地及安全

（1）综合管廊工作接地和保护接地采用联合接地体，接地电阻不大于1欧姆，否则应利用管沟外壁预留接地板（每100 m设置一块）增设人工接地体。

（2）接地体利用综合管廊结构靠外壁的主钢筋做自然接地体，用于接地的钢筋应满足如下要求。

① 用于接地的钢筋应采用焊接连接，保证电气通路。钢筋连接段长度应不小于六倍钢筋直径，双面焊。钢筋交叉连接应采用不小于 φ10 的圆钢或钢筋搭接，搭接连接段长度应不小于其中较大截面钢筋直径的六倍，双面焊。② 纵向钢筋接地干线设于板壁交叉处，每处选两根不小于 C16（或者 3 根 C14）的通长主钢筋。横向钢筋环接地均压带纵向每 5 m 设置一档，在距变形缝 0.5 m 处需设一档。

（3）综合管廊过结构变形缝时，应将两侧预埋连接板跨接，保证电气通路。

（4）管廊接地干线采用镀锡铜扁钢-50×5 沿管廊侧壁上方通长敷设，并与侧壁上方预埋的镀锡铜接地钢板焊接；设置电缆支架处接地干线可焊接在支架立柱上端。管廊侧壁上、下方预埋的镀锡铜接地钢板间采用-50×5 镀锡铜扁钢焊接，每处预埋的镀锡铜接地钢板间通过管廊内主钢筋可靠连接。舱内两侧接地干线每 50 m 跨接连接一次。

（5）在箱变及各 IO 站设置等电位端子箱，通过 2 根 VV-1 kV-1×35 电缆连接于管廊接地干线。组合式箱变变压器中性点须做接地保护，采用-50×5 镀锡铜扁钢接入总接地系统。

（6）综合管廊所有用电设备不带电金属外壳、桥架、支架、风机外壳及基础、金属线槽、金属管道、金属构件、电源进线 PE 线等均应妥善接地。接地连接均采用放热焊接，焊接处应做防腐处理。接地连接线采用镀锡铜扁钢-50×5。

（7）凡正常时不带电，而当绝缘破坏有可能呈现电压的一切电气设备金属外壳均应可靠接地。

## 9.8.4 照明系统 》》

### 9.8.4.1 照明设计

综合管廊内照明分为正常照明和应急照明。其照度标准为 15 lx，人员出入口及设备操作处为 100 lx。照明灯具采用 LED，吸顶安装，应急照明正常时兼作正常照明，并具有在火灾情况下强制开启的功能。自带蓄电池，应急时间不少于 60 min。

出入口及各防区防火门上方处设置安全出口标志灯，疏散指示标志距地 1 m 以下安装。

照明灯具采用防触电保护等级 I 类设备。灯具具有防水、防潮措施，防护等级达到 IP65，并具有放外力重装的防护措施。灯具能够快速启动点亮。

照明回路导线采用硬铜导线，截面面积不小于 4 mm$^2$。

#### 9.8.4.2 照明控制

照明控制分为就地和监控中心两级控制，在动力箱、供电区段两端上实现手动控制，通过监控系统实现远程控制。

### 9.8.5 监控及火灾自动报警系统 ≫

综合管廊监控及报警系统包括有：环境与设备监控系统、安全防范系统、通信系统、火灾自动报警系统、地理信息系统和统一管理信息平台等。其中，地理信息系统和统一管理信息平台设计不包含在本工程中。

#### 9.8.5.1 环境与设备监控系统

（1）环境与设备监控系统的作用是对管廊内环境参数进行监测与报警。

（2）在每个防火分区不利于通风处安装温度/湿度传感器，同时，为保证人员进入管廊的安全性，每个防火分区安装氧含量传感器安装于每个防火分区中间区域。

（3）集水坑处安装液位传感器，采集集水坑内液位信息，并启停排水泵。

（4）环境与设备监控系统设备均采用工业级产品。

#### 9.8.5.2 安全技术防范系统

（1）安全技术防范系统包括视频监控系统、防入侵报警系统、门禁系统、巡更系统。

（2）位于管廊内的人员出入口、逃生口、防火门处设置高清彩色网络型摄像机，对人员出入口进行监视，摄像机安装间距不大于100 m。

（3）在每个吊装口、人员出入口、通风口处设置双鉴防入侵报警器，人员出入口与通风口处设置声光报警器，当外部无关人员侵入地下管廊时，双鉴探测器发出讯号传至监控中心。监控中心能够即时了解在哪一防区有人入侵，以便采取相应措施。

（4）人员出入口处设置出入口控制装置，通过指纹或打卡方式对出入人员进行监管。

（5）管廊设置离线式电子巡查系统，沿管廊设置巡更点，巡查人员通过巡检器对管廊各舱室定点巡查，巡查完毕后通过监控中心集中控制平台内巡更系统管理软件进行记录、整理及打印。

#### 9.8.5.3 火灾自动报警系统

（1）本系统在综合管廊含电力线缆舱的每个防火分区内设置手动报警按钮和声光报警器。

（2）在电力电缆表层设置线型感温火灾探测器，S型敷设，同时在舱室顶部设置线型光纤感温火灾探测器，在设置火灾探测器的场所设置手动火灾报警按钮。

（3）电力线缆舱吸顶安装感烟探测器，安装间距10 m。

（4）确认火灾后，防火门监控器联动关闭常开防火门及相邻分区通风设备，启动自动灭火系统。

（5）管廊内设置防火门监控系统，对防火门的开启、关闭及故障状态等动态信息进行监控，对防火门处于非正常打开的状态或非正常关闭的状态给出报警提示，使其恢复到正常工作状态，确保各种防火门状态正常；能保持防火门常开，也可现场手动推动防火门，实现手动关闭和复位防火门，当火灾发生时接收火灾报警信号，按自动控制顺序关闭常开防火门。

#### 9.8.5.4　通信系统

采用光纤电话，管廊人员出入口及每一个防火分区设置通信点，通信点设置间距不大于100 m。

### 9.8.6　排水系统 ≫

综合管廊内每个消防分区的最低点均设置集水井，将结构渗入水加压后排至地面市政雨水管网，结构渗入按1 L/（d·m²）计。

由于综合管廊内管道维修的放空，供水管道可能发生泄漏，以及结构渗漏水等情况，将造成一定的沟内积水，因此，沟内需设置必要的排水措施，以排除沟内的积水。

综合管廊内设置排水沟，排水沟断面尺寸200×100，综合管廊横断面地坪以1%的坡度坡向排水沟，排水沟纵向坡度与综合管廊纵向坡度一致，排水沟坡度坡向排水集水井。

综合管廊根据地形，将每个防火分区最低点设置于交叉口、端头井、标准段排风口、倒虹段等处。各自防火分区的积水经过排水沟收集后汇集至集水井，再由集水井内的潜水泵就近排入市政雨水系统。

排水潜水泵开启方式为开阀启动，因此在排水潜水泵出水管上安装小阻力止回阀和检修手动阀门，排水出水管接出综合管廊后就排入市政雨水管。

# 9.9　管廊内管线安装及检修

## 9.9.1　管廊内管线管材及附件要求

（1）给水管道、再生水管道和热力管道。详见第八章给水、再生水、热力工程描述。

（2）电力管线。综合管廊内电力电缆采用阻燃电缆或不燃电缆。

（3）通讯管线。综合管廊内各类管线内通讯线缆易着火，通讯线缆采用阻燃线缆。

## 9.9.2　管廊内管线入廊安装

### 9.9.2.1　管线入廊吊装方式及安装要求

管线入廊吊装于各防火分区范围内吊装口处采用机械或人工下料至管廊内，管廊内采用小推车运送管材至安装段，采用管廊顶板吊钩、拉环将管道吊起安装于管廊内已设置好的支架、支墩上。管道架设于支架、支墩上进行接口连接。管道安装于支架、支墩采取相应的固定措施。管道穿越管廊内防火墙预留孔洞后，采用防火填料填堵缝隙。

电力、通讯管道均安装于管廊内侧壁支架、桥架处，安装后采用防火阻燃尼龙绳等材料将其固定于支架、桥架。热力、给水、再生水等管道，管廊内布置采用上、下层布置，下层管道安装于管道支墩上，上层安装于支架，支架采用活动支架，安装时先安装下层管道至支墩，再安装上层管道支架，后安装上层管道。热力、给水、再生水、污水等管线吊装于支架、支墩后采用钢制管卡等将其固定于支架、支墩。

### 9.9.2.2　管线入廊时序

管廊建成后，一次将多类市政管线一次纳入管廊内工程量大，宜造成因埋地管线入廊再次对道路破挖带来不良影响，同时对现状运行较好管线废除造成不必要的浪费。因此，管线入廊应循序渐进，随着管线的新建、更换等逐渐入廊。

### 9.9.3 管线检修及人员逃生 》

#### 9.9.3.1 管线检修

管廊内管线检修、维护、更替时需切断相应管线，需更替的电力电缆断电，给水管道、再生水管道进行水源切断，燃气管道进行气源切断。热力管道检修、维护避开供暖期进行，供暖期检修则需对检修段暖气管道进行热源切断。雨水管廊检修、清通应避开下雨时进行。

管廊检修时应开启管廊内排风机，使管保持管廊内空气新鲜，避免造成检修人员、维护人员的生命危险。

#### 9.9.3.2 人员逃生

管廊内检修、维护时如发生火灾等事故，检修、维护人员应及时做出处理，必要时进行逃生。当管廊内发生火灾事故时，管廊内配备了自动灭火设施、灭火器，均可手动操作，检修、维护人员手动操作灭火设施灭火，以及采用管廊内通信设备及时告知中控室内值班人员。如火势较大，检修、维护人员应及时逃生，逃生后及时通告中控室。

如发生给水、再生水管线爆管事故，检修、维护人员可尝试关闭给水、再生水管道阀门。如管道较大，管道管径大于DN300时，管道阀门关闭较难，应及时逃生，逃生后通告中控室进行远程控制操作，切断水源、热源、气源。

管廊内进行检修、维护时，需告知管廊中控室，中控室内人员需时刻远程关注管廊内检修、维护作业。如管廊内发生火灾，待检修人员逃生后应及时启动远程火灾灭系统。如发现管线爆管等事故发生，应及时切断管线水源、热源、气源等，避免对检修人员造成生命危险。

# 9.10 管廊结构设计

### 9.10.1 结构设计原则 》

（1）结构设计应满足工艺设计的要求，遵循结构安全可靠、施工方便、造价合理的原则。

（2）结构设计应根据拟建场地的工程地质、水文资料及施工环境，优化结构设计，选择合理的施工方案。

（3）结构设计应遵循现行国家和地方设计规范和标准，使结构在施工阶段和使用阶段均能满足承载力、稳定性和抗浮等承载力极限要求以及变形、抗裂度等正常使用要求，并满足耐久性要求。

## 9.10.2 主要设计标准及参数 》》

设计使用年限：百年。

结构安全等级：一级。

抗震设计类别为：乙类。

本工程抗震设防烈度为：7度，设计基本地震加速度为0.10 g，设计地震分组为第三组。

地基基础设计等级：乙级。

综合管廊的结构防水等级：二级。

控制裂缝宽度为：0.15 mm。

## 9.10.3 主要工程材料 》》

混凝土：管廊主体结构C45，P6；素混凝土垫层采用C20。

钢筋：HPB300级钢和HRB400级钢。

## 9.10.4 主体结构设计 》》

### 9.10.4.1 结构设计要点

综合管廊断面设计必须满足运营、施工、防水、排水等要求，保证具有足够的强度和耐久性，满足综合管廊使用期间安全可靠的要求以及各设备工种的埋件设置要求。

综合管廊结构应对施工和使用阶段不同工况进行结构强度、变形计算，同时还须满足防水、防腐蚀、安全、耐久等的要求。

结构构件最大裂缝宽度控制不大于0.15 mm。

### 9.10.4.2 荷载及组合

主要计算荷载：

（1）永久荷载（恒荷载）。

结构自重荷载——综合管廊结构自重。

覆土荷载——综合管廊顶覆土荷重。

侧向荷载——作用综合管廊在侧面的水、土压力。

（2）可变荷载（活荷载）。

地面荷载—— 一般按10 kN/m²计，对于道路上的车辆荷载由计算确定。

施工荷载——施工荷载包括设备运输及吊装荷载、施工机具荷载、地面堆载、材料堆载等。

### 9.10.4.3 管廊标准段结构设计

管廊区间段采用钢筋混凝土箱涵结构，覆土厚度约2.5 m，每20～25 m设一道变形缝。

### 9.10.4.4 结构抗浮设计

按使用期间可能出现的最高地下水位浮力设计；对于抗浮不满足要求的结构段采取抗浮措施。抗浮安全系数1.05。

## 9.10.5 防水设计 》》

在进行综合管廊结构防水设计时，严格按照《地下工程防水技术规范》（GB50108—2008）标准设计，防水设防等级为二级。

在防水设防等级为二级的情况下，综合管廊主体不允许漏水，结构表面可有少量湿渍，总湿渍面积不应大于总防水面积的1/1 000；任意100 m²防水面上的湿渍不超过1处，单个湿渍的最大面积不应大于0.1 m²。

综合管廊主体防渗的原则是：以防为主，防、排、截、堵相结合，刚柔相济，因地制宜，综合治理。主要通过采用防水混凝土、合理的混凝土级配、优质的外加剂、合理的结构分缝、科学的细部设计，来解决综合管廊钢筋混凝土主体的防渗。

防水层采用非沥青基高分子自粘胶膜防水卷材。按承载能力极限状态及正常使用极限状态进行双控方案设计，裂缝宽度不得大于0.15 mm，并不得贯通，以保证结构在正常使用状态下的防水性能。

综合管廊为现浇钢筋混凝土结构，根据规范及大量的工程实践经验，一般情况下分缝间距为20～25 m。这样的分缝间距可以有效地消除钢筋混凝土因温度收缩、不均匀沉降而产生的应力，从而实现综合管廊的抗裂防渗设计。

在节与节之间设置变形缝、遇水膨胀止水胶条、可重复式注浆管、背贴式止水带。

变形缝、施工缝、通风口、吊装口、出入口、预留口等部位，是渗漏设防的重点部位。可在施工缝中埋设遇水膨胀止水条，通风口、吊装口、出入口设置防地面水倒灌措施。

因为有各种规格的电缆需要从综合管廊内进出，根据以往地下工程建设的教训，该部位的电缆进出孔是渗漏最严重的部位，本次工程预留口采用标准预制件预埋来解决渗漏的技术难题。

### 9.10.6　结构防腐蚀设计 ≫

耐久性要求为：水泥采用普通硅酸盐水泥，水胶比不应大于0.50；混凝土中最大氯离子含量小于0.06%，最大碱含量小于3.0 kg/m$^3$。